W0176899

Königreich Sachsen

Traditionen in Schwarz und Gelb
1806 – 1918

Albert Prinz von Sachsen Herzog zu Sachsen

Königreich Sachsen

1806 – 1918

Traditionen in Schwarz und Gelb

Staatswappen des Königreichs Sachsen · 7

Vorwort · 9
Sachsenlied · 10
Grußwort von S.K.K.H. Erzherzog Dr. Otto von Habsburg · · · · · · · · · · · · · · · · · · · 11
Grußwort des Thüringer Min.-Präs. Dieter Althaus · 13
200 Jahre Königreich Sachsen (von Min.-Präs. Dr. Georg Milbradt) · · · · · · · · · · · · · · 15

König Friedrich August I, der Gerechte (1750 / 1806 – 1827) · · · · · · · · · · · · · · · 19
Das Haus Wettin und das Heilige Römische Reich – Deutscher Nation · · · · · · · · · · · · 27
Zeittafel 1806 – 1827 · 34

König Anton der Gütige (1755 / 1827 – 1836) · 35
Die demokratische Verfassung vom 4. September 1831 · 39
Die wirtschaftlich-sozialen Reformmaßnahmen König Antons und des Prinz-Mitregenten Friedrich August · · · · 46
Zeittafel 1827 – 1836 · 51

König Friedrich August II. (1797 / 1836 – 1854) · 53
Die Königskapelle in Imst – Brennbichl / Nordtirol · 58
Zeittafel 1836 – 1854 · 60

König Johann der Wahrhaftige (1801 / 1854 – 1873) · 61
Die Fürsorge für den arbeitenden Menschen · 71
Zeittafel 1854 – 1873 · 84

König Albert (1828 / 1873 – 1902) · 85
Das wettinische Jagdschloss Moritzburg bei Dresden im 19. und 20. Jahrhundert · · · · · 99
Zeittafel 1873 – 1902 · 102

König Georg (1832 / 1902 – 1904) · 103
Das Haus Wettin und das Lustschloss Pillnitz · 107
Zeittafel 1902 – 1904 · 110

König Friedrich August III. (1865 / 1904 – 1918 / 1932) · · · · · · · · · · · · · · · · · · 111
Die Albertinischen Wettiner als Förderer des Dresdner Musiklebens im 18. und 19. Jahrhundert · · · · · · · · · · · 124
Das Residenzschloss der Wettiner in Dresden · 129
Zeittafel 1904 – 1918 · 132

Die Albertinischen Wettiner von 1918 bis zur Gegenwart · · · · · · · · · · · · · · · · · 133
Im Dienst der Tradition des Hauses Wettin und der angestammten Heimat Sachsen · · · · · · 146
Abschließende Gedanken einer Zusammenarbeit der Wettiner mit dem Freistaat Sachsen und den Kirchen · · · · · · 151
Auszug aus dem Stammbaum der Sächsischen Könige des Hauses Wettin – Albertinische Linie · · · · · · · · · · · · 152

Anhang 200 Jahre Königreich Sachsen · 155
100 Jahre Westsachsenschau (Eröffnungsvortrag von Frau Ina Quissek am 12.10.2006) · · · · 156
Zwischen Monarchie und Demokratie (Festvortrag von Herrn Dr. phil. habil. Manfred Wilde
anlässlich der Feier 200 Jahre Königreich Sachsen, 190 Jahre Landkreis Delitzsch und 175 Jahre
Sächsische Verfassung am 23.11.2006 im Bürgerhaus Delitzsch) · · · · · · · · · · · · · · · · · 159

Literatur- und Quellenverzeichnis · 165

Staatswappen des Königreichs Sachsen:
Das Staatswappen des Königreichs Sachsen ist auch das Familien-
wappen des Hauses Wettin Albertinische Linie.

Erklärung zum Wappen:

1 Stammwappen Sachsen
   (Wettin-Albertinische Linie)
2 Markgrafschaft Meißen
3 Landgrafschaft Thüringen
4 Pfalzgrafschaft Thüringen
5 Pfalzgrafschaft Sachsen
6 Herrschaft Pleißen
7 Grafschaft Voigtland
8 Grafschaft Orlamünde (im Kreis Stadtroda)
9 Markgrafschaft Landsberg
10 Markgrafschaft (Ober-)Lausitz
11 Herrschaft Eisenberg (im Kreis Stadtroda)
12 Burggrafschaft Altenburg i. Thür.
13 Gefürstete Grafschaft Henneberg

Der Buchtitel beinhaltet neben dem Königreich Sachsen auch den Hinweis auf die Farben „schwarz" und „gelb". Das sind die Hausfarben der Wettiner. Nicht zu verwechseln sind die Farben weiß und grün, die nach dem Wiener Kongress unter Friedrich August I. dem Gerechten als Landesfarben eingeführt wurden.

Vorwort

Im vergangenen Jahr 2006 beging die interessierte Öffentlichkeit in Sachsen und Deutschland das 200-jährige Jubiläum des Könighauses Wettin/Sachsen. Daher ist es eine wichtige Aufgabe vor allem der noch lebenden Wettiner in der Gegenwart auf die Geschichte der Sächsischen Könige von 1806 bis 1918 hinzuweisen und ihre beispielhaften Leistungen auf kulturellem, künstlerischem, politischem, wirtschaftlichem und sozialem Gebiet zu behandeln. Durch langjährige Beschäftigung mit der Geschichte meiner Familie möchte ich mit diesem Buch einen Beitrag leisten, um diese Leistungen nicht in Vergessenheit geraten zu lassen. Bei dieser Gelegenheit sollte daran erinnert werden, dass der heutige Freistaat Sachsen, trotz der turbulenten Ereignisse des 20. Jahrhunderts, noch immer auf den Grundideen aufbaut, die die Wettiner vor allem zu den Zeiten des Königreichs Sachsen geschaffen haben.

So wünsche ich allen Lesern dieses Buches Zeit und Muße, sich mit dieser geschichtlich so wichtigen Entwicklung der Wettinischen Monarchie zu beschäftigen und daraus vielleicht Schlussfolgerungen für eigene Urteile oder Entscheidungen zu fällen.

An dieser Stelle möchte ich allen Freunden und Bekannten danken, die mir bei der Ausarbeitung mit Rat und Tat zur Seite standen. Dieser Dank gilt in erster Linie meiner lieben Frau Elmira Prinzessin von Sachsen, ohne deren aktives Mitwirken das vorliegende Buch nicht hätte entstehen können. Dasselbe gilt meinen Freunden und Mitarbeitern, Diplom-Historiker Klaus von Einsiedel (Bad Ems), Dr. Lutz Baseler (Großschwabhausen bei Jena) und Martin Wiggers (München). Zu Dank bin ich auch der Druck- und Verlagsgesellschaft Marienberg mbH verpflichtet, die mit ihren Mitarbeitern entscheidend zur Drucklegung beigetragen hat.

Dr. Albert Prinz von Sachsen
Herzog zu Sachsen

Sachsenlied *(1890)*

Gott sei mit dir mein Sachsenland,
blüh' frei und fröhlich fort!
„Ein frommes Herz und fleiß'ge Hand!"
das sei mein Losungswort!
Hell leuchte deiner Tugend Glanz,
du edle Perl' im deutschen Kranz.
Glück auf, Glück auf,
Glück auf, Glück auf,
Glück auf, Glück auf, mein Sachsenland!

Wohl bist an Schätzen reich du nicht,
bist klein und eng umgrenzt,
doch deine Kraft, die ist das Licht,
das Hütt' und Thron umglänzt,
Laut töne deiner Weisheit Ruhm,
du Säul' im deutschen Heiligtum.
Glück auf, Glück auf,
Glück auf, Glück auf,
Glück auf, Glück auf, mein Sachsenland!

In Sturm und Not auch lock're nicht
das alte heil'ge Band
das deutscher Sinn für Recht und Pflicht
um Volk und Herrscher wand!
Gesund sein Stamm und Krone dein,
du starker Baum im deutschen Hain
Glück auf, Glück auf,
Glück auf, Glück auf,
Glück auf, Glück auf, mein Sachsenland!

Text: Maximilian Hallbauer
Melodie: Julius Otto

Dr. Otto v. Habsburg

Pöcking, den 7. Dezember 2006

Lieber Albert,

in wenigen Tagen werdet Ihr den 200. Gedenktag des Königreiches Sachsen mit einem Gottesdienst feiern. Ich wäre sehr gerne bei Euch gewesen, schon allein wegen der steten Freundschaft zwischen Österreich und Sachsen und insbesondere auch zwischen unseren Familien. Leider ist es mir nicht möglich, da ich meine Verpflichtungen bei der Hauptversammlung der Internationalen Paneuropa-Union in Straßburg habe.

So bleibt mir nur übrig, Dir zu sagen, wie sehr ich Eure Arbeit für Sachsen schätze, denn wenn wir die europäische Zukunft sichern wollen, ist es absolut notwendig, uns mit jenen Ländern zu befassen, die die Wurzeln unserer europäischen Zukunft in der Kultur, aber auch in der Politik und in der Wirtschaft sind. Hier hat Sachsen Hervorragendes geleistet und man kann nur hoffen, dass durch die Erinnerung an diese Vergangenheit auch wieder jener Blick für die Zukunft geschärft sei, der für uns in Europa ganz besonders wichtig ist. Wir wollen nicht aus Europa eine künstliche Einigung schaffen, sondern eine freie Gemeinschaft, die auf den alten Prinzipien fußt und nicht zuletzt auch auf den Erkenntnissen, dass Europa ein christlicher Erdteil ist und tatsächlich ein menschenwürdiges Heim für seine Bürger sein wird. Das ist gleichzeitig auch für den internationalen Frieden von größter Bedeutung. In diesem Sinne wünsche ich Eurem Treffen einen schönen Erfolg und hoffe, dass wir auf dieser Grundlage weiter, wie in der Vergangenheit, zusammenarbeiten werden.

Mit herzlichsten Grüßen

Ehrenmitglied der „Studiengruppe für Sächsische Geschichte und Kultur e.V."

Grußwort des Thüringer Ministerpräsidenten Dieter Althaus zur Feier „200 Jahre Königreich Sachsen" der Studiengruppe für Sächsische Geschichte und Kultur e.V.

Sehr geehrte Damen und Herren,

von dem Historiker Golo Mann stammt der Satz: „Wer die Vergangenheit nicht kennt, wird die Zukunft nicht in den Griff bekommen." In der Tat: Nur wer die Geschichte kennt, kann auch aus ihr lernen. Sie ist das Fundament, auf dem wir unsere Zukunft bauen. Ich bin überzeugt: Die Teilnehmerinnen und Teilnehmer der Feier „200 Jahre Königreich Sachsen" kennen die Geschichte, sie bekommen „die Zukunft in den Griff". Ihnen allen meine herzlichen Grüße!

Selbstverständlich reicht die wettinische Dynastie deutscher Könige, Kurfürsten und Markgrafen weiter zurück als die vergangenen 200 Jahre. Das älteste deutsche Fürstengeschlecht regierte das Gebiet des heutigen Freistaates Sachsen und Teile Thüringens schon mehr als 800 Jahre früher: 1089 wurden sie Markgrafen von Meißen, 1423 Kurfürsten von Sachsen – und 1247 Landgrafen von Thüringen.

Um 1500 herrschten die Wettiner von der Lausitz bis zur Rhön. Wir verdanken ihnen bleibende Errungenschaften: So ließen die Wettiner Münzen prägen, die sie Joachimsthaler Gulden und später einfach nur noch Taler nannten. Im Schwedischen hieß die Münze in Anlehnung an die wettinischen Taler „Daler" und im Englischen wurde daraus der „Dollar". Ein Begriff, der heute auf der ganzen Welt in Gebrauch ist.

Ebenso wie Sachsen verdankt Thüringen den Wettinern und anderen Adelsgeschlechtern vor allem aber das Erbe einer reichen Kulturlandschaft, die ihresgleichen in Deutschland sucht. Seit der Wiedervereinigung 1990 haben wir – nach 40 Jahren sozialistischer Misswirtschaft – nach und nach die alten Schätze wieder gehoben: Residenzstädte wie Eisenach, Gotha, Weimar und Meiningen erstrahlen in neuem Glanz. Zahlreiche Burgen und Schlösser sind saniert worden. Die Thüringer Landesausstellung „Thüringen – Land der Residenzen" im Jahr 2004 hat eindrucksvoll auf dieses „erneuerte Vermächtnis" hingewiesen.

Die Feier „200 Jahre Königreich Sachsen" ist eine gute Gelegenheit, speziell die Bedeutung der Wettiner für die thüringische und sächsische Geschichte zu würdigen. Ich wünsche der Veranstaltung einen guten Verlauf!

Dieter Althaus

Ansprache des sächsischen Ministerpräsidenten, Prof. Dr. Georg Milbradt, anlässlich des Jubiläums „200 Jahre Königreich Sachsen" Schloss Pillnitz, 8. September 2006

Sehr geehrter Herr Landtagspräsident,
sehr geehrter Herr Dr. Striefler,
sehr geehrte Vertreter des Hauses Wettin,
sehr geehrte Herren Abgeordnete,
sehr geehrte Damen und Herren,

ich freue mich, dass wir heute hier auf Schloss Pillnitz zu Gast sein dürfen, um an den 200. Jahrestag der Proklamation des Königreiches Sachsen zu erinnern. Zugleich beschließen wir damit den Reigen der Gedenkveranstaltungen, deren Anlass die Fürstenerhebungen vor 200 Jahren waren. In Bayern und Württemberg hat sich dieses Ereignis bereits am 1. Januar gejährt.

Dass Sachsen erst so spät dran ist, hat einen guten Grund: Kurfürst Friedrich August III. hatte sich lange dagegen gesträubt, König von Napoleons Gnaden zu sein. Immerhin war er Oberhaupt der am längsten regierenden deutschen Dynastie. Mehr noch: Das Haus Wettin hatte sich in den sieben Jahrhunderten zuvor ein unvergleichliches, ja geradezu königliches Prestige erworben.

Kursachsen war eine kulturelle und wirtschaftliche Vormacht, kreativ, vital, von ungeheurer Kraft und Dynamik. Und – fast immer – einer der am besten regierten Staaten Deutschlands. Einer Krone brauchte es da nicht, und wenn doch: Es gab schon eine. Das Grüne Gewölbe war prunkvoller, spektakulärer, beeindruckender als jede Krone. Die barocke Prachtentfaltung dieser im Wortsinne wundervollen Räume und die Anhäufung staunenswerter Kunstschätze war und ist einmalig in der Welt. Deshalb verzichteten König Friedrich August I. und alle seine Nachfolger darauf, eine Krone anfertigen zu lassen. Einzig im kurfürstlichen Wappen erschien sie.

Genau darin liegt die Bedeutung des Jubiläums „200 Jahre Königreich Sachsen". Es hat sich am Regierungsstil des Herrschers, an der Verfassung des Landes, an der wirtschaftlichen Situation durch die Proklamation des Königreiches nichts geändert. Denn König Friedrich August I. führte die Traditionen des Kurfürstentums einfach weiter. Hinein in die Moderne, hin zu einer ganz besonderen Blüte von Kultur und Wirtschaft.

Solche Zeiten der kulturellen und wirtschaftlichen Blüte hatte es in Sachsen jahrhundertelang immer wieder gegeben. Denn sowohl für die kulturelle als auch die wirtschaftliche Entwicklung hat die Wettinische Herrschaft segensreich gewirkt.

Man denke zum Beispiel an das „Berggeschrey" im Erzgebirge. Die Markgrafen von Meißen überließen die Ausbeutung der Silbervorkommen – modern gesprochen – dem Markt. Der Silberbergbau war kein ineffizienter Staatsbetrieb, sondern ein höchst profitables Geschäft privater Unternehmer. Der Landesfürst ließ ihnen alle Freiheiten, im Gegenzug für einen Anteil von 10 Prozent der Erträge. Das erscheint aus heutiger Sicht höchst moderat – und sehr modern. Freiheit, Wettbewerb und Deregulierung werden heute wieder propagiert, um das Wachstum anzukurbeln. Die Wettiner haben all diese Dinge schon im Mittelalter praktiziert. Die Früchte dieses Wettbewerbs haben das Haus Wettin sagenhaft reich gemacht. Markgraf Otto wurde aus gutem Grund „der Reiche" genannt.

Doch haben sich die Wettiner auf diesem Reichtum nie ausgeruht. Anders als zum Beispiel Länder wie Spanien und Portugal, von deren ebenfalls sagenhaftem Reichtum aus den amerikanischen Kolonien nicht viel blieb. Hier in Sachsen dagegen gab es unternehmerische Freiheit, einen forschen Unternehmergeist und eine lange Tradition der Innovation. Hier wurde der Reichtum gemehrt, indem man ihn investierte, neue Geschäftsfelder erschloss und neue Handelsverbindungen knüpfte.

Und so stand Sachsen im Jahr 1806 an der Schwelle zur erfolgreichen Industrialisierung. Es hat diese Schwelle erfolgreich gemeistert, entwickelte sich zum wichtigsten Industriegebiet Deutschlands und zu einem harten Konkurrenten Englands. Denn zum unternehmerischen Gespür gesellte sich bei den Wettinern ein persönliches Interesse für die verschiedensten Wissenschaften. Das lässt sich zum Beispiel an der Sammlung des Mathematisch-Physikalischen Salons im Zwinger ablesen. Oder an der Ausstellung „Friedrich August der Gerechte als Botaniker" hier im Neuen Palais. Wir wissen auch, dass mancher Wettiner selbst ein passabler Kunsthandwerker war und sich für die neueste Technik interessierte. Wenn man so will, gibt es eine Linie vom Kirschkern mit den 185 Gesichtern im Grünen Gewölbe zu den Mikrochips, die AMD und Qimonda in Dresden herstellen. Mikrotechnik damals und heute.

Dieses Interesse für die verschiedensten Wissenschaften und Techniken, kurz: für Innovationen ging weit über bloße Liebhaberei hinaus. So hat August der Starke den Berliner Apothekerlehrling Johann Friedrich Böttger entführen lassen, damit der für ihn Gold herstellt. Natürlich konnte Böttger das nicht. Aber die systematischen Experimente von Ehrenfried Walter von Tschirnhaus, Augusts Hofphysiker, ergaben schließlich die Formel für Porzellan. Das war zur damaligen Zeit ebenso viel wert wie Gold. Mit anderen Worten: Die anwendungsorientierte Forschung hat in Sachsen eine sehr lange Tradition. Genauso wie die Unterstützung der Wissenschaften durch die Regierung.

Das zeigt sich auch darin, dass die Wettiner in Sachsen eine ganze Reihe hervorragender Hochschulen gegründet haben. So begann 1409 mit der Universität Leipzig eine nun schon fast 600 Jahre währende Wissenschaftstradition. Die Bergakademie Freiberg wiederum ist mit ihren stolzen 276 Jahren die älteste Technische Hochschule der Welt und bis heute eine der renommiertesten Hochschulen Deutschlands. Etwas jünger ist die TU Dresden, 1828 gegründet als Königlich-Sächsische Technische Bildungsanstalt. Doch allen diesen Hochschulen ist gemein, dass sie zu ihrer Zeit modern und erfolgreich waren und es bis heute sind.

Die sächsischen Kurfürsten und Könige haben damit das Fundament für die heutige wissensgetriebene sächsische Industrie gelegt. Auf diesem Fundament ruht heute Silicon Saxony, oder besser: auf diesem Fundament entwickelt sich Sachsen höchst dynamisch.

Noch ist Sachsen nicht wieder da, wo es einmal war. Vor dem Ersten Weltkrieg, wenige Jahre vor dem Ende der Wettinischen Herrschaft, betrug das sächsische Pro-Kopf-Einkommen 130 Prozent des Reichsdurchschnitts. Von einer solchen Spitzenstellung sind wir heute noch ein ganzes Stück entfernt. Aber: Sachsen ist heute das dynamischste Land Deutschlands. Damit steht der Freistaat in einer guten und langen Tradition.

Meine Damen und Herren,

neben Unternehmertum und Innovationsfreude gibt es noch einen Wesenszug der Wettinischen Herrschaft, der unbedingt erwähnt werden muss: Die Wettiner waren Regenten mit Sinn für Ästhetik, für Prachtentfaltung, für die Schönheit von Natur und Kultur. Macht und Kultur gehörten bei ihnen zusammen. Hier in Pillnitz ist die harmonische Symbiose von Architektur und Landschaft, von Kultur und Natur zu bewundern, der Dresden seinen Ruf als Elbflorenz verdankt. Pillnitz ist Teil einer einzigartigen sächsischen Kulturlandschaft, die im Laufe von mehr als acht Jahrhunderten von den Wettinern geprägt wurde. Das Haus Wettin hat damit das Fundament für die sächsische Tourismuswirtschaft gelegt. Sie profitiert heute vom fürstlichen Willen zur Gestaltung und Sinn für Ästhetik. Doch nicht nur davon. Auch die Sammelleidenschaft der Kurfürsten und Könige hat zum Reichtum der sächsischen Kulturlandschaft beigetragen. Die Staatlichen Kunstsammlungen pflegen heute ein reiches und vielfältiges kulturelles Erbe. Unsere Museen müssen heute den Vergleich mit den Museen in London, Paris, St. Petersburg oder Madrid nicht scheuen. Dieses Erbe verleiht Sachsen und insbesondere Dresden im 21. Jahrhundert eine unvergleichliche kulturelle Anziehungskraft. Kurzum: In Wirtschaft, Wissenschaft und Kultur verdanken wir den Wettinern vieles. Wir müssen anerkennen, dass die jahrhundertelange monarchische Herrschaft in Sachsen segensreich für unser Land war und in mancherlei Hinsicht bis heute nachwirkt. Die Wettiner haben die Traditionen begründet, die Sachsen heute zu einem modernen, dynamischen und attraktiven Land machen.

Wenn wir heute an das Jubiläum der Königsproklamation erinnern, dann aus einem Grund: Um diese Traditionslinien zu verdeutlichen, aus denen sich unsere heutige Identität als Sachsen speist. Sachsen sind offene, kreative, unternehmerische Menschen. Sie lieben die Freiheit und wissen Freiräume zu nutzen. Sie packen an, machen das Beste aus ihren Fähigkeiten, ach was: wollen die Besten sein. Sie wollen gestalten, erfinden, mit Neuem experimentieren. Und sie haben immer noch diesen untrüglichen Sinn für das Schöne, für Harmonie, auch für die Ästhetik der Technik.

Aus dieser Identität schöpfen die Sachsen ihr Selbstbewusstsein. Wie stark dieses Selbstbewusstsein ist, haben wir beim Wiederaufbau der Frauenkirche erlebt: Dresdner Bürger haben die Initiative ergriffen und die weltweite Solidarität organisiert, die den Wiederaufbau erst möglich gemacht hat. Mit dem gleichen Selbstbewusstsein haben die Sachsen 1990 den Wiederaufbau ihres Landes angepackt. Und natürlich an die Traditionen des Landes angeknüpft. An die wirtschaftliche Dynamik, den Unternehmergeist, die Lust aufs Experimentieren, den Hang zur Innovation. An die Tradition guter Regierung und effizienter Verwaltung. Und nicht zuletzt an die Tradition des Kulturlandes Sachsen. Wir nehmen das Erbe der Wettiner dankbar an und entwickeln es weiter. So baut der Freistaat das Residenzschloss Schritt für Schritt zu einem der führenden Museumszentren der Welt aus. Vor einer Woche haben wir im Schloss das Grüne Gewölbe wiedereröffnet, das unbestrittene Glanzlicht Sachsens. Der Stellenwert der Kultur wird auch an den Ausgaben des Freistaates deutlich: Ein Prozent der sächsischen Wirtschaftsleistung geht in die Pflege von Kunst und Kultur – und zwar ohne Schulden zu machen. Damit ist Sachsen Spitzenreiter in Deutschland. Und steht in der Tradition der sächsischen Kurfürsten und Könige. Kurzum: Sachsen ist auch im 21. Jahrhundert ein modernes, dynamisches, innovatives und kulturell offenes Land. Nicht anders als zu Beginn des 19. Jahrhunderts, als das Königreich proklamiert wurde. Doch bei aller Modernität: Die Sachsen von heute leben im Bewusstsein einer jahrhundertealten Tradition. Selbst ein Zuwanderer wie ich, wie so viele Zuwanderer zuvor. Wir wissen: Sachsen ist etwas Besonderes, weil es immer ein wenig anders war als andere Länder. Weil hier schon immer Menschen lebten, arbeiteten und regierten, denen Fortschritt, Lebensqualität und Wohlstand wichtiger waren als Königskronen.

Herzlichen Dank!

König Friedrich August I., der Gerechte

(1750 / 1806 – 1827)

0,5 Taler (S) – Kurfürst Friedrich August

Die Wettiner sind mit Sachsen, Thüringen und Sachsen-Anhalt seit 1089 eng verbunden. In diesem Zusammenhang erscheint bedeutsam, dass die Albertiner bis 1806 Kurfürsten und von da an bis 1918 Könige von Sachsen waren. Dagegen verdanken die Ernestinischen Territorien in Thüringen ihre Entstehung den fortlaufenden Teilungen, so dass diese bis 1918 als Großherzöge bzw. Herzöge Sachsen-Weimar-Eisenach, Sachsen-Coburg und Gotha, Sachsen-Meiningen-Hildburghausen und Sachsen-Altenburg regierten. Für uns sind nur die mit Sachsen verbundenen Albertiner von Bedeutung. Sie verstanden es wiederholt, auf Grund ihrer Volkstümlichkeit und Aufgeschlossenheit, für Reformen den Zusammenhalt zwischen Volk und Regent zu stärken. Damit trugen sie entscheidend dazu bei, dass sich die Monarchie in Sachsen bis zum Ende des Ersten Weltkrieges 1918 halten konnte. Nach dem Ende der kriegerischen Auseinandersetzungen war die Popularität des Herrscherhauses sogar so groß, dass Sachsens letzter König Friedrich August III. von der sozialistischen Mehrheit des Landtages zum ersten Staatspräsidenten Sachsens vorgeschlagen wurde.

König Friedrich August als Kurfürst (Kupferstich)

✍ Verwandtschaft mit dem Haus Wittelsbach

Für unsere weiteren Ausführungen ist die Persönlichkeit des letzten Kurfürsten und ersten Königs Friedrich August I., des Gerechten, besonders wichtig. Dieser Wettiner wurde am 23. Dezember 1750 in Dresden als ältester Sohn des Kurfürsten Friedrich Christian (1722 – 1763) geboren. Seine Mutter war Maria Antonia Walpurgis, Prinzessin von Bayern, wodurch Friedrich August die Anwartschaft auf das bayerische Erbe nach dem Aussterben der Münchner Linie des Hauses Wittelsbach erheben konnte. Das geschah, als sein Schwager Kurfürst Max III. von Bayern 1777 kinderlos starb. Friedrich August erhob nun als Erbe der Münchner Wittelsbacher Ansprüche auf Kurbayern, erhielt aber nur eine verhältnismäßig bescheidene geldliche Entschädigung. Auf Grund dieses Tatbestandes wurde daraus die Secundo-Genitur des Hauses Wettin-Albertinische Linie gebildet. Diese finanzielle Einrichtung blieb bis 1945 bestehen. Nutznießer war bis dahin der jeweils zweite Sohn des regierenden Königs bzw. seit 1918 der jeweilige Familienchef.

Friedrich August heiratete am 29. Januar 1767 in Dresden Maria Amalia Augusta Pfalzgräfin bei Rhein und Prinzessin von Pfalz-Zweibrücken. Damit bestand eine weitere verwandtschaftliche Verbindung zum bayerischen Herrscherhaus Wittelsbach. Friedrich August stand damit in verwandtschaftlichen Kontakten zu beiden Wittelsbacher Linien Altbayern und Pfalz-Zweibrücken.

Aus der ehelichen Verbindung von Friedrich August mit Amalia Augusta stammt als einzige Tochter Maria Augusta Nepomucena (1782 – 1863), die in Zusammenhang mit der polnischen Thronfolge zur Infantin von Polen ernannt wurde und damals als erbberechtigt für die Nachfolge ihres Vaters als Königin von Polen angesehen wurde.

✍ Charakterliche Eigenschaften

Mit Recht beurteilte der Leipziger Historiker Karl Heinrich Pölitz, der 1830 eine zweibändige Biografie über Friedrich August veröffentlichte, dessen Regierungszeit als ein „System der strengsten Gerechtigkeit und Ordnung, verbunden mit Milde, und mit einem zwar langsamen und nicht übereilenden, aber desto sicheren und entschiedenen Fortschreiten zum Besseren". Damit ersparte sich Friedrich August und seiner Regierung das Zurück-

Königin Amalie

nehmen oder häufige Verändern bereits erlassener Gesetze und Vorschriften. Pölitz fährt dann wörtlich wie folgt fort:

„Zugleich war der allmählig fortschreitende Gang der Regierung Friedrich Augusts zum Bessern in allen Formen der Staatsregierung und Staatsverwaltung besonders dazu geeignet, das sächsische Volk, nach dem Kerne seiner edelsten und gebildetsten Bürger zu derjenigen Reife zu führen, wo man der Mehrheit derselben es überlassen kann, ihre öffentliche Thätigkeit im Kreise der Wissenschaften, der Künste, der Landwirthschaft, der Gewerbe und des Handels selbst thätig zu bestimmen, so daß der aufgeklärten Regierung zunächst nur die Verpflichtung bleibt, das Gleichgewicht dieser gesammten Thätigkeit im Innern des Staates zum Besten und Wohle des Ganzen aufrecht zu erhalten; nur danach zu helfen, wo irgendeiner der Hauptzweige der bürgerlichen Kultur den andern eines seiner freien Entwicklung und in seinem Fortschreiten hemmen durfte, so wie nur in den Fällen einzugreifen, womit weder anerkannte Rechte des Staates Einzelnen oder ganzen Körperschaften bedroht oder verletzt würden, oder wie die Rechte des Staates und seiner Bürger gegen die Versuche anderer Staaten gesichert und vertreten werden müßten.“

Wie Pölitz weiter betont, wurde mit diesem System durch Friedrich August „unzählig viel Gutes in Sachsen geräuschlos und im Stillen" geschaffen. Mit vollem Recht erhielt daher dieser Wettiner den ehrenden Beinamen „der Gerechte". Erwähnenswert erscheint noch, dass Friedrich August in seiner gesamten Regierungszeit nie einen einseitigen Machtspruch fällte, obwohl er das Begnadigungsrecht in Ausübung des ihm zustehenden Fürstenrechts mehrfach anwandte. In einzelnen Fällen milderte er auch Strafen, die Gerichte ausgesprochen hatten. Vergehen gegen seine Person erließ er oft zur Gänze.

Diese enge Beziehung zur Gerechtigkeit beeinflusste auch sein Verhältnis zum Staat insgesamt und galt überdies auch für sein Verständnis zu den anstehenden Reformen sowie seinen eigenen Entscheidungen zur Deutschland- und Außenpolitik. So lehnte er entschieden Säkularisationen geistlicher Gebiete, Mediatisierungen der Reichsstädte kleinerer Fürstentümer oder der Reichsritterschaft ab.

Das Verhältnis zu Polen

Nach dem Verzicht des Kurfürstentums Sachsen auf Polen 1765 wurden die Verbindungen der beiden Länder nicht unterbrochen, vielmehr bestand im Königreich Polen eine politische Partei, die sich weiterhin für die Wettiner einsetzte. Als Folge der ersten Teilung Polens machte man sich Gedanken über die weitere Zukunft und erwog sogar eine Verfassungsreform mit Abschaffung des „Liberum Veto" im polnischen Reichstag. Auf Grund des Verfassungsentwurfes von 1791 sollte zudem die Krone Polen im Hause Wettin-Albertinische Linie für immer erblich sein.

Kurz darauf erschien Fürst Adam Czatoriski in Dresden, um Kurfürst Friedrich August die polnische Krone anzutragen. Der Wettiner bat jedoch um Bedenkzeit, weil sich die russische Zarin Katharina II. offenbar wegen der Teilnahme an einem Krieg gegen die Türken über die polnische Frage in Schweigen hüllte. Die russische Antwort lag erst vor, als Friedrich August die ihm angebotene Königswürde bereits abgelehnt hatte. Auch Katharina verhielt sich in ähnlicher Weise. In Polen selbst trat der Targowiczer Bund, in dem sich die von Russland unterstützten Gegner der Verfassung von 1791 vereinigt hatten, gegen den sächsischen Kurfürsten auf. Angeblich zum Schutz dieses Bundes ließ die Zarin russische Truppen in Polen einmarschieren, wodurch sich König Stanislaus Poniatowski am 23. Juli 1792 den Gegnern des sächsischen Herrschers anschloss. Die Initiatoren der Verfassung von 1791 gingen größtenteils nach Sachsen ins Exil. 1793 erfolgte überdies der Einmarsch preußischer Truppen in Polen. Die unmittelbare Folge davon war die zweite Teilung Polens zwischen Russland und Preußen. Gemeinsam mit Österreich teilten beide Großmächte unter sich den Rest 1795 auf, womit Polen bis 1918 als selbstständiger Staat völlig von der europäischen Landkarte verschwand.

1806 entstand durch den Frieden von Tilsit in Ostpreußen als politische Neuschöpfung Kaiser Napoleons I. das Herzogtum bzw. Großherzogtum Warschau. Auf Grund dieses Friedensvertrages setzte der Korse die Anerkennung des neuen Staates durch Russland und Preußen durch. Dieses Staatsgebilde setzte sich hauptsächlich aus den in der dritten Teilung Polens zu Preußen geschlagenen Gebieten zusammen.

Die Verbindung mit dem Großherzogtum Warschau in Form einer Personalunion und dem 1806 entstandenen Königreich Sachsen dauerte nur bis zum Wiener Kongress 1815; auf Beschluss der europäischen Großmächte wurde dieses Territorium unter dem Namen „Kongreßpolen" als Königreich Bestandteil des russischen Zarenreiches. Erst 1918 entstand als Folge des Ersten Weltkrieges ein neuer unabhängiger polnischer Staat.

Dennoch war Sachsen unter Bezugnahme auf die Verfassung von 1791 während des gesamten 19. Jahrhunderts ein Zufluchtsgebiet für polnische Exulanten. Daran erinnern noch heute zahlreiche polnische Grabstätten im Inneren Katholischen Friedhof von Dresden-Friedrichstadt.

In Polen selbst bestand noch bis in den Zweiten Weltkrieg eine eigene politische Richtung, die sich wiederum unter Berufung auf die Verfassung vom 3. Mai 1791 für ein Königreich Polen unter einem Monarchen aus dem Herrscherhaus Wettin-Albertinische Linie einsetzte.

✑ Das revolutionäre Frankreich

Im Zuge der Einflüsse der Französischen Revolution 1789 kam es auch in Sachsen vereinzelt zu Unruhen, die sich besonders in der Bauerschaft auswirkten. Doch konnten Friedrich August und seine Berater durch ein verständnisvolles Entgegenkommen und Versprechen von Reformen diese Unruhen in kürzester Zeit beseitigen (Patent vom 26.8.1790). Trotzdem ließ Kaiser Leopold II. von Wien aus die kurfürstliche Regierung in Dresden vor der weiteren Ausbreitung des revolutionären Geistes warnen.

In diesem Zusammenhang ist auch das Pillnitzer Treffen im August 1791 zwischen Kaiser Leopold II., König Friedrich Wilhelm II. von Preußen und Kurfürst Friedrich August von Sachsen anzuführen. Als Tagungsort wurde Lustschloss Pillnitz bei Dresden gewählt. Bei den Beratungen der drei Monarchen ging es vorzugsweise darum, Abwehrmaßnahmen gegen das revolutionäre Frankreich zur Stützung der französischen Krone zu ergreifen. Friedrich August setzte sich bei diesen Verhandlungen für die Erhaltung der bestehenden Reichsverfassung und die Nichteinmischung in fremde Angelegenheiten ein. Der sächsische Kurfürst verfolgte damit eine Politik der Neutralität. Deswegen beschränkte er sich während dieses Treffens vorzugsweise auf seine Pflichten als Hausherr und veranstaltete für seine Gäste glänzende Feste in Pillnitz und Dresden. In der Bündniserklärung zwischen beiden deutschen Großmächten konnte er sich in der Frage der Reichsverfassung durchsetzen, betonte aber gleichzeitig seinen Wunsch nach Neutralität.

In unmittelbarer Folge der Pillnitzer Beschlüsse kam es zum Ausbruch des Ersten Koalitionskrieges gegen das revolutionäre Frankreich zwischen 1792 und 1795; an diesen Auseinandersetzungen war auch ein Kontingent aus Sachsen mit 6.000 bzw. 10.000 Mann beteiligt. Am 14. September 1793 verhalfen die sächsischen Einheiten dem Herzog von Braunschweig zum Sieg über die Franzosen unter Moreau. Einen ebenfalls großen Erfolg verzeichnete diese Einheit in der dreitägigen Schlacht von Kaiserslautern.

Nach dem Abschluss des preußisch-französischen Sonderfriedens erklärte sich das gesamte Norddeutschland im Mai 1795 als neutral. Daher schlug Friedrich August einen von Preußen unabhängigen Weg ein. Da ein solcher Separatvertrag sich nach seiner Meinung mit der Reichsverfassung nicht vereinbaren ließ, verblieb das sächsische Kontingent an der Front und vereinigte sich mit dem österreichischen Heer. Trotzdem empfahl Kurfürst Friedrich August Kaiser Franz II. im Namen des Reiches Friedensverhandlungen in Regensburg zu beginnen. Dieser Plan zerschlug sich jedoch, weil der Nationalkonvent in Paris kategorisch die Abtretung des linken Rheinufers durch das Reich verlangte, während dieses auf den Bestimmungen des Westfälischen Friedens von 1648 beharrte.

Daher begann der Krieg erneut. Als die Franzosen siegreich über den Rhein und weiter in das Innere Deutschlands vordrangen, rief Friedrich August sein Truppenkontingent unter Berufung auf die unmittelbare Bedrohung Kursachsens zurück. Doch bereits 1796 sandte er es erneut an den Rhein, weil die Gefahr beseitigt war. Unter dem Oberbefehl von Erzherzog Karl war in der Folge Sachsen entscheidend am Sieg über die Franzosen bei Wetzlar am 15. Juni 1796 beteiligt, wodurch diese zum Rückzug über den Rhein veranlasst wurden. Bedingt durch das erneute Vordringen der Französischen Truppen in Süddeutschland konnte auch der Reichskrieg verhältnismäßig schnell beendet werden. Im Namen des Reiches musste Österreich das linke Rheinufer abtreten. Im Frieden von Campoformio bildete sich eine Reichsdeputation aus zehn Mitgliedern, an der auch Kursachsen beteiligt war. Dieses Gremium hatte sich mit der schwierigen Aufgabe zu befassen, im Namen des Reiches die Verhandlungen mit der siegreichen Französischen Republik zu führen. Als Entschädigung für die Verluste auf der linksrheinischen Seite wurden bereits auf dem Kongress von Rastatt geistliche Territorien in Aussicht genommen. Erst nach dem Friedensvertrag von Luneville 1801 wurde die Entschädigungsfrage offen angesprochen. Kursachsen verhielt sich während der beginnenden Verhandlungen im Sinn seiner bekannten Prinzipien – Neutralität und Treue zur Reichsverfassung – konnte sich aber den Forderungen nach Entschädigung nicht widersetzen. So setzte sich Friedrich August wenigstens für die Milderung der Folgen und eine gerechte Entschädigung der geistlichen Würdenträger ein. Sachsen erwies sich damit als Vertreter einer konservativen Haltung im wahrsten Sinne des Wortes.

Als Folge der Gründung des Rheinbundes, durch den am 12. Juli 1806 sechzehn bisher dem Heiligen Römischen Reich Deutscher Nation zugehörigen Länder diesem beitraten, sah sich Kaiser Franz II. am 6. August gezwungen, die Würde eines Römisch-Deutschen Kaisers zurückzulegen und sich auf das seit 1804 bestehende Kaisertum Österreich zu beschränken. Das bisher neutrale Norddeutschland blieb damit seinem Schicksal überlassen. Das politisch naheliegende Ziel lag darin begründet, dass sich Sachsen, Hessen und Preußen als Träger des Norddeutschen Neutralitätsprinzips zu einem eigenständigen „Norddeutschen Reichsbund" zusammenschließen wollten. Dieser Plan wurde den beteiligten Fürstenhöfen unterbreitet. Die drei genannten Länder beabsichtigten die Gründung eines Direktoriums. Preußen sollte zusätzlich die Würde eines Norddeutschen Kaisers übernehmen, während Sachsen und Hessen zu Königreichen erhoben werden sollten.

Kursachsen erklärte sich nur zu einem Defensivbündnis bereit und wollte auch bei Verwirklichung dieses Planes weiterhin auch die Neutralität gegenüber Frankreich wahren. Nur mit Widerwillen erklärte sich Friedrich August bereit, am Krieg gegen Frankreich teilzunehmen, weil die Wettinischen Erblande im Fall von Bündnissen mit Preußen oder Frankreich in gleicher Weise bedroht waren. Trotzdem entschied sich der Kurfürst zu einem Bündnis

mit Preußen. Das begründete er damit, dass ein Zusammengehen mit Napoleon ihn in völlige Abhängigkeit des Korsen gebracht hätte. Durch die folgenden kriegerischen Auseinandersetzungen, vor allem die Schlacht bei Jena und Auerstädt 1806, wurde der Kurstaat in kürzester Zeit von französischen Truppen völlig besetzt. Trotz strenger Maßnahmen verfolgten die Franzosen eine freundliche Haltung gegenüber dem Kurfürstentum.

Königreich Sachsen

Nach langen Vorverhandlungen konnte am 11. Dezember 1806 zwischen Frankreich und Kursachsen in Posen ein Friedensvertrag abgeschlossen werden. Auf Grund dieser Vereinbarung wurde Sachsen nicht nur Mitglied des Rheinbundes, sondern gemäß Art. 3 auch zum Königreich erhoben. Zugleich erhielt das katholische Fürstenhaus und alle anderen in Sachsen lebenden Katholiken nach Art. 5 die Gleichberechtigung ihrer Religion. Damit gewannen sie die gleichen Rechte und Pflichten wie die bisher einseitig bevorzugten Lutheraner. Das war für das bisher vorherrschen-

Kaiser Napoleon im Krönungsornat

de evangelische Bekenntnis eine revolutionäre Neuerung, die nicht für möglich erachtet wurde. Zweifellos ging diese Bestimmung auf Napoleon persönlich zurück und fand in dem Friedensvertrag ohne vorherige Unterrichtung Friedrich Augusts Eingang.

Die feierliche Proklamation des Königreichs Sachsen fand am 20. Dezember 1806 im Jagdschloss Moritzburg bei Dresden unter persönlicher Anwesenheit des Korsen statt. Die darauf bezügliche Urkunde lautet wie folgt:

„Nachdem durch die allweise Vorsehung Gottes es dahin gediehen ist, daß die bisherigen churfürstlichen Lande zu einem Königreich erhoben worden sind, so wird der Allerdurchlauchtigste und Großmächtigste Fürst und Herr, Herr Friedrich August als König von Sachsen feierlich ausgerufen, und dieses Seinem getreuen Volke zu kund und zu wissen gethan."

Das darauf folgende königliche Mandat mit der Zustimmung zur Annahme der königlichen Würde durch Friedrich August folgte am 2. Januar 1807.

Die Anerkennung erfolgte zugleich durch die Regenten der Föderativstaaten (Rheinbund) und bald darauf auch durch die europäischen Mächte und Reiche. Diese neue Staatsform bestand bis zum Ende des Ersten Weltkrieges 1918; in diesem Zeitraum stellten die Albertinischen Wettiner ihrem Lande sieben bedeutsame Monarchen, und zwar:

• König Friedrich August I. der Gerechte
• König Anton der Gütige
• König Friedrich August II.
• König Johann der Wahrhaftige
• König Albert
• König Georg
• König Friedrich August III.

Seit 1806 besitzen alle Angehörigen des wettinischen Herrscherhauses das Recht, den Titel „Prinz" bzw. „Prinzessin" und die offiziellen Anreden „Seine Königliche Hoheit" (S.K.H.) oder „Ihre Königliche Hoheit" (I.K.H.) zu führen. Noch heute sind die Bezeichnungen „Prinz von Sachsen" bzw. „Prinzessin von Sachsen" in Analogie zur Weimarer Reichsverfassung von 1920 als Bestandteile des bürgerlichen Namens anerkannt. Dasselbe gilt auch für die seit dem Mittelalter geläufigen Namensteile „Herzog zu Sachsen" bzw. „Herzogin zu Sachsen".

Seit der Unterzeichnung des Posener Friedensvertrages befolgte das Königreich Sachsen eine betont frankreichfreundliche Politik. Das wurde deutlich mit der Ernennung des Grafen Bose zum sächsischen Außenminister durch König Friedrich August den Gerechten. Mit dessen Persönlichkeit begann eine Epoche, die die Regierung in Dresden in völliger Abhängigkeit von Napoleon zeigte. Interessanterweise wurde Friedrich August I. von der kaiserlichen Regierung in Paris hoch geachtet. Napoleon betonte immer wieder die unbedingte Treue des sächsischen Monarchen zu Frankreich, womit dieser eine Eigenschaft aus der Zeit vor 1806 auf das neue Kaiserreich übertrug. Diese politische Haltung Friedrich Augusts betonte Napoleon dadurch, dass er ihn 1807 – wie bereits erwähnt – zum Herzog von Warschau ernannte. 1810 erfolgte die Erhebung dieses Herzogtums zum Großherzogtum.

Friedrich August der Gerechte stand bis zum bitteren Ende nach der Völkerschlacht von Leipzig 1813 treu an der Seite Frankreichs. Noch am Ende seines Lebens sah er in Napoleon das Heil Europas, auch aus weltanschaulich-religiösen Gründen. Für diese seine Überzeugung musste der sächsische Monarch in preußische Gefangenschaft nach Schloss Friedrichsfelde in Berlin gehen und schließlich 60 % seines Landes an Preußen abtreten.

Dennoch suchte der König auch im Rahmen des erheblich verkleinerten Königreiches Sachsen seine Prinzipien aufrechtzuerhalten. Seine Treue galt nunmehr dem neu erstandenen Deutschen Bund, dem er am 8. Juni 1815 beitrat. Gleichzeitig blieben seine engeren Kontakte mit Frankreich weiter bestehen. Das zeigte sich besonders, als der französische Vertreter Talleyrand sich zugunsten des Weiterbestandes des Hauses Wettin-Albertinische Linie und damit des sächsischen Staates einsetzte. Eine gleiche Haltung verfolgte auch das von den Habsburgern regierte Österreich, dessen Staatskanzler Fürst Clemens Wenzeslaus von Metternich sich ebenfalls für die Erhaltung des Königreichs Sachsen einsetzte.

Gleichzeitig bewahrte Sachsen auch seine staatsrechtlichen Grundsätze. So war Friedrich August der Gerechte der erste Fürst des Rheinbundes, der öffentlich erklärte, dass die neu gewonnene Souveränität seines Landes keineswegs mit den Rechten der alten Landstände im Widerspruch stand. Diese politische Richtung verfolgte er auch im Rahmen des neuen Deutschen Bundes. So ließ er die bereits seit dem Mittelalter gültige ständische Verfassung weiter bestehen. Diese blieb in Sachsen bis 1831 erhalten und wurde erst als Folge der Unruhen von 1830/31 beseitigt und durch eine moderne demokratische Verfassung abgelöst; diese trat am 4. September 1831 in Kraft.

❧ Wiener Kongress 1815

Wie bereits erwähnt, wurde für die weitere staatliche Existenz des Königreichs Sachsen der Wiener Kongress 1815 bedeutungsvoll. Preußen verlangte nämlich für die Abtretung seiner polnischen Provinzen an Russland eine Entschädigung durch deutsche Gebiete. Nach langem Hader wurde auf Grund eines Vertragsvorschlages der Europäischen Großmächte vom 10. Januar 1815 die größere Hälfte Sachsens – der thüringische Kreis, der Kurkreis Wittenberg, die gesamte Niederlausitz und die östliche Oberlausitz – unter Aufhebung der böhmischen Erbansprüche mit Ausnahme Nordthüringens an das Königreich Preußen abgetreten. Dagegen fiel der Neustädter Kreis in Nordthüringen an das Ernestinische Großherzogtum Sachsen-Weimar-Eisenach. Erst am 13. Mai 1815 trat Friedrich August diesem für ihn schmerzlichen Vertrag bei. Kurz darauf entschloss sich

der sächsische Monarch am 27. Mai 1815 zum Beitritt des Bündnisses gegen Napoleon und am 8. Juni zur Mitgliedschaft im Deutschen Bund, dem Sachsen bis 1866 die Treue hielt.

❧ Wirtschaftliche Probleme

Wesentlich erwies sich auch während der Regierungszeit Friedrich Augusts des Gerechten die Entwicklung der Wirtschaft. So wurde die bereits unter August dem Starken im 18. Jahrhundert einsetzende Industrialisierung Sachsens in der Napoleonischen Ära durch die Einführung der Kontinentalsperre gegenüber England 1804 gehemmt. Für die sächsische Textilindustrie brachte diese Maßnahme allerdings eine Blütezeit, weil die verheerende englische Konkurrenz durch den damit verbundenen Handelsboykott vom

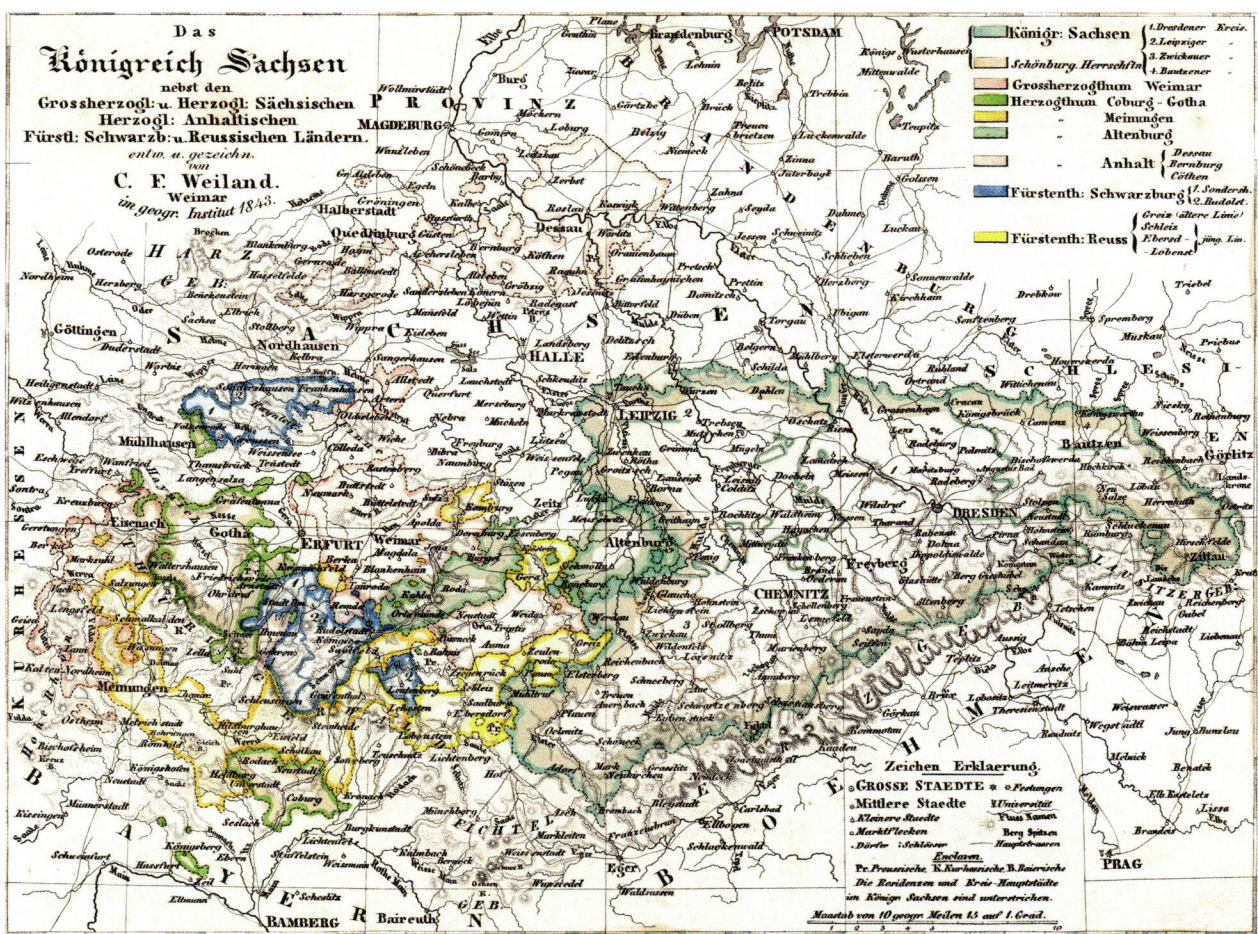

Königreich Sachsen in den Grenzen von 1815 bis 1918

europäischen Kontinent und damit auch von Sachsen ferngehalten wurde. Erst nach der Aufhebung der Kontinentalsperre konnten englische Waren und Produkte wieder ungehindert nach Deutschland gelangen. Die Folgen waren Absatzstockungen in der sächsischen Volkswirtschaft, besonders in der Textilindustrie des Erzgebirges. Dieser Landesteil wurde während des gesamten 19. Jahrhunderts von kleineren oder größeren Absatzkrisen heimgesucht.

Auch die Teilung Sachsens durch den Wiener Kongress 1815 zeigte erhebliche wirtschaftliche Folgen. Das wirkte sich vor allem für die weitere Entwicklung des Reststaates Sachsen sehr nachteilig aus, blieb doch mit Ausnahme der Leipziger Tieflandsbucht nur der vorwiegend gebirgige und wenig fruchtbare Teil des Landes im Herrschaftsbereich der Wettiner. So wurde diese Teilung Sachsens von 1815 eine erhebliche Ursache für die Industrialisierung im 19. Jahrhundert, weil sich die sächsische Bevölkerung nur durch verstärkte Exporte auf gewerblichem Gebiet die nötigen Nahrungsmittel beschaffen konnte. Begleitet wurde diese Industrialisierung von einer starken Bevölkerungsvermehrung, von der in erster Linie der Raum Leipzig, das Erzgebirge und das Vogtland betroffen waren. Damit standen König Friedrich August, die Landesregierung und die Wirtschaftsvertreter vor der äußerst schwierigen Lage, wie die ständig wachsende Bevölkerung ernährt werden sollte. Verstärkt traten auch Wirtschaftskrisen auf, von denen wiederum das Erzgebirge hart betroffen war. Damit erhielt die Industrialisierung Sachsens auch eine soziale Komponente, wodurch das politische Geschehen maßgeblich beeinflusst wurde. Das zeigte sich vor allem in den beiden Revolutionen 1830/31 und 1848/49. Die kriegerischen Auseinandersetzungen im Zeitalter Napoleons und die Teilung trugen zum Wachstum der Staatsschulden bei, doch deren finanzpolitische Konsolidierung gelang in verhältnismäßig kurzer Zeit bis 1818.

Schließlich ist noch anzuführen, dass 1824 unter maßgeblicher Förderung durch König und Regierung der „Börsenverein des Deutschen Buchhandels" in Leipzig gegründet wurde. Dadurch erhielt die Messestadt Leipzig eine zentrale Stellung im deutschen Buchhandelsgeschäft insgesamt.

Auch das ebenfalls in Leipzig angesiedelte Messewesen, wurde während der Regierungszeit Friedrich Augusts ent-scheidend gefördert. Auf diese Weise errang diese Handelsstadt eine äußerst wichtige Stellung im gesamtdeutschen Wirtschaftsleben. Dies wirkte sich auch günstig auf das kulturelle Leben aus. Allgemein ist zu sagen, dass nur eine blühende Wirtschaft es der Kultur ermöglicht, dass diese ihre Aufgaben und Anforderungen erfüllen kann.

Das Lebensende Friedrich Augusts

Das Leben des ersten sächsischen Königs Friedrich August I. des Gerechten endete in der Nacht vom 1. auf den 2. Mai 1827. Da er keine männlichen Erben hinterließ, folgte ihm sein jüngerer Bruder Anton als König.

Insgesamt können wir sagen, dass Friedrich Augusts Einstellung während seiner gesamten Regierungszeit von den Grundsätzen des Rechts- und Pflichtbewusstseins bestimmt war. Er hat auch nicht, wie eine neuere Veröffentlichung nachzuweisen versucht, als König resigniert; vielmehr behielt dieser Wettiner seine gewohnte Aktivität bis zu seinem Lebensende 1827.

So war sein Zeitalter nicht nur für die sächsische, sondern auch für die deutsche und europäische Geschichte von erheblicher Bedeutung.

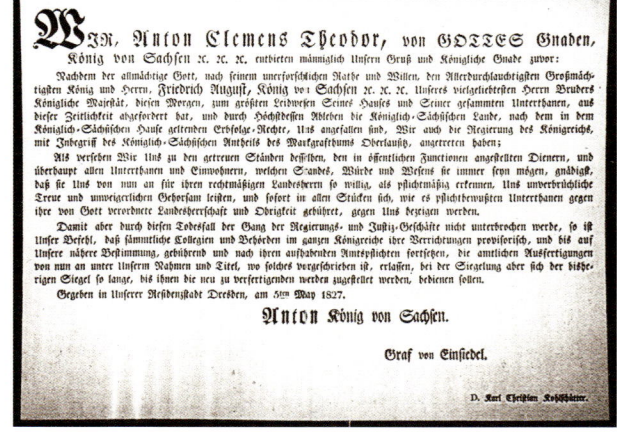

Todesanzeige Friedrich August des Gerechten

Das Haus Wettin und das Heilige Römische Reich – Deutscher Nation

Die wettinischen Territorien in Sachsen und Thüringen zählten bis 1806 zum Heiligen Römischen Reich – Deutscher Nation. Der sächsische Kurfürst Friedrich August der Gerechte stand bis zum Ende dieses in das Mittelalter zurückreichenden Staatenbundes treu zu Kaiser Franz II. als dem Repräsentanten aus dem Hause Habsburg/Lothringen. Dieser musste bekanntlich am 6. August 1806 auf Druck Napoleons die Kaiserkrone niederlegen. In kluger Voraussicht hatte Kaiser Franz die Habsburgischen Erblande 1804 zum Kaisertum Österreich erhoben. 1867 entstand daraus die Habsburgische Doppelmonarchie Österreich-Ungarn, die bis zum Ende des Jahres 1918 erhalten blieb und die Tradition des Heiligen Reiches fortsetzte. Noch heute legen die Reichskleinodien in der weltlichen Schatzkammer Wien Zeugnis von der Bedeutung dieses Reiches und seiner über 1000-jährigen Tradition ab.

Kaiserkrone

✥ *Die Rolle des Hauses Wettin im Heiligen Römischen Reich – Deutscher Nation*

Die Tradition dieses Reiches geht bis in die Regierungszeit Karl des Großen von 768 bis 814 zurück. Dieser wohl bedeutsamste Karolinger wurde am Weihnachtstag 800 durch Papst Leo III. zum Kaiser gekrönt. Damit leitete Karl eine fast ununterbrochene Reihenfolge von Herrschern ein, die das Heilige Reich repräsentierten. Dazu schreibt der Historiker Herbert Schmidt-Kaspar:

„Man kann den Anfang auf den Weihnachtstag des Jahres 800 legen, auf jenen Tag also, da Karl der Große von Papst Leo III. in Rom zum Kaiser gekrönt wurde. Oder in das Jahr 843, in dem Karls Enkel das Frankenreich durch den Vertrag von Verdun in drei Teilreiche aufspaltete: Westfranken, Ostfranken und Lothringen. Dadurch entstand zum ersten Mal ein eigenständiger Herrschaftsbereich, auf dem Gebiet, das später als Deutschland bezeichnet werden sollte. Oder man nimmt das Jahr 911. Da wählten die Ostfranken mit Konrad I. einen Mann zum König, der zwar Franke, aber kein Mitglied der karolingischen Königsfamilie war, die bis dahin die Herrscher gestellt hat. Man hätte sich einen Karolinger aus Westfranken holen können, aber das tat man nicht. Die lokale Zugehörigkeit war wichtiger geworden als die dynastische."

Von erheblicher Bedeutung erwies sich die Zeit Ottos I. des Großen (936 – 973), der – wie Johann Laudage betont, das Kaisertum erst nach den Karolingern zu den „deutschsprachigen Franken" zurückholte. Diese Meinung Ottos von Freising erwies sich als falsch. Daher sollte die Bedeutung Ottos für das Heilige Römische Reich – Deutscher Nation neu definiert werden. Trotzdem ist hervorzuheben, dass besonders das Zeitalter dieses bedeutsamen Herrschers und seiner Nachkommen eine herausragende Bedeutung auch für die Wettiner besaß.

Das Haus Wettin stammte ursprünglich aus dem niedersächsischen Raum, genauer gesagt, aus dem Grenzgebiet von Niedersachsen und Sachsen-Anhalt, wo es im Harzraum beheimatet war. In den Quellen erscheint in dieser Region als Ahne Dietrichs oder Dedis Graf Volkmar, der gemeinsam mit seinem Bruder Rikbert vier Orte im slawisch besiedelten Gebiet an der Fuhne im Gau Serimunt aus der Hand Ottos des Großen erhielt. Volkmar starb noch vor 961; sein Vater war Friedrich II. Graf im Harzgau, dessen Spuren wir 937 und 945 in den Quellen vorfinden. Dessen Vater Friedrich I. war ebenfalls im Harzgau zu Hause und trug die Bezeichnung „Graf im Harzgau". Er vermählte sich mit einer Frau namens Bia. Friedrich II. schenkte seiner Mutter am 31. Oktober 937 einen Besitz im so genannten Schwabengau, der sich östlich von Quedlinburg bis zur Saale erstreckte. Dort war er offenbar reich begütert. Der bereits erwähnte Gau Serimunt schloss sich unmittelbar an den Schwabengau östlich der Saale im Raum Nienburg an. Damit ist erwiesen, dass die Wettiner aus dem Grenzraum Niedersachsen-Sachsen-Anhalt stammten und als treue Anhänger der Ottonen im Zug der mittelalterlichen Ostkolonisation während des 10. Jahrhunderts in das eroberte Sorbenland zwischen Saale und Elbe einwanderten.

Im Hochmittelalter besaß das Haus Wettin als Eigentümer der Burgwarte Wettin, Löbejan und Brehna erhebliche politische Bedeutung.

Bereits vor Heinrich von Eilenburg, der 1089 in der Reichsstadt Regensburg durch Kaiser Heinrich IV. aus dem Hause der Salier mit der Mark Meißen belehnt wurde, hatte dieses fürstliche Geschlecht mit Dedi und Dietrich von Bucizi zwei urkundlich wichtige Vertreter. Deren gleichnamige Burg befand sich an der Einmündung der Bode in die Saale im südlichen Harzvorland und ist wahrscheinlich in der Gegend von Grimschleben zu suchen.

Dedi vererbte diese Burgwarte seinem Sohn Dietrich II., der nach dem Tod seines Onkels Friedrich zusätzlich Eilenburg und die Grafschaft im Susaligau erhielt. 1033 wurde Dietrich zusätzlich Markgraf der Lausitz. Ihm folgte ein Jahr später in diesem Amt und den übrigen Besitzungen mit Ausnahme von Wettin und Brehna sein ältester Sohn Dedi II. Dagegen erhielten die jüngeren Söhne Thimo und Gero die in unmittelbarer Nähe der Saale gelegene Burgwarte Wettin und Brehna. Dedi selbst verlor allerdings vorübergehend die Lausitz, doch konnte dessen Sohn Heinrich von Eilenburg dieses Gebiet von Kaiser Heinrich II. wieder zurückerhalten.

Bis in unsere Gegenwart erinnern die Burg Wettin bei Halle an der Saale und das ehemalige Stammkloster auf dem Petersberg mit der ältesten Begräbnisstätte der Wettiner an die frühe Geschichte dieses Herrscherhauses. Ähnliches gilt auch für die Albrechtsburg und den Dom zu Meißen. Wichtig ist, dass bereits 929 durch den Vater Ottos des Großen Heinrich I. eine Wehranlage auf dem Meißner Burgberg errichtet wurde. Diese bildete nicht nur den Ausgangspunkt der deutschen Herrschaft in dieser Region, sondern auch der Christianisierung im mittleren Elbegebiet. Bezeichnend ist, dass 968 hier durch Otto den Großen bereits ein katholisches Bistum errichtet wurde. Noch in der Gegenwart erinnert der zweite Name des Bistums Dresden-Meißen an diese wichtige mittelalterliche Gründung. Fortan diente der Meißner Burgberg als Vorposten des Heiligen Reiches an der militärisch noch keineswegs gesicherten Elbelinie gegen die im Osten lebenden Slawen oder Sorben.

1048 begegnet uns erstmals der Ausdruck „Marchia Misnensis", d.h. „Markgrafschaft" oder „Mark Meißen". Daraus kann geschlossen werden, dass der Markgraf seinen Sitz in der Meißner Albrechtsburg hatte. Trotzdem galt diese mächtige Anlage auf einem Felsen oberhalb der Elbe noch immer als Reichsburg. Dort residierte ein königlicher Befehlshaber, dessen Aufgaben der Markgraf zu erfüllen hatte. Dieser war aber nicht nur zuständig als oberster Militärherr, sondern auch als Förderer der Ansiedlung deutscher Bauern. Damit vereinigten die Markgrafen im Dienste des ottonischen Herrscherhauses zwei bedeutsame Funktionen, die für die weitere Entwicklung des Gebietes zwischen Elbe und Saale erhebliche Bedeutung besaßen. Gleichzeitig ist der Tatbestand der Zuständigkeit für die Bauern ein früher Beweis dafür, dass die Wettiner auch für die wirtschaftspolitischen Fragen bereits im Mittelalter erhebliche Bedeutung besaßen. So ist es nicht zu verwundern, dass der jeweilige Chef des Hauses Wettin-Albertinische Linie noch heute diesen ehrenvollen Titel führt, um seine Stellung als Thronanwärter zu dokumentieren.

Die Goldene Bulle Kaiser Karls IV. von 1356

Die Wettiner hielten auch in den folgenden Jahren in Treue zum Heiligen Reich und damit zum Kaiser als dessen Oberhaupt. So ist es verständlich, dass der wohl bedeutendste Kaiser des späten Mittelalters Karl IV. (1346 – 1378) aus dem Hause Luxemburg 1356 auf zwei Hoftagen in Metz und Nürnberg gemeinsam mit den Kurfürsten sein kaiserliches Rechtsbuch veröffentlichen ließ. Dieses wurde später wegen des anhängenden Goldsiegels auch als „Goldene Bulle" bezeichnet. Erstmals im Heiligen Römischen Reich wurde auf Grund dieser Goldenen Bulle verfassungsmäßig die Wahl des römischen Königs und Kaisers durch sieben Kurfürsten – vier weltliche und drei geistliche Würdenträger des Reiches – gekürt. Unter ihnen befand sich auch der askanische und später wettinische Herzog von Sachsen. Über die Bedeutung dieser neuen gesetzlichen Regelung schreibt der Historiker Herbert Schmidt-Kaspar:

„Dieses Gesetz legt fest, daß nur drei geistliche und vier weltliche Fürsten wahlberechtigt sein sollten: Die Bischöfe von Köln, Mainz und Trier, der Pfalzgraf bei Rhein, der Herzog von Sachsen, der Markgraf von Brandenburg und der König von Böhmen. (Man beachte, daß die schärfsten Rivalen des Hauses Luxemburg, nämlich Habsburger und Bayern, draußen bleiben mußten.)

Der Wahlvorgang, Einberufung des Kurkollegiums, Reihenfolge der Stimmabgabe usw. – wurde genau festgelegt, ebenso die Orte für Wahl (Frankfurt), Krönung (Aachen) und

Goldene Bulle

ersten Reichstag (Nürnberg), sowie die Zuständigkeiten in der Übergangszeit zwischen Tod des alten und Wahl des neuen Königs. Die Entscheidung soll mit Stimmenmehrheit erfolgen. Der Gewählte ist durch Wahl König (später auch Kaiser). Von einem Approbationsrecht des Papstes ist nicht die Rede. Die Kurfürsten erhielten Privilegien, die sie im Grunde zu souveränen Herrschern machen: Ihre Territorien sind unteilbar (d.h. sie können im Erbfall nicht aufgesplittert werden). Sie können ihren Untertanen die Berufung an Reichsgerichte verbieten, und die Krone verzichtet darauf, in Gerichtsverfahren der kurfürstlichen Gerichte einzugreifen oder an sich zu ziehen. Bündnisse sind nur zur Durchsetzung des Landfriedens erlaubt (das richtet sich gegen die Städte), es ist den Städten verboten, Pfahlbürger aufzunehmen, also Leuten, die außerhalb der Städte auf Dörfern wohnen, das Bürgerrecht zu verleihen.“

Mit diesen Bestimmungen ist in Deutschland der Weg zu einem zentral regierten Staat endgültig versperrt. Damit befindet sich das Heilige Reich im Gegensatz zu anderen Ländern, wo eine gegenteilige Entwicklung festgestellt werden kann. Daher dürfen wir auch von einer Erbmonarchie nicht sprechen. An ihrer Stelle tritt eine Art Oligarchie, wo-

bei die Städte und das sie repräsentierende Bürgertum „politisch ins Abseits“ gestellt wurden, obwohl sie im Rahmen des Reichstages als eigene „Bank“ neben dem Adel und der Geistlichkeit vertreten waren. Damit blieb ihnen eine führende Rolle verwehrt. So hatte das Reich im Inneren keine ausführende Gewalt. Attribute echter Staatlichkeit konnten sich nur in den einzelnen Territorien entwickeln.

Durch die Schaffung einer verbindlichen Wahlordnung konnte das Mitspracherecht der Kurie abgewiesen werden. Damit begannen sich Reich und Kirche voneinander zu lösen. Das bedeutete eine Trennung der beiden gesellschaftlichen Schichten, die schließlich verursacht durch die Französische Revolution von 1789 zu einer völligen Trennung von Staat und Kirche im 19. Jahrhundert führte. Ein Beispiel dafür ist Frankreich, wo diese Trennung noch in der Gegenwart verfassungsmäßig festgehalten ist.

Das wettinische Kurfürstentum Sachsen

Die Treue der Wettiner zum Kaiser als Oberhaupt des Heiligen Römischen Reiches – Deutscher Nation erwies sich dadurch als bedeutsam, dass Kaiser Sigismund am 6. Januar 1423 „das heimgefallene Churfürstenthum und Herzogthum zu Sachsen/mit allen seinen Würden/und Ehren/und der Chure eines römischen Königs“ als Lehen dem wettinischen Markgrafen und Herzog Friedrich I. dem Streitbaren als Kurfürst übereignete. Dabei muss noch angeführt werden, dass mit Kurfürst Albrecht III. von Sachsen-Wittenberg der letzte askanische Beherrscher dieses Territoriums 1422 verstorben war. Kaiser Sigismund erklärte nun dieses Reichslehen als erledigt, obwohl Herzog Erich von Sachsen-Lauenburg Ansprüche auf den Kurkreis Wittenberg – heute Sachsen-Anhalt – erhob.

Am 1. August 1425 empfing Friedrich der Streitbare in Ofen (Budapest) durch Kaiser Sigismund die Insignien als neuer Kurfürst von Sachsen-Wittenberg. Dieses Amt war mit der Würde eines Erzmarschalls des Heiligen Reiches verbunden, eine Würde, die Kursachsen künftighin gemeinsam mit dem Kurfürsten von der Pfalz teilte. Dieses auch als Reichsvikariat bezeichnete Amt erlangte dadurch Bedeutung, dass beide Kurfürsten nach dem Tode eines Kaisers dessen Stellvertretung ausübten und solange amtierten, bis ein neuer Kaiser gewählt war.

Bekannt ist beispielsweise, dass Kurfürst August der Starke 1711 nach dem Tode seines Freundes Kaiser Joseph I. das Reichsvikariat ausübte und es erst abgab, als der neue

Fürstenzug in Dresden

Erste Tafel aus dem Fürstenzug

Kaiser Karl VI. – der Vater der volkstümlichen Kaiserin Maria Theresia – zum römischen König und Kaiser gewählt war. In der Zeit seines Reichsvikariates ließ August der Starke das Kronentor des Dresdner Zwingers erbauen und betonte damit sein eigenes Interesse für eine Wahl zum neuen Oberhaupt des Heiligen Römischen Reiches – Deutscher Nation.

Mit der Wahl Friedrichs des Streitbaren traten die Wettiner auf Grund der Goldenen Bulle von 1356 in jenes Wahlkollegium ein, das für die Wahl eines Königs bzw. Kaisers zuständig war. Seit 1547 bekleideten die Albertinischen Wettiner dieses bedeutsame Amt eines Kurfürsten von Sachsen. Diese Würde erlosch erst, als Kaiser Napoleon I. 1806 dem Heiligen Reich den Todesstoß versetzte. Bekanntlich musste der bisherige Kurfürst Friedrich August III. der Gerechte dem Rheinbund beitreten, wodurch Sachsen am 20. Dezember 1806 in Schloss Moritzburg bei Dresden zum Königreich erhoben wurde. Interessanterweise besaßen die wettinischen Könige keine eigene Königskrone und begnügten sich mit deren Darstellung auf dem sächsischen Wappen. Das zeigt auch, wie bürgernah alle wettinischen Regenten auftraten.

❧ Die Teilung der wettinischen Lande 1485

Als folgenreich für die Geschichte der wettinischen Lande erwies sich ferner die Leipziger Teilung vom 26. August 1485 zwischen Kurfürst Ernst dem Frommen (1441 – 1486) und Herzog Albrecht dem Beherzten (1443 – 1500). Seither bestehen die Ernestinische Linie, die bis 1945 vorzugsweise in Thüringen beheimatet war, sowie die Albertinische Linie, deren Vertreter als Kurfürsten und Könige Sachsen bis 1918 regierten. Von 1485 bis 1806 waren die seit 1539 evangelischen Albertiner Kurfürsten und anschließend seit August dem Starken von 1697 als Katholiken zunächst Kurfürsten und dann Könige von Sachsen bis 1918. Dagegen regierten die Ernestiner als Großherzöge bzw. Herzöge in Sachsen-Weimar-Eisenach, Sachsen Coburg und Gotha, Sachsen-Meiningen-Hildburghausen und Sachsen-Altenburg ebenfalls bis Ende des Ersten Weltkrieges.

Dabei ist vor allem von Interesse, dass das Haus Sachsen-Coburg und Gotha durch seine Heiratspolitik im 19. und beginnenden 20. Jahrhundert Weltgeltung erlangte. Noch heute regieren Angehörige dieser Ernestinischen Linie in Belgien und Großbritannien. Enge Bindungen bestanden auch zu Bulgarien, Schweden, Brasilien, Portugal und Russland, um nur einige wenige Beispiele anzuführen. Gegenwärtig betonen die belgischen Könige mit Stolz ihre Zugehörigkeit zum sächsischen Hause Wettin.

Die Stellung der Reichsstadt Regensburg als Sitz des Reichstages

Seit dem frühen Mittelalter besaß die Donau-Metropole Regensburg innerhalb des Heiligen Römischen Reiches – Deutscher Nation eine bedeutsame Stellung. Diese äußerte sich vorzugsweise in der Tatsache, dass innerhalb der Mauern dieser Reichsstadt wiederholt Reichs- oder Fürstentage durch den Kaiser einberufen wurden. Diese Stellung erhöhte sich noch weiter, als Regensburg unter der Regierung Kaiser Leopold I. im Jahre 1664 zum dauernden Sitz des Reichstages bestimmt wurde. Erst mit der Auflösung des Reiches 1806 ging diese große Zeit der Geschichte Regensburgs zu Ende. Noch heute erinnert das in seinen Anfängen in das hohe Mittelalter zurückreichende Alte Rathaus mit dem noch erhaltenen Reichstagssaal an diese große und verpflichtende Tradition. Trotz aller Mängel und kritischen Äußerungen, vor allem während des 19. Jahrhunderts, kann der Reichstag des alten Reiches als eine erste Form parlamentarischen Lebens in Deutschland bezeichnet werden.

Auch der heutige mitteldeutsche Raum war im Regensburger Reichstag zahlreich vertreten. Nach einem Bericht von 1786 stammten von acht Mitgliedern im kurfürstlichen Kollegium zwei aus dem gegenwärtigen mitteldeutschen Bereich. Bei ihnen handelte es sich um Kursachsen in der Funktion eines Erzmarschalls bzw. Reichsvikars und Kurbrandenburg in der eines Kämmerers. Die übrigen Vertreter Mitteldeutschlands saßen vorwiegend im „Fürstlichen Kollegium“. Dasselbe teilte sich damals in drei Bänke, und zwar die geistliche, die weltliche und die so genannte Quer-Bank. Insgesamt zählte es 100 Stimmen, von denen 56 katholisch und 44 evangelisch waren. Dazu kam das Kollegium der Reichsstädte mit zusammen 51 Vertretern. Von diesen entfielen 15 auf die rheinische und 36 auf die schwäbische Bank. Mit Recht kann daher Walter Boll in seinem 1973 erschienenen Führer durch das Regensburger Reichstagsmuseum folgendes bemerken:

„Freilich war der ‚Immerwährende Reichstag‘ kein Parlament von gewählten Abgeordneten im heutigen Sinne, sondern wie jede parlamentarische Frühstufe in Europa eine Versammlung von Vertretern der Stände – auch das englische Parlament war in seinem Anfang noch keine Volksvertretung, sondern eine Ständeversammlung –, aber die 160 Stimmen des Reichstages erwiesen sich doch als ein beachtliches Sprachrohr der Interessen und Anschauungen Gesamtdeutschlands, und zwar über die von ihnen vertretenen Territorien hinaus auch für die durch sie repräsentierten gesellschaftlichen Schichten.“

Schwierigkeiten ergaben sich innerhalb des Reichstages bei Beratungen über religiöse und weltanschauliche Angelegenheiten oder Probleme. Dies ist daraus zu erklären, dass Deutschland seit der Reformation im 16. Jahrhundert religiös ein geteiltes Land war. Daher bestand die Möglichkeit, dass über damit verbundene Fragen getrennte Versammlungen oder Beratungen abgehalten werden konnten. Daraus erklären sich die Bezeichnungen „Corpus Evangelicorum“ für die evangelischen und „Corpus Catholicorum“ für die katholischen Reichsstände. Den Vorsitz über dieses zuerst genannte Gremium hatte seit Einführung der Reformation das wettinische Kursachsen inne. Erst der Übertritt des Kurfürsten Friedrich August II. zum katholischen Glauben am 27. November 1712 in Bologna führte zum Versuch Brandenburg-Preußens, Kursachsen diesen Vorsitz streitig zu machen und den genannten Posten selbst anzustreben und zwar bis zu dem Zeitpunkt, an dem sich der Kurfürst von Sachsen wieder zum evangelischen Glauben – Augsburger Konfession bekennen würde. Nach längeren Auseinandersetzungen der beiden Bevollmächtigten im Regensburger Reichstag blieb es beim bisherigen Zustand. Dagegen konnte sich Kurbrandenburg in der Frage des Direktoriums in seinem Sinn durchsetzen.

Seit der Zeit, als Regensburg Sitz des „Immerwährenden Reichstages“ wurde, benannte der Kaiser als seinen ständigen Vertreter einen Reichsfürsten, dem die Leitung der Reichstagssitzungen und die Erfüllung zahlreicher repräsentativer Verpflichtungen oblagen. Zunächst bekleidete der Fürst-Erzbischof von Salzburg Kardinal Guidobald von Thun von 1662 bis 1668 dieses Amt, dessen Inhaber den verpflichtenden Titel „Prinzipalkommissar“ trug.

Unter diesen Vertretern des Kaisers befand sich auch ein Repräsentant des Hauses Wettin-Albertinische Linie und zwar Kardinal Christian August von Sachsen-Zeitz (1666 – 1725). Er wurde am 9. Oktober 1666 in Zeitz als Sohn des Herzogs Moritz Wilhelm geboren und erlernte zunächst das Waffenhandwerk. 1689 trat er zum katholischen Glauben über und wählte die geistliche Laufbahn. Wohl auf Grund seiner ausgezeichneten Beziehungen zum Hof der Habsburger in Wien wurde er 1696 Bischof von Raab in Ungarn, 1706 Kardinal und im folgenden Jahr Erzbischof von Gran und damit Primas von Ungarn. In dieser Eigenschaft krönte er auch Kaiser Karl VI. – den Vater der Kaiserin Maria Theresia – zum ungarischen König. Von 1716 bis 1725 war Christian August zusätzlich kaiserlicher Prinzipalkommissar und bewohnte als Gast des Fürstabtes von St. Emmeram einen Flügel im Osttrakt des Benediktinerklosters gleichen Namens, der heutigen Residenz der Fürsten von Thurn und

Taxis. Hier starb Christian August am 13. August 1725 im Alter von nur 59 Jahren. Sein Leichnam wurde nach den aufwändigsten Trauerfeierlichkeiten, die die Stadt Regensburg beim Tod eines Prinzipalkommissars je erlebte, auf bereitstehenden Schiffen auf der Donau nach Ungarn überführt und in Gran beigesetzt. Noch heute kann dort in der Gruft der Bischöfe dessen letzte Ruhestätte besucht werden.

Besonders folgenreich erwies sich die Tatsache, dass Christian Augusts Vetter Friedrich August I. der Starke vor ihm in der katholischen Hofkapelle von Baden bei Wien am 1. Juni 1697 in feierlicher Weise das vorgeschriebene Apostolische Glaubensbekenntnis ablegte und damit den Übertritt zur römisch-katholischen Kirche vollzog. Auf diese Weise hatte August der Starke eine wichtige Vorbedingung für seine Kandidatur zur polnischen Königswahl als Nachfolger von Johann Sobieski erfüllt. Dieser weltgeschichtlich wichtige Schritt bedeutete, dass Kursachsen durch die beabsichtigte Verbindung mit Polen eine ähnliche Großmachtpolitik verfolgen konnte, wie die damaligen Großmächte Österreich und Brandenburg-Preußen.

Wiederum auf Betreiben der kursächsischen Regierung in Dresden wurde 1731 die Reichshandwerkordnung durch den Regensburger Reichstag verabschiedet und durch die Ratifizierung der größeren Reichsstände in Kraft gesetzt. Das Ziel dieses Gesetzes lag darin, die wertvolleren Teile des bestehenden Zunftwesens von den beengenden Fesseln der Vergangenheit zu befreien. Die auf diese Weise in Gang gesetzte Gewerbereform kam besonders den Meistern zugute, die als der wirtschaftlich wertvollere Teil des Zunftwesens angesehen wurden.

Als Sitz des Reichstages war Regensburg natürlich auch Standort verschiedener Gesandtschaften, darunter auch der mitteldeutschen Länder. Eines der wohl am schönsten noch erhaltenen Gesandtschaftsgebäude ist das im Stil des Rokoko errichtete Palais Löschenkohl, das von der Mitte des 18. Jahrhunderts bis zum Ende des Heiligen Reiches 1806 die kursächsische Gesandtschaft beherbergte. Dieses am Neupfarrplatz im Zentrum der Donau-Stadt befindliche Haus wurde vom Regensburger Kaufmann und Bankier Hieronymus Löschenkohl, dessen Vorfahren als Angehörige des evangelischen Glaubens aus Steyr in Oberösterreich um 1600 in Regensburg eingewandert waren, nach 1730 in Auftrag gegeben. Mit der Planung und dem Entwurf für diesen Neubau beauftragte Löschenkohl den Linzer Baumeister Michael Prunner, einen Schüler des berühmten österreichischen Barockarchitekten Johann Lukas von Hildebrandt. Der Regensburger Historiker Karl Bauer bezeichnet mit Recht das um 1733 vollendete Palais nicht nur

als den schönsten Rokokobau Regensburgs, sondern auch als die bedeutendste Leistung und Krönung von Prunners architektonischem Schaffen. Noch heute wird die Tradition dieses Hauses – wenigstens dem Namen nach – durch die Filiale Regensburgs der Dresdner Bank AG weiter geführt.

Auf Grund der Forschungen von Walter Fürnrohr wissen wir, dass in Regensburg Reichstagsgesandtschaften von Kurmainz, Kurköln, Kurtrier, Kurpfalz, Kurbayern, Kursachsen und Kurbrandenburg von 1662 bis 1806 bestanden. Wenn wir uns die Verzeichnisse der beiden mitteldeutschen Vertretungen – Kursachsen und Kurbrandenburg – vergegenwärtigen, so tauchen in beiden Fällen Vertreter angesehener Adelsfamilien aus beiden Kurstaaten als Gesandte in Regensburg auf. So waren Vertreter Kursachsens Angehörige der Adelsfamilien von Friesen, Miltitz, Werthern, Bose, Gersdorf, Schönberg, Loeben, Ponickau und Globig. Die Gesandten Kurbrandenburgs entstammten den Adelsfamilien von Platen, Blumenthal, Friesen, Dankelmann, Metternich, Henniges, Münchhausen, Treskow, Bonin, Pollmann, Menßhagen, Plotho, Schwarzenau und Schlitz-Görtz.

An die Reichsgesandtenzeit erinnern noch gegenwärtig die im Hof der evangelischen Dreieinigkeitskirche befindlichen Epitaphien. Schließlich gemahnt an diese große Zeit noch der Name „Gesandtenstraße", der allerdings um 1840 für diese repräsentative Straße wohl deswegen gewählt wurde, weil hier oder in unmittelbarer Nähe die verschiedenen Reichstagsgesandtschaften bis 1806 ihren Sitz hatten.

❧ Das Zeitalter August des Starken (1670 / 1694 – 1733)

Für die Geschichte des Heiligen Römischen Reiches – Deutscher Nation erscheint auch die Tatsache bedeutsam, dass verschiedene Mitgliedsländer des Reiches ihre Vormachtstellung dadurch betonten, dass sie zusätzlich Territorien erwarben, die außerhalb der Reichsgrenzen lagen. Dazu zählten Brandenburg-Preußen, Österreich und Hannover-Großbritannien. Im Falle von Brandenburg kam es 1701 zur Erhöhung des Hohenzollern-Staates durch Gewinnung der Königswürde, wobei Ostpreußen und später die von Polen annektierten Gebiete ausschlaggebend wurden. Für die Stellung innerhalb des Reiches blieb der preußische König allerdings weiterhin Kurfürst von Brandenburg. Ähnliches galt auch für das Haus Habsburg, das das außerhalb von Österreich gelegene Königreich Ungarn beherrschte. Auch die Gewinnung der englischen Königswürde durch den Kurfürsten von Hannover ist ähnlich zu deuten.

In die Reihe dieser neuen Großmächte trat auch der sächsische Kurfürst Friedrich August I. der Starke durch die Gewinnung Polens in Form einer Personalunion. Damit wurde August der Starke 1697 zugleich mit seinem Titel Kurfürst von Sachsen auch König von Polen. Das erwies sich allerdings als ein äußerst schwieriges Unternehmen, das vielfach nur durch Kriege oder erhebliche Geldzahlungen realisiert werden konnte. Trotzdem bedeutete diese Union auf wirtschaftlichem Gebiet die Möglichkeit agrarischer Einfuhren aus Polen nach Sachsen und Ausfuhren gewerblicher Produkte aus Sachsen nach Polen.

Auch sein Sohn Friedrich August II. führte diese Union weiter, wodurch Polen und Sachsen insgesamt von 1697 bis 1763 verbunden blieben. Erst danach kam es als Folge der dritten Teilung Polens zwischen Preußen, Russland und Österreich zum Verschwinden des Königreiches Polen von der europäischen Landkarte. Erst durch Intervention Napoleons entstand vorzugsweise aus der Gewinnung der preußischen Teilungsgebiete ein neues Herzogtum bzw. Großherzogtum Warschau wiederum in Personalunion mit dem Königreich Sachsen von 1809 bis 1815. Im Wiener Kongress 1815 entstand zwar nominell ein Königreich Polen, dessen Herrschaft allerdings beim russischen Zarenreich lag, d.h. der Zar von Russland war zugleich König von Polen.

Das Heilige Römische Reich – Deutscher Nation und sein Nachwirken bis in die Gegenwart

Erfreulicherweise ist die Diskussion über dieses Reich, das über 1000 Jahre bestand, deswegen bedeutsam, weil es als Vorläufer der Europäischen Union betrachtet werden kann. Die heutigen europäischen Staaten sollten wissen, was dieses Gebilde für sie und damit für den gesamten Kontinent bedeutet. Die einstige enge Verbindung zwischen deutschen, französischen, italienischen, tschechischen und polnischen Territorien sind bereits als ein Kern-Europa für sich zu betrachten. Wir sollten uns bewusst machen, dass Europa mit seiner Einigung das verpflichtende Erbe des Alten Reiches vor 1806 prägenden Europäisch-Christlich-Abendländische Kultur zu wahren hat. Daher sollte in der Präambel zur neuen Europäischen Verfassung unbedingt auf das Christentum und die Europäisch-Christlich-Abendländische Kultur Bezug genommen werden. Allein die das deutsche Bundesland Sachsen-Anhalt durchziehende „Straße der

Wappen des Heiligen Römischen Reiches – Deutscher Nation

Romanik" oder die Kultur im burgundischen Raum (Frankreich), sowie das bayerisch-österreichische Barock sind wichtige Zeugen, wie eine europäisch orientierte Verfassung mit Leben erfüllt werden kann. Damit soll auch vermieden werden, dass sich die EU nur als Wirtschaftsgemeinschaft darstellt. Vielmehr sollte der vom ehemaligen französischen Staatspräsidenten Charles de Gaulle so eindeutig geprägte Begriff „Europa der Vaterländer" in die Praxis umgesetzt werden. Das bedeutet, dass alle Mitgliedsstaaten der EU ihre kulturellen und landesüblichen Traditionen behalten und diese als wertvoll zu erhaltendes Gut in die neue Gemeinschaft einbringen. Deutschland mit seiner kulturellen Vielfalt könnte dazu einen wertvollen Beitrag leisten.

Überhaupt sollten sich unsere deutschen Bundes- und Länderregierungen mit der vergangenen Kulturpolitik noch mehr beschäftigen und ihre Erkenntnisse in die deutsche und europäische Politik mit einbringen. Damit sollte auch verstärkt Werbung betrieben werden, handelt es sich doch um eine herausragende Quelle geistigen Kapitals, das bisher vielfach nur wenig oder gar nicht in die Diskussion um die europäische Einigung eingebracht wurde. Wir könnten daher mit der Werbung für unsere bedeutenden kulturellen Leistungen in der Tat viele Touristen aus aller Welt nach Deutschland locken, womit auch unsere Wirtschaft einen entscheidenden Beitrag für das Kulturleben leisten könnte. Allgemein ist zu sagen, dass die Wirtschaft die Gewinne erbringen muss, damit die Kultur leben kann. Kultur und Wirtschaft sollten daher eine enge Bindung eingehen, um sich auch für Europa und die christlich-abendländischen Traditionen verstärkt einsetzen zu können. Auch hier gilt das weithin bekannte Sprichwort: „Was Du ererbt von Deinen Vätern, erwirb es, um es zu besitzen". Die Wettiner haben vom Mittelalter bis zum Ende der Monarchie ein Vorbild geschaffen, das noch heute im sächsisch-mitteldeutschen Raum nachwirkt und für Europas Zukunft eine erhebliche Bedeutung besitzt.

❧ *Zeittafel 1806 – 1827*

— **1806 – 1827** —

König Friedrich August I., der Gerechte

— **1806** —

Im Friedensvertrag von Posen wird Sachsen Königreich, Friedrich August I. der Gerechte zum König proklamiert, Krönungsinsignien werden nicht angeschafft; Sachsen tritt dem Rheinbund bei.

— **1807** —

Frieden von Tilsit, der Cottbuser Kreis kommt zu Sachsen; Friedrich August I. erwirbt das Herzogtum Warschau, das aus polnischen Gebieten entsteht; Gleichstellung von Katholiken und Lutheranern.

— **1809** —

Sachsen und Franzosen kämpfen gegen die Österreicher; Frieden von Pressburg, Sachsen erhält Gebiete in der Oberlausitz, das Herzogtum Warschau erhält Neu-Galizien und wird Großherzogtum. Universität Leipzig feiert 400-jähriges Bestehen.

— **1811** —

Gleichstellung der Reformierten mit Katholiken und Lutheranern.

— **1812** —

An Napoleons Feldzug gegen Russland müssen 21.000 Sachsen teilnehmen, von denen nur wenige zurückkommen.

— **1812 / 1819** —

Zweite Auflage des Brockhaus, der seinen Siegeszug um die Welt beginnt.

— **1813** —

Völkerschlacht bei Leipzig, Kapitulation der Franzosen darauf Eroberung Sachsens durch die Verbündeten. Detlev Graf von Einsiedel wird Vorsitzender des Ministeriums (bis 1830). Gründung der Dresdner Industrieschule mit Sonntagsschule für Handwerker. Der Komponist Richard Wagner wird in Leipzig geboren.

Detlev Graf von Einsiedel-Wolkenburg

— **1815** —

Wiener Kongress: Sachsen verliert 58 % seines Gebietes und 42 % der Einwohner hauptsächlich an Preußen. Das Königreich Sachsen hat nun 14.993 km² und 1.178.802 Einwohner. Mitgliedschaft im Deutschen Bund; Landesfarben werden Weiß-Grün; in Folge verstärkter wirtschaftlicher und kultureller Ausbau, der weit über die Grenzen hinauswirkt.

— **1816** —

Gründung der Forstakademie Tharandt, Berufung C. M. von Webers nach Dresden.

— **1822** —

Gründung der ‚Gesellschaft deutscher Naturforscher und Ärzte‘ auf Initiative von C. G. Carus und L. Oken; Inbetriebnahme der ersten Dampfmaschine in Chemnitz.

— **1824** —

Gründung des Börsenvereins des Deutschen Buchhandels in Leipzig.

— **1827** —

König Friedrich August I. der Gerechte stirbt, sein Bruder König Anton der Gütige besteigt den Thron.

König Anton,
der Gütige

(1755 / 1827 – 1836)

10 Taler (G) – König Anton der Gütige

Nach dem Tode König Friedrich August des Gerechten wurde dessen jüngerer Bruder Anton zweiter König von Sachsen. Allgemein erhoffte man sich von diesem Thronwechsel eine Hinüberführung in moderne Verhältnisse, wie Konrad Sturmhoefel zu Recht bemerkt. Aus diesem Grund entschloss sich auch der König, den leitenden Minister Grafen Detlef von Einsiedel weiterhin im Amt zu belassen. Dieser Minister war es auch, der Anton im Entschluss bekräftigte, keine neuen und modernen Prinzipien in der Regierung Sachsens einzuführen. Insofern wurden alle Hoffnungen auf demokratische Veränderungen zunichte gemacht.

König Anton der Gütige als Prinz

Die Heiratspolitik

Diese konservative Haltung des neuen Herrschers rührte vorzugsweise daher, dass er gläubiger Katholik und zunächst für den geistlichen Stand vorgesehen war. Da aber kein männlicher Thronfolger im regierenden Haus Wettin-Albertinische Linie zur Verfügung stand, überredete ihn sein älterer Bruder Friedrich August zu einer weltlichen Laufbahn und zur Heirat mit Prinzessin Charlotte Adelheid (1704 – 1782), einer Tochter König Victor Amadeus III. von Sardinien. Da diese aber bereits 1782 starb, heiratete Anton in zweiter Ehe Erzherzogin Maria Theresia (1767 – 1827), Tochter des römisch-deutschen Kaisers Leopold II. aus dem Hause Habsburg-Lothringen.

Die erste eheliche Verbindung des Königs blieb kinderlos. Die Kinder aus zweiter Ehe starben in früher Jugend. Dazu kam noch, dass seine zweite Gemahlin Maria Theresia ihm bereits am 7. November 1827 während einer Huldigungsreise in Leipzig durch den Tod entrissen wurde.

Charakterliche Beurteilung

Bei der Betrachtung seiner charakterlichen Eigenschaften sind besonders seine Güte und Milde hervorzuheben. Darauf beruhte auch sein Beiname „der Gütige". Da ihn sein Bruder Friedrich August von Staatsgeschäften völlig fernhielt, beschäftigte sich Anton als Prinz mit musikalischen und genealogischen Studien. Entsprechend seiner religiösen Einstellung war er ein eifriger Gottesdienstbesucher und pflegte zusätzlich private Andachtsübungen. Die starke Betonung seines katholischen Glaubens im evangelischen Sachsen führte dazu, dass man ihm vielfach mit Misstrauen begegnete.

Die Mitregentschaft des Prinzen Friedrich August

König Anton erwies sich als typischer Vertreter des 18. Jahrhunderts und damit als ein Repräsentant des „Ancien Regime" – der guten alten Zeit – vor der Französischen Revolution von 1789; deswegen verschloss er sich auch der Liberalisierung und Demokratisierung des öffentlichen Lebens. Man könnte daher diesen Wettiner am besten mit König Karl X. von Frankreich vergleichen. Nur konnte im

Falle Sachsens der Übergang in eine neue Zeit so gelöst werden, dass als Folge der Unruhen von 1830 der in der Bevölkerung allgemein beliebte Friedrich August als Mitregent ernannt wurde. Dagegen verlor der französische König Karl X. in der Revolution von 1830 seinen Thron.

Die Revolution von 1830/31 zeigte auch im Königreich Sachsen weitreichende Auswirkungen. Diese führten in personeller Hinsicht – wie bereits erwähnt – zur Berufung Friedrich Augusts zum Mitregenten und zum Rücktritt des leitenden Ministers Graf Detlef von Einsiedel.

✣ *Die sächsische Verfassung von 1831*

Nach Bekanntwerden dieser Neubesetzungen herrschte große Freude in Dresden und im übrigen Sachsen. Mit Recht weist Paul Hassel darauf hin, dass in den September-Tagen 1830 „die ersten Anfänge des konstitutionellen Staatslebens in Sachsen" entstanden.

Noch wichtiger aber erwies sich die „Bereitwilligkeit der Regierung zu einer Reform der Verfassung durch Übereinkunft mit den Ständen". Damit erfüllten König Anton, Prinz-Mitregent Friedrich August und die Lan-

desregierung die an sie in zahlreichen Petitionen aus allen Teilen der Bevölkerung gerichtete Hauptforderung nach Gewährung einer zeitgemäßen demokratischen Verfassung. Die Erfüllung dieses Versprechens ist wohl als die bedeutendste Folge der Revolution 1830/31 zu betrachten, führte sie doch das Königreich Sachsen in die Reihe der konstitutionellen Staaten des Deutschen Bundes. Mit diesem Werk erfüllte das Haus Wettin Forderungen aus der Bevölkerung, sodass diese bedeutsame Schöpfung sowohl als monarchische als auch demokratische Verfassung zu bezeichnen ist. Daher ist dieses Verfassungswerk als ein untrennbarer Bestandteil des Gedenkens an das 200-jährige Bestehen des Königreichs Sachsen zu betrachten.

Am 4. September 1831 trat die neue Verfassung dadurch in Kraft, dass König Anton und Prinz-Regent Friedrich August die entsprechende Urkunde in einer feierlichen Zeremonie den bisherigen Landständen aushändigten. Bis zum Ende der Monarchie 1918 bildete diese Verfassung von 1831 das sächsische Staatsgrundgesetz. Bemerkenswert ist, dass die genannte Verfassungsurkunde bereits wichtige Grundrechte unseres modernen Verfassungslebens enthielt.

Prinzessin Charlotte

Prinzessin Maria Theresia, genannt Therese

❧ Reformtätigkeit auf wirtschaftlich-sozialem Gebiet

Auf dem wirtschaftlich-sozialen Sektor folgten in Zusammenhang mit dem genannten Verfassungswerk weitere tiefgreifende Reformen, die vor allem die Bauern von den bestehenden Fesseln befreiten. Allerdings wurde den Grundherren eine finanzielle Entschädigung zugesichert (Gesetz über Ablösungen und Gemeinheitsteilungen vom 17. März 1832). Wichtig für die Ablösungen der Grundstücke war die gleichzeitige Errichtung einer eigenen Landrentenbank.

Entscheidend für die weitere Entwicklung der sächsischen Volkswirtschaft erwies sich überdies der Beitritt Sachsens zum preußisch dominierten Zollverein im Jahre 1833. Auf die Folgen für die Außen- und Deutschlandpolitik wurde bereits hingewiesen. Bemerkenswert erscheint, dass diese Reformen nur in enger Zusammenarbeit zwischen König Anton, dem Mitregenten Friedrich August und ihren Mitarbeitern in der seit 15. Oktober 1830 amtierenden Staatsregierung einvernehmlich gelöst werden konnten. In diesem Zusammenhang ist besonders der leitende Minister Bernhard von Lindenau zu erwähnen, der aus Altenburg stammte und an dessen Wirken noch heute ein ihm gewidmetes Museum erinnert.

❧ Kulturleben

Ähnlich wie sein Bruder Friedrich August war auch König Anton dem Kulturleben gegenüber aufgeschlossen. Das gilt besonders für die Musik, deren Pflege er sein Hauptaugenmerk zuwandte.

Als seine Lieblingskomponisten bezeichnete er Wolfgang Amadeus Mozart und Ludwig van Beethoven. Der König setzte sich vornehmlich für das kirchenmusikalische Werk Beethovens ein. Daneben wurden aber während seiner Regierungszeit in Dresden vor allem in den Jahren 1831 und 1834 alle 9 Symphonien dieses Meisters aufgeführt. Am Hof bestand allerdings die Sitte, diese Symphonien nicht mit Nummern, sondern nach Tonarten zu benennen. Bei dieser Gelegenheit ist noch zu bemerken, dass Wolfgang Amadeus Mozart seine Oper „Don Giovanni" König Anton widmete.

❧ Das Lebensende

Die trotz seiner konservativen Haltung große Beliebtheit dieses Wettiners erreichte einen letzten Höhepunkt aus Anlass seines 80. Geburtstages am 27. Dezember 1835; das ganze Land gedachte dieses Festtages in Liebe und Dankbarkeit. Der Monarch selbst betonte aus Anlass seines Geburtstages in der ihm angeborenen Bescheidenheit, dass ihm die Liebe zu seinem Volk das schönste Denkmal gewesen sei.

Kurze Zeit darauf zeigten sich typische Altersbeschwerden als erste Anzeichen einer ernsten Erkrankung. Anfang Juni 1836 trat eine „Engbrüstigkeit" hinzu, die mit einem Kräfteschwund verbunden war und als Lebensbedrohung empfunden wurde. Am Abend des 4. Juni 1836 empfing König Anton in Anwesenheit der gesamten königlichen Familie die Sterbesakramente. Da ihm sein heiteres Wesen bis zum letzten Atemzug erhalten blieb, tröstete er alle Familienangehörigen, die an seinem Krankenlager im Schloss Pillnitz bei Dresden versammelt waren. Nachdem König Anton alle Anwesenden gesegnet hatte, verschied er am 6. Juni 1836; am 9. Juni fand dann die feierliche Beisetzung des verstorbenen Monarchen in der königlichen Familiengruft unterhalb der katholischen Hofkirche statt.

Seine nur knapp 7-jährige Regierungszeit ist untrennbar mit den erwähnten Reformen verbunden. Diese ließen das Königreich Sachsen nicht nur zu einem modernen Verfassungsstaat, sondern auch zu einem modernen Industriestaat werden.

Die Demokratische Verfassung vom 4. September 1831

Wohl die bedeutsamste gemeinsame Schöpfung des Königs Anton und seines Mitregenten Friedrich August war die Verfassung vom 4. September 1831. Nach der Klärung der personellen Verhältnisse im Sinn des Liberalismus gilt sie als zweiter Schritt, der Sachsen in die Reihe der demokratischen Staaten führte. Das Königreich bildete fortan eine parlamentarische Monarchie, dem das Gedenken an das 175. Jubiläum 2006 vollauf gerecht wurde. Es erscheint daher sinnvoll, die Einführung dieser Verfassung 1831 sowohl als Verdienst des Monarchen wie der demokratischen Bewegung dieser Zeit zu würdigen.

Bereits 1830 erklärte sich die königliche Staatsregierung in Dresden „zu einer Reform durch Übereinkunft mit den Ständen" bereit. Damit erfüllte das Kabinett die in zahlreichen Wünschen und Bittschriften aus allen Bevölkerungskreisen enthaltene Hauptforderung nach Gewährung einer zeitgemäßen Verfassung. Diese positive Zusage der Staatsregierung ist wohl als das bedeutungsvollste Ereignis nach der Revolution von 1830 besonders hervorzuheben, führte sie doch das Königreich Sachsen in die Reihe der konstitutionellen Monarchien Europas. Beachtlich ist außerdem, dass diese Verfassung bis zum Ende des Ersten Weltkrieges im November 1918 bestehen bleiben sollte.

❧ *Die Vorgeschichte*

Auf Grund dieser Bereitwilligkeit der Staatsregierung erhielt der Geheime Rat Hans Georg von Carlowitz den Auftrag, einen entsprechenden Verfassungsentwurf zu erarbeiten. Dieser konnte bereits zu Beginn von 1831 soweit fertiggestellt werden, dass er dem Geheimen Rat als bisher oberstem Regierungsorgan des wettinischen Staates insgesamt vorgelegt werden konnte.

Mit Reskript vom 7. Januar 1831 hatten der König und der Mitregent *„die von Euch (und) dem Wirklichen Geheimen Rat von Carlowitz an Uns eingereichten Abschnitte eines in dieser Hinsicht ausgearbeiteten Entwurfes einer Verfassungsurkunde nebst den ihnen entsprechenden Paragraphen einer Uns von anderer Hand mit Zugrundelegung der Badischen entworfenen Verfassungsurkunde zur weiteren gemeinschaftlichen Beratung"* dem Geheimen Rat zugehen lassen. Der hier angesprochene „von anderer Hand" stammende zweite Entwurf wurde vom neuen liberal gesinnten Kabinettsminister Bernhard August von Lindenau eingereicht. Beide Ent-

würfe lehnten sich an süddeutsche Vorbilder an. Lindenau nahm sich die badische Verfassung vom 22. August 1818 zum Vorbild, Carlowitz hingegen neben der badischen vor allem die württembergische Verfassung vom 25. September 1819. Er übernahm überdies einzelne Bestimmungen der bayerischen Verfassung vom 26. Mai 1818 und der großherzoglich-hessischen vom 17. Dezember 1820.

Der Geheime Rat hatte nunmehr die Möglichkeit, sich einer der vorgelegten Entwürfe anzuschließen oder auch neue Fassungen der nicht gebilligten Bestimmungen zu beschließen. Nur in Bezug auf das Krongut hatte sich das Königshaus von Anfang an für die liberalere Lindenau'ische Verfassung entschieden. Danach blieben die Domänen und Regalien zwar Eigentum des Regenten und seiner Familie; deren Ertrag sollte jedoch in die Staatskasse fließen und die Bezahlung der Zivilliste, der Apanagen und der königlichen Handgelder ermöglichen. Aus diesen Beratungen unter dem Vorsitz des Prinzen Johann von Sachsen ging dann ein dritter Entwurf hervor, der sich eng an das Vorbild der württembergischen Verfassung, „die auch ihrerseits einen lebendigen Zusammenhang mit altständischen Verfassungen aufzuweisen hatte", anschloss. Dieser zuletzt erwähnte dritte Entwurf wurde dann durch königliches Dekret dem am 1. März 1831 vorzeitig einberufenen Landtag, der allerdings noch in seiner alten Zusammensetzung tagte, vorgelegt. In den 6 Monate dauernden Verhandlungen wurden an diesem Entwurf noch einige Änderungen angebracht. Diese betrafen vor allem die „Zivilliste" und die „Apanagen", sowie die Zusammensetzung der neuen Kammern. Endlich am 2. September konnte die neue Verfassung durch den Landtag verabschiedet werden. Zum Abschluss ihrer Beratungen richteten die Landstände folgendes Schreiben an König Anton, den Mitregenten Friedrich August und die Mitglieder der Staatsregierung:

„Durch die von E.w. K.M. und K.H. gefaßten und mittels allerhöchsten Dekrets vom 29. v. M. uns eröffneten Entschließungen auf die in der unter dem 27. v. M. eingereichten Schrift enthaltenen fernerweiten Erklärungen und ehrerbietigsten Anträge sind nunmehr alle zur Erörterung gekommenen Punkte, sowohl in Betreff der neuen Verfassung als auch in Hinsicht des Wahlgesetzes erledigt worden, und es haben sich die darüber stattgefundenen Verhandlungen zur Vereinigung geführt, auch Stimmen, die zur Durchsicht mitgeteilten abgeänderten und berichtigten Entwürfe nach der von unsern dazu beauftragten

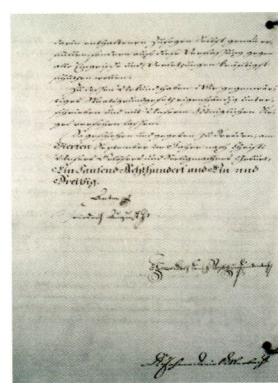

darin enthaltenen Zusagen selbst genau erfüllen, sondern auch diese Verfassung gegen alle Eingriffe und Verletzungen kräftigst schützen wollen.

Zu dessen Urkund haben Wir gegenwärtiges Staatsgrundgesetz eigenhändig unterschrieben und mit Unserem Königlichen Siegel versehen lassen.

So geschehen und gegeben zu Dresden, am vierten September im Jahre nach Christi unseres Erlösers und Seligmachers Geburt Ein Tausend Achthundert und ein und dreißig

Anton manu propria
Friedrich August

Gottlob Adolf Ernst Nostitz und Jänckendorf

Dr. Johann Daniel Werbach

Einband, goldene Siegelkapsel, Titel und letzte Seite der Verfassungsurkunde des Königreichs Sachsen von 1831

Deputierten erstatteten Anzeige mit den von uns geschehenen und von Allerhöchst und Höchstdenselben genehmigten Anträgen und den erfolgten allerhöchsten Entschließungen vollkommen überein.

Indem wir nun als die dermalen verfassungsmäßigen bestehenden Stände des Königsreichs Sachsen, an Ritterschaft und Städten, uns bereit erklären, in Gemäßheit dieser Vereinigung die neue Verfassung anzunehmen, sehen wir der Aushändigung der von E.w. K.M. und K.H. vollzogenen Verfassungsurkunde, welche wir nachmals in das ständische Archiv niederzulegen beabsichtigen, ehrfurchtsvoll entgegen und verharren in unwandelbarer Treue ... "

Am 4. September 1831 händigten der König und der Mitregent die Verfassungsurkunde in einer feierlichen Zeremonie an die Landstände aus. Damit trat die neue Verfassung in Kraft. Sachsen war damit in die Reihe der konstitutionellen Monarchien Deutschlands und Europas eingetreten.

✑ Die neue Staatsregierung

Mit dem Inkrafttreten der neuen Verfassung traten auch in der Organisation der obersten Staatsbehörden Veränderungen ein. Am 1. Dezember 1831 wurden der Geheime Rat und das Geheime Kabinett, die beiden bisher höchsten Regierungsorgane des Königsreichs Sachsen, aufgelöst. An deren Stelle traten Ressortminister für Justiz, Finanzen, Inneres, Krieg, Kultur und öffentlichen Unterricht, sowie

Auswärtige Angelegenheiten (§ 41 Abs. 1). Diese Minister bildeten die neue Staatsregierung, deren Mitglieder den Titel „Staatsminister" führten. Wichtig war vor allem, dass diese Minister nicht mehr dem König, sondern den Ständen d.h. dem Landtag gegenüber verantwortlich waren. Dieser bereits am 15. Oktober 1831 ernannten Staatsregierung gehörten folgende Mitglieder an:

1. für das Departement der Justiz: der Wirkliche Geheime Rat und Kanzler von Könneritz.

2. für das Departement der Finanzen: der Wirkliche Geheime Rat und Präsident des Geheimen Finanzkollegiums von Zeschau.

3. für das Departement des Innern: der Kabinettsminister von Lindenau.

4. für das Departement des Krieges: der Konferenzminister und Präsident der Kriegsverwaltungskammer Generalleutnant von Zezschwitz.

5. für das Departement des Kultur und öffentlichen Unterrichts: der Departements-Direktor der Landesregierung Dr. Müller.

6. für das Departement der Auswärtigen Angelegenheiten: der Kabinettsminister von Minckwitz.

Der neuen Regierung gehörte überdies als Staatsminister ohne Geschäftsbereich der Wirkliche Geheime Rat von Carlowitz, einer der Väter der neuen Verfassung, mit gleichzeitiger Beibehaltung des Direktoriums der Oberrechnungs-Deputation (Rechnungshof) an. Den Vorsitz im Ministerrat behielten sich der König und der Mitregent persönlich vor.

Durch diese neue Verfassung wurde Sachsen erstmals zu einem unteilbaren, ohne Zustimmung der Stände in seinen Bestandteilen oder Rechten unveräußerlicher Staat (§ 1 und 2). Damit wurde zugleich stillschweigend die seit 1635 bestehende Lehensabhängigkeit der sächsischen Oberlausitz von Böhmen beseitigt.

✍ *Die Erste Kammer des Landtages*

Der sächsische Landtag zerfiel durch die neue Verfassung in zwei Kammern. In der Ersten Kammer lebten in ihrer Zusammensetzung die alten Stände weiter fort. Allerdings wurden die alten drei Klassen nicht einfach übernommen, sondern man traf eine Auswahl, weil sonst die Zahl der in Frage kommenden Kandidaten zu groß geworden wäre. Nur die Klasse der Prälaten, Grafen und Standesherren wurde unverändert übernommen. Vertreten waren daher:

1. das Hochstift Meißen durch einen Deputierten seines Mittels (§ 63, Ziff. 2).

2. ein Abgeordneter der Universität Leipzig, der aus dem Mittel ihrer ordentlichen Professoren zu wählen war (§ 63, Ziff. 5).

3. ein Abgeordneter des Kolegiatstiftes Wurzen aus dem Mittel des Kapitels (§ 63, Ziff. 11.).

4. der evangelische Oberhofprediger (§ 63, Ziff. 8).

5. der Superintendent von Leipzig (§ 63, Ziff. 10).

6. der Dekan des katholischen Domstiftes St. Petri zu Bautzen, zugleich in seiner Eigenschaft als höchster katholischer Geistlicher. Im Falle der Behinderung oder der Erledigung der Stelle wurde er von einem der drei Kapitulare des Stiftes vertreten (§ 63, Ziff. 9).

7. der Besitzer der Herrschaft Wildenfels (§ 63, Ziff. 3).

8. der Besitzer der fünf Schönburgischen Rezessherrschaften Glauchau, Waldenburg, Lichtenstein, Hartenstein und Stein durch einen ihres Mittels (§ 63, Ziff. 4).

9. die Besitzer der vier Schönburgischen Lehensherrschaften Rochsburg, Wechselburg, Penig und Remissen durch einen ihres Mittels (§ 63, Ziff. 12).

10. der Besitzer der Standesherrschaft Königsbrück (§ 63, Ziff. 6).

11. der Besitzer der Standesherrschaft Reibersdorf (§ 63, Ziff. 7).

Der Schwerpunkt der Ersten Kammer lag jedoch bei den Rittergutsbesitzern, die mit den ihnen sozial mehr oder weniger gleichwertigen Herrschaftsbesitzern die Mehrheit bildeten. Für diesen Stand waren insgesamt 22 Vertreter, die durch Wahl oder Ernennung bestimmt wurden, vorgesehen. Davon gehörten 12 auf Lebenszeit gewählte Abgeordnete der Besitzer von Rittergütern und anderen größeren ländlichen Gütern dieser Kammer als Mitglied an. Im § 65, Abs. 2, wurde verordnet, dass nur diejenigen Grundbesitzer gewählt werden konnten, „denen im Königreiche Sachsen das Eigentum an einem oder mehreren Rittergütern, welche einschließlich der etwa damit verbundenen auf demselben Grundbuchfolium eingetragenen Beistücken mit wenigstens 4.000 Steuereinheiten belegt sind, oder einem anderen Gute des platten Landes, auf dem wenigstens 4.000 Steuereinheiten haften, zusteht". Nähere Einzelheiten regelte ein spezielles Wahlgesetz. Ähnliches galt auch für die restlichen 10 vom König zu ernennenden Rittergutsbesitzer.

Die Städte vertraten in der Ersten Kammer 8 Abgeordnete. Diese verteilten sich auf Dresden, Leipzig, Bautzen, Zwickau, Freiberg, Zittau, Chemnitz und Plauen. Daraus ergaben sich zwei Verfassungsbestimmungen, die ihre Mitgliedschaft regelten. Danach waren in dieser Kammer vertreten (§ 63, Ziff. 15 und 16):

1. die erste Magistratsperson bzw. Bürgermeister der Städte Dresden und Leipzig.

2. die erste Magistratsperson in 6 vom König unter möglichster Berücksichtigung aller Landesteile, nach Gefallen zu bestimmenden Städten.

Den Grund dafür erklärt der Staatsrechtler Otto Mayer wie folgt:

„Der leitende Gedanke ist noch immer, daß die Standschaft der Stadt gebührt, für welche ihr Haupt in der Ersten Kammer sitzt. Das Recht besitzen aber jetzt nur noch Dresden und Leipzig unmittelbar aus der Verfassung. Die anderen erwerben es durch königliche Verleihung. Die möglichste Berücksichtigung aller Teile des Landes ist lediglich eine Anempfehlung für den König. Die einmal geschehene Verleihung bindet ihn auch nicht; gerade um jener Empfehlung nachzukommen, muß er unter Umständen wechseln können."

Hinzu kamen noch fünf vom König nach freier Wahl auf Lebenszeit ernannte Mitglieder dieser Kammer (§ 63, Ziff. 17). Nicht zu vergessen sind auch die volljährigen Prinzen des königlichen Hauses, die ebenfalls Mitglied der Ersten Kammer sein konnten. Otto Mayer erklärt die entsprechende Bestimmung der Verfassungsurkunde wie folgt:

„Sie sind geborene Mitglieder, durch die Verfassung zum Eintritt berufen, sobald sie die Volljährigkeit erreicht haben. Eine Pflicht zum Eintritt hat ihnen die Verfassung nicht auferlegt. Der König kann es ihnen zur Standespflicht rechnen und sie mit seiner Hausgewalt zur Erfüllung anhalten (§ 63, ZIff. 1)."

Die Erste Kammer des sächsischen Landtages umfasste demnach zusammen 46 Mitglieder. Dabei blieben die königlichen Prinzen unberücksichtigt, weil deren Zahl größeren Schwankungen unterworfen war.

Die Zweite Kammer des Landtages

Während die Erste Kammer weitgehend ein Abbild des alten durch die Revolution von 1830 beseitigten Landtages war, also das konservative Element verkörperte, wurde die Zweite Kammer als eine Konzession an die liberalen Zeitströmungen geschaffen und von Anfang an als eine durch Wahlen bestimmte Volksvertretung vorgesehen. Die Schaffung einer Zweiten Kammer erwies sich auch deswegen als notwendig, weil die Ritterschaft und die Städte in der Ersten Kammer nur unzureichend, die anderen Stände, so z.B. die Bauern, noch keine Vertretung besaßen. Die neue Ära erforderte jedoch eine gerechte Verteilung aller sozialen Schichten im sächsischen Landtag. Dieses Bestreben wurde in der neuen Kammer wenigstens teilweise erfüllt. Die beiden oben genannten Verfassungsentwürfe sahen daher übereinstimmend folgende Regelung vor:

Von den 60 Abgeordneten der Zweiten Kammer sollten 15 Vertreter der Rittergutsbesitzer, 25 der Städte und 20 der Bauern sein. In den Verhandlungen über die Verfassung strebte die Ritterschaft die Erhaltung des ländlichen Übergewichts über die Städte an. Dem widerstrebten natürlich die städtischen Vertreter, deren Position in der Ersten Kammer durch die absolute Mehrheit der Ritterschaft ohnehin sehr geschwächt war. So konnten die Städte ihre Position in der Ersten Kammer nur dadurch wahren, dass sie sich die Staatsregierung als Bundesgenossen wählten. Mit ihrer Hilfe setzten sie durch, dass sie neben den Vertretern der beiden wichtigsten Städte Dresden und Leipzig, sechs weitere – allerdings durch Ernennung des Königs – erhielten. So versuchten sie, ihre Position auch in der Zweiten Kammer zu stärken. Der Streit endete mit einem Kompromiss beider Klassen. So willigten die

Städte in eine Erhöhung der Vertretung der Ritterschaft auf 20 ein. Dafür machten die Rittergutsbesitzer den Städten den Vorschlag, die Zweite Kammer mit fünf Mitgliedern als Repräsentanten der Handels-, Fabrik- und Manufaktur-Interessen zu versehen. Diese fünf neuen Vertreter erhöhten die Zahl der städtischen Abgeordneten in der Zweiten Kammer auf 30 Personen.

Aus diesen Beratungen ging nun folgende endgültige Zusammensetzung der Zweiten Kammer hervor, die in § 68 der Verfassungsurkunde verankert wurde:
- 20 Rittergutsbesitzer
- 25 Vertreter der Städte
- 25 Vertreter des Bauernstandes und
- 5 Vertreter des Handels- und Fabrikwesens

Die Zweite Kammer zählte folglich 75 Mitglieder.

Das Wahlgesetz

Die Rittergutsbesitzer wählten ihre Abgeordneten unmittelbar. Es galten die gleichen Bestimmungen wie für ihre Wahl in die Erste Kammer. Bei den Städten und dem Bauernstand wurde gewählt, indem die Stimmberechtigten zunächst eine Zahl von Individuen oder Wahlmännern benannten, die dann die Abgeordneten zu wählen hatten. Die Wahlen waren also indirekt. Die Städte Dresden und Leipzig bildeten Wahlbezirke für je zwei Abgeordnete und Chemnitz für einen. Die übrigen Städte wurden durch die Verordnung vom 20. Februar 1832 zu 20 Wahlbezirken für je einen Abgeordneten zusammengelegt.

Diese Verordnung bestimmte analog auch die 25 Wahlbezirke für den Bauernstand, der zum ersten Mal in der sächsischen Geschichte in einer Volksvertretung erschien. Die Ausübung des Wahlrechtes bedingte Ansässigkeit mit einem Wohnhaus, vollendetes 25. Lebensjahr und christliches Bekenntnis. Die Wählbarkeit setzte überdies voraus, dass der Besitz eines Grundstücks, auf dem die Ansässigkeit beruhte, mindestens drei Jahre dauern musste. Vorgeschrieben war außerdem ein Lebensalter von 30 Jahren. Für die Wahl der Abgeordneten der Städte und der Bauern bestand ein verschieden bemessener Zensus. Für die Vertreter von Handel und Gewerbe wurde durch dieses Wahlgesetz keine eigene Bestimmung erlassen. Daher behielt sich der König vor, diese 5 Abgeordneten einstweilen zu ernennen, bis darüber in Verhandlungen eine Regelung getroffen war (Dekret vom 10. August 1831). Erst durch das Gesetz vom 7. März 1839 wurde eine gesetzliche Grundlage geschaffen. Danach war das Wahlrecht auch in diesem Falle indirekt und hatte die Zahlung eines gewissen Mindestsatzes von Gewerbesteuer zur Vorbedingung. Das gesamte sächsische Staatsgebiet wurde entsprechend in fünf Wahlkreise eingeteilt.

Das Wahlrecht wurde durch zahlreiche gesetzliche Bestimmungen erheblich eingeschränkt. Dafür bestand aber die Möglichkeit, dass die Wahlberechtigten meist mehrmals ihr Stimmrecht ausüben konnten. Dafür bietet uns der Staatsrechtler Otto Mayer zwei interessante Beispiele, die hier wegen ihrer grundlegenden Bedeutung wörtlich wiedergegeben werden:

„Die Rittergutsbesitzer wählen nicht nur zur Zweiten, sondern auch zur Ersten; wenn sie in verschiedenen Kreisen Rittergüter besitzen, wählen sie in jedem (§ 30 Wahlgesetz), und wenn sie neben ihrem Rittergut ein bäuerliches Anwesen haben, so wählen sie noch einmal mit dem Bauernstande. Ebenso ist ein Leipziger Gewerbetreibender nicht nur durch seinen Bürgermeister in der Ersten Kammer vertreten, sondern nimmt auch teil an der Wahl der städtischen Abgeordneten in der Zweiten, sowie noch einmal an der Wahl eines der fünf Vertreter des Handels- und Fabrikwesens.“

Das sächsische Wahlrecht wurde in der weiteren Entwicklung erst wieder durch die revolutionären Ereignisse von 1848 beeinflusst und in demokratische Bahnen gelenkt. Dennoch war noch ein weiter Weg zurückzulegen, bis im Königreich Sachsen 1909 ein weiterer Schritt zur Demokratisierung des Wahlrechts erfolgte.

Zusammenfassend lässt sich sagen, dass der sächsische Landtag in seiner neuen Zusammensetzung die wesentlichen sozialen Schichten der Bevölkerung umfasste. Allerdings waren noch weite Teile des Volkes, wie z.B. die Industriearbeiter und die kleinen Handwerker, von der Mitarbeit in der Volksvertretung ausgeschlossen. Dazu schreiben die Historiker Kötzschke und Kretzschmar:

„Es hat auch sicherlich nicht in der Absicht der Schöpfer des Verfassungswerkes gelegen, die vielmehr die historischen Ansprüche mindestens ebenso hoch einschätzten als die zeitgenössischen. Die Initiative der Kammern bleibt auf ein enges Maß beschränkt. Die Rechte der Krone werden weitgehend geschont, wenn auch die Höhe der Zivilliste gegen den ersten Entwurf gemindert wurde. Gerade mit diesem Grundcharakter der Volksvertretung entschuldigte sich auch die Regierung bei den auswärtigen Regierungen erfolgreich, wenn diese immer wieder den Übergang Sachsens zum Verfassungsstaat abfällig beurteilten.“

❧ Die wichtigsten Bestimmungen der Verfassung von 1831

Diese können wir wie folgt zusammenfassen:

1. Übergang der Domänen des königlichen Hauses an den sächsischen Staat. Dafür zahlt dieser eine Zivilliste oder Apanage an den Monarchen (§ 22).

2. Gleichheit der Landesbewohner im Verfassungsrecht, wozu § 26 der Verfassungsurkunde folgendes sagt:
   „Die Rechte der Landeseinwohner stehen für alle in gleichem Maße unter dem Schutz der Verfassung.“

3. Freiheit der Person und des Eigentums gemäß § 27 der Verfassungsurkunde, wo es wörtlich heißt:
   „Die Freiheit der Personen und die Gebahrung mit dem Eigentume sind keiner Beschränkung unterworfen, als welche Gesetz und Recht vorschreiben.“

4. Freie Berufswahl. Dazu sagt § 28 folgendes:
   „Jeder ist daher berechtigt, seinen Beruf und sein Gewerbe nach eigener Neigung zu wählen und sich dazu im In- und Ausland auszubilden, soweit hier nicht ausdrücklich Gesetze und Privatrechte beschränkend entgegenstehen.“

5. Freizügigkeit, wozu § 29 sich wie folgt ausdrückt:
   „Jedem Untertan steht der Wegzug aus dem Lande ohne Erledigung einer Nachsteuer frei, soweit nicht die Verpflichtung zum Kriegsdienste oder sonst Verbindlichkeiten gegen den Staat oder Privatpersonen entgegenstehen.“

6. Waffendienst oder Wehrpflicht gemäß § 30, wo es heißt:
   „Die Verpflichtung zur Verteidigung des Vaterlandes und die Verbindlichkeit zum Waffendienste ist allgemein; es finden keine anderen als die durch Gesetz bestimmten Ausnahmen statt.“

7. Glaubens- und Gewissensfreiheit nach § 32 der Verfassungsurkunde. Dort heißt es wörtlich:
   „Jedem Landeseinwohner wird völlige Gewissensfreiheit und, in der bisherigen oder der künftigen festzusetzenden Maße, Schutz in der Gottesverehrung seines Glaubens gewährt.“
   Diese grundsätzliche Bestimmung wurde in § 33 noch erweitert. Im Absatz 1) wurde der Genuss der bürgerlichen Rechte ohne Unterschied der Konfession zugesichert, während andererseits in Absatz 2) das religiöse Bekenntnis den bürgerlichen Pflichten keinen Abbruch tun durfte.

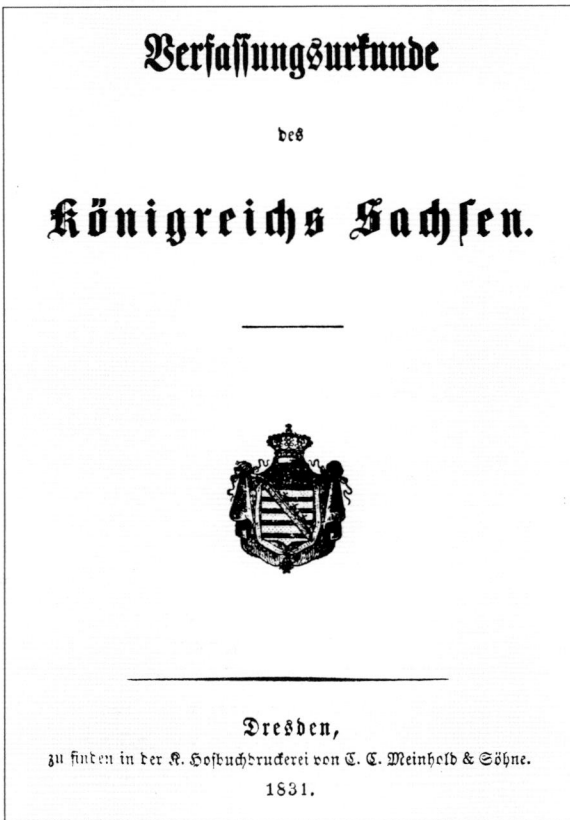

Verfassungsurkunde des Königreichs Sachsen aus dem Jahre 1831

8. Abschaffung der Standes- und Geburtsvorrechte im Staatsdienst gemäß § 34; dort heißt es wörtlich:
   „Die Verschiedenheit des Standes und der Geburt begründet keinen Unterschied in der Berufung zu irgendeiner Stelle im Staatsdienste."

9. Beschwerderecht über Behörden entsprechend § 36 der Verfassungsurkunde.

10. Steuerpflicht. In diesem Zusammenhang kommt besonders § 38 in Frage. Dieser lautet folgendermaßen:
    „Alle Untertanen haben zu den Staatslasten beizutragen."
    Ergänzend dazu sollten die §§ 37 (Abgabewesen), 39 (Abgabesystem und Realbefreiungen) und 40 (Befreiung von Staatslasten) Beachtung finden.

11. Niemand darf seinem ordentlichen Richter entzogen werden laut § 48 der Verfassungsurkunde.

12. Der Fiskus darf gemäß § 50 der Verfassungsurkunde nur vor ordentlichen Gerichten klagen.

13. Verfolgung von Straftaten nur auf gesetzlicher Grundlage lt. § 51, wo es wörtlich heißt:
    „Niemand darf ohne gesetzlichen Grund verfolgt, verhaftet oder bestraft und über 24 Stunden über die Ursache seiner Verhaftung in Ungewißheit gelassen werden."

14. Die Ministerverantwortlichkeit vor den Kammern findet in der Forderung der Gegenzeichnung königlicher Verfügungen und Gesetze durch den zuständigen Fachminister kennzeichnenden Ausdruck (§ 43, Abs. 1).
    Noch wichtiger ist § 43, Abs. 2, wo es wörtlich heißt:
    „Eine solche mit der erforderlichen Kontrasignatur nicht bezeichnete Verfügung ist als erschlichen zu betrachten und daher unverbindlich."

15. Der protestantische Charakter des Landes wird bei sonst gewährter Glaubensfreiheit betont im Verbot der Errichtung neuer Klöster und in der Ablehnung der Jesuiten im Lande (§ 56, Abs. 2).

Diese einzelnen Bestimmungen zeigen ein sehr großes Entgegenkommen gegenüber den freiheitlichen Forderungen dieses Zeitraumes. Dabei wurden diese natürlich der Eigenart und der Besonderheit des sächsischen Landes und Volkes angepasst. Der Einfluss von westeuropäisch-liberalem Gedankengut ist ebenso festzustellen, wie das Anknüpfen an ältere deutsche Rechtszustände. Im erstgenannten Fall gilt dies besonders für die Grundrechte, die wir in den Punkten 3, 4, 5 und 7 kennen lernen konnten. Sie stellen ein Erbstück der Französischen Revolution von 1789 dar.

In dieser Beziehung erscheint ein Vergleich mit unserem modernen Grundgesetz von Interesse. Dabei ist eine Gegenüberstellung zwischen dem § 27 der sächsischen Verfassungsurkunde mit den Artikeln 2 und 14 des Grundgesetzes wichtig, werden doch in beiden Verfassungsgesetzen die Grundrechte der Freiheit und des Eigentums geschützt. Ähnliches gilt für den § 28 der Sächsischen Verfassungsurkunde und dem Art. 12 des Grundgesetzes. In beiden Fällen ist die freie Berufswahl garantiert. Ebenso erscheint bedeutsam, dass in § 29 der Verfassungsurkunde und in Art. 11 des Grundgesetzes die Freizügigkeit zum Grundrecht erklärt wird.

Auch die Glaubens- und Gewissensfreiheit wird in beiden Gesetzeswerken ausdrücklich festgehalten, wie ein Vergleich des § 32 der sächsischen Verfassung und des Artikels 4 des Grundgesetzes eindeutig feststellt.

Aus diesen wenigen Beispielen ist ersichtlich, wie modern und fortschrittlich die Verfassungsurkunde des Königreichs Sachsen von 1831 bezüglich der Grundrechte war. Deswegen sollten wir als Sachsen und Freunde dieses Landes mit einigem Stolz auf diese Leistungen unserer Vorfahren bezüglich der Entstehung und Entwicklung der ersten modernen Verfassung Sachsens von 1831 als einem der wohl wichtigsten Gesetzgebungswerke des gesamten 19. Jahrhunderts zurückblicken.

Beachtlich ist noch die Bestimmung dieser Verfassungsurkunde, dass der König auch Hoheitsrechte über die Kirchen ausübte. Darüber sagte § 57 folgendes aus:

„Der König übt die Staatsgewalt über die Kirchen, die Aufsicht und das Schutzrecht über dieselben nach den diesfallsigen

Bestimmungen und es sind daher namentlich auch die geistlichen Behörden aller Konfessionen der Oberaufsicht des Ministeriums der Kultur untergeordnet."

Besonders bedeutungsvoll erwies sich die Hoheit über die evangelisch-lutherische Kirche, die aber, solange der König der katholischen Konfession angehörte, auf den Kultusminister überging. Dieser musste daher immer dem evangelischen Glauben angehören und führte in Gemeinschaft mit zwei anderen Mitgliedern des Gesamtministeriums im Auftrag des Königs die Rechte und Aufgaben einer obersten evangelischen Kirchenbehörde durch (§ 57, Abs. 2 in Verbindung mit § 41, Abs. 3).

Nicht erreicht wurde hingegen in dieser Verfassungsurkunde die Aufhebung der Patrimonialgerichtsbarkeit[1].

Mit diesem Überblick können wir die Betrachtungen über die Sächsische Verfassung von 1831 abschließen. Sie war wohl das wichtigste Ereignis der sächsischen Geschichte des 19. Jahrhunderts überhaupt. Dabei darf nicht vergessen werden, dass an ihrer Ausarbeitung und Vorberatung der spätere König Johann von Sachsen entscheidend beteiligt war. In engem Zusammenwirken mit seinem älteren Bruder, dem damaligen Prinzmitregenten Friedrich August, beeinflusste er vor allem diese Reformtätigkeit in Richtung einer gemäßigt liberalen-konservativen Laufbahn.

Wenn wir uns daher im Jubiläumsjahr 2006 an die erste demokratische Verfassung erinnern, sollten wir uns bewusst machen, dass es sich für Sachsen um einen ersten Ansatz zur Entwicklung eines parlamentarisch regierten Landes handelte, eine Tatsache, die auch in der Frage der Industrialisierung und der Bildung eines wirtschaftlichen Wohlstandes wichtig wurde. Eine Schwäche aber bildete die Tatsache, dass wesentliche Teile der sächsischen Bevölkerung – wir erwähnten bereits das kleine Handwerk und die Industriearbeiterschaft – von der Entscheidung des sächsischen Landtages ausgeschlossen blieben. Trotzdem aber beweist die fast ein Jahrhundert andauernde Gültigkeit dieses Verfassungswerkes von 1831 bis 1918, dass damit ein festes Fundament errichtet werden konnte, auf dem dieses Land in der Mitte Deutschlands seine Eigenständigkeit beispielhaft unter Beweis stellen konnte.

---

1 *Patrimonialgerichte waren Gerichte der adligen Grundherren. Sie umfassten die so genannte Niedere Gerichtsbarkeit. In der Regel waren die Gutsherrengerichte auch die letzte Instanz für die Untertanen des Gutsherren.*

Die wirtschaftlich-sozialen Reformmaßnahmen König Antons und des Prinz-Mitregenten Friedrich August

Besonders vorbildlich wurde in Sachsen unter König Anton und dem Mitregenten Friedrich August auf dem Sektor der Wirtschafts- und Sozialpolitik verfahren. Das erkannten auch die gemäßigten Liberalen und die Radikalen an. So schrieb beispielsweise Karl Biedermann, der Hauptvertreter der gemäßigten Liberalen in Leipzig:

„Insbesondere im Punkte des Budgetrechtes verfuhr die sächsische Regierung streng loyal. Nirgends wohl ward das Prinzip der sog. ‚Spezialbudgets‘ (Vorlegung einzelner Ausgabeposten zur ständischen Bewilligung und Kontrolle) aufrichtiger gehandhabt als in Sachsen, obschon die Wiener Conferenzen sich dagegen erklärt haben. Von Konflikten wegen nicht verrechneter Überschüsse oder eigenmächtiger Überschreitungen der gesetzlichen Vorschläge wußte man in Sachsen nichts. An dieser Loyalität ist in Sachsen zu allen Zeiten und unter allen Ministerien – selbst das Beustsche von 1850 – 1856 nicht ausgenommen – jederzeit festgehalten worden.“

Ebenfalls peinlich genau achteten der König, der Mitregent und die Staatsregierung auf die Öffentlichkeitsarbeit, in erster Linie auf schnellsten Druck und billige Ausgaben der Kammer-Protokolle. Eine entsprechende Bestimmung wurde bereits in der Verfassungsurkunde von 1831 eindeutig festgelegt.

Durch Verordnung vom 1. Oktober 1831 wurde die Gleichstellung von Adel und Bürgertum bei den juristischen Prüfungen zur Zulassung für die Beamtenlaufbahn ausgesprochen. Damit war auch den Bürgern der Zutritt zu den Beamtenstellen eröffnet.

✍ *Maßnahmen für den Bauernstand*

Auch für den Bauernstand gab es Erleichterungen. Bisher ruhten auf dem bäuerlichen Grundbesitz noch viele Belastungen aus der Zeit der Leibeigenschaft. Diese leiteten sich aus dem Verhältnis des Obereigentümers zum Untereigentümer ab. Dazu kamen Dienstbarkeiten, „welche sich mit einer gewissen Gegenseitigkeit auf ganze Klassen von Grundstücken erstreckten und ihren Grund in der früheren Anschauung über die Beziehungen zum Gemeinwesen hatten" (Heinrich Gebauer). Zu diesen Lasten des bäuerlichen Grundbesitzes gehörten besonders die Frondienste, d.h.

die Leistungen, zu denen die Bauern für ihren Grundbesitz dem Gutsherrn gegenüber verpflichtet waren. Diese Frondienste bestanden in Hand- und Spanndiensten zur Bewirtschaftung der grundherrlichen Grundstücke mit Gerät und Gespann der Bauern, in Dienstleistungen bei Neuerrichtung, Unterhaltung oder Reparaturen der dem Gutsherrn gehörenden Gebäude. Dazu kam noch der Dienstzwang, der die Bauernkinder verpflichtete, dem Gutsherrn zu dienen, wenn dieser es verlangte. Allerdings galt diese Verpflichtung nur dann, wenn die Kinder nicht verwaist, ledig oder unangesessen waren.

Der Grundherr besaß überdies noch die Zwangs- und Bannrechte, nach denen die Gutsuntertanen (Bauern) sich verpflichten mussten, für gewisse Zwecke sich noch solcher Unternehmen zu bedienen, die dem Gutsherrn gehörten oder bestimmte Erzeugnisse nur von ihm zu beziehen. Dazu zählten der Mahlzwang, der Bier- und Weinzwang, die Bannschmieden und verwandte Rechte. Schließlich hatten die Bauern noch zahlreiche Natural- und Geldzahlungen zu entrichten. Schon in der Zeit der Französischen Revolution machten sich unter den Bauern Tendenzen bemerkbar, die die Abschaffung dieser Lasten bezweckten.

Einen Erfolg brachte allerdings das „Gesetz über Ablösungen und Gemeinheitsteilungen" vom 17. März 1832. Dieses wichtige Gesetzeswerk wurde von zwei Prinzipien beherrscht:

1. von der Befreiung der Bauern von allen Fesseln, durch die sie in Ausnutzung ihrer Arbeitskraft und ihres Bodens bisher beengt waren.

2. von der finanziellen Entschädigung der Grundherren.

Im Einzelnen enthielt dieses Ablösungsgesetz folgende Hauptbestimmungen:

1. Alle Frohnden und Dienstbarkeiten wurden vom 1. Januar 1833 an für ablösbar erklärt. Bei den Frohnden erfolgte diese Ablösung für Kapital- oder Rentenzahlungen, bei den Dienstbarkeiten auch durch Landabtretungen.

2. Wachdienste (Bewachung der Rittersitze in Zeiten der Unsicherheit) und Vormiete (Verpflichtung, sich dem Grundherren zum Dienste anzubieten, bevor man eine fremde Stelle antrat) wurden unentgeltlich abgeschafft.

Der Dienstzwang sollte spätestens zu Beginn des Jahres 1836 aufgehoben werden.

3. Als Entschädigungsmittel konnten durch freie Vereinbarungen Getreideernten, Abtretungen von Land und Überlassung eines anderen dem Verpflichteten zustehenden veräußerlichen Eigentums oder einer ebensolchen Befugnis festgesetzt werden.

4. Bezüglich der in Erbpacht stehenden Grundstücke wurde bestimmt, dass der Erbpächter sein Erbgrundstück in Eigentum verwandeln konnte, wenn er den dann zu entrichtenden jährlichen Erbzins (Kanon) um fünf Prozent erhöhte. Dadurch wurde das dem Erbverpächter an dem Erbpachtgrundstück zustehende Vorkaufsrecht abgelöst und damit in Wegfall gebracht. Doch sollte dieser erhöhte jährliche Kanon unablöslich sein und als Grundzins auf dem damit beschwerten Grundstück haften bleiben.

5. Die dem Staat zu leistenden Jagddienste der Bauern sollten teilweise abgelöst und teilweise aufgehoben werden.

6. Hinsichtlich der Gemeinheitsteilungen (Allmenden) wurde festgesetzt, dass ihr solche ländlichen Grundstücke unterworfen sein sollten, die sich im Eigentum von Stadt- oder Landgemeinden befanden und deren unmittelbare Nutzung den einzelnen Gemeindegliedern zustand. Daher blieben Grundstücke, deren Nutzungen zur Erhaltung und zum Besten des Gemeinwesens bestimmt waren, ungeteilt. Die übrigen noch bestehenden Lasten wurden durch spätere Gesetze und Verordnungen entschädigungslos oder durch staatliche Entschädigungszahlungen aufgehoben.

Gleichzeitig beschloss der sächsische Landtag die Errichtung einer Landrentenbank. Das diesbezügliche Gesetz trat ebenfalls am 17. März 1832 in Kraft. Die Landrentenbank hatte die Bestimmung, Kreditpapiere unter dem Namen „Landrentenbriefe" auszugeben, deren Verzinsung und Tilgung der Staat garantierte. Sie sollten den Berechtigten angeboten werden, wobei es diesen freigestellt wurde, die Zinsen dieser Rentenbriefe als Äquivalent für die bisherigen Zahlungen der Pflichtigen zu beziehen oder durch Veräußerung derselben bares Betriebskapital zu beschaffen. Die Landrentenbank erhob folglich die Ablösungsrenten der Bauern für eigene Rechnung „unter dem Versprechen, daß ein Teil derselben zur allmählichen Tilgung der vorgestreckten Kapitalien verwendet würde, so daß die Pflichtigen nach einer bestimmten Zeit von den auf ihren Besitzungen haftenden Renten vollständig befreit sein mußten und

1 Konventionstaler (S) – Anton und Mitregent Friedrich August

zwar nach der Verordnung vom 9. März 1837 binnen 55 Jahren" (Heinrich Gebauer). Die Landrentenbriefe wurden mit 3 ½ % verzinst, während der Festsetzung der Renten für abgelöste Rechte ein Zinsfuß von 4 % zugrundegelegt werden konnte. Damit ergab sich für die Landrentenbank ein Gewinn von ½ %, der zur planmäßigen Tilgung der Rentenbriefe verwendet werden sollte.

Die Landrentenbank nahm ihre segensreiche Tätigkeit am 1. Januar 1834 auf. Ihre Arbeit erwies sich als so erfolgreich, dass die Ablösungen bereits nach 25 Jahren vollständig durchgeführt waren und sie damit ihre Tätigkeit bereits am 31. März 1859 beenden konnte. Das Königreich Sachsen ging mit dieser Einrichtung anderen deutschen Ländern beispielhaft voran und regte sie zur Nachahmung an.

Beide Gesetze waren grundlegend für die weitere Entwicklung der sozialen und wirtschaftlichen Ordnung des Landes während des gesamten 19. Jahrhunderts, da sie dem sächsischen Bauernstand endlich die erhoffte Freiheit brachten. Diese Gesetze wurden ergänzt durch die Aufhebung des mittelalterlichen Lehensverbandes im Jahre 1834. Weitere wichtige Maßnahmen waren das Gesetz vom 14. Juni 1834 über die Zusammenlegung von Grundstücken und das Dismembrationsgesetz von 1843.

Das erstgenannte Gesetz sollte die Zerstückelung des landwirtschaftlichen Besitzes notfalls sogar mit Zwang verhindern und die Zusammenlegung von Grundstücken fördern. Auf diese Weise konnten von 1834 bis 1887 insgesamt 959 Grundstückszusammenlegungen vorgenommen werden.

Einen ähnlichen Zweck hatte das Dismembrationsgesetz, das der Zergliederung des ländlichen Grundbesitzes einen Riegel vorschieben wollte. Es stellte den allgemeinen Grundsatz auf, dass der Rittergutsbesitz und die übrigen ländlichen Güter als geschlossen betrachtet werden mussten, d.h. sie durften nur in ihrer Gesamtheit vererbt, verkauft oder verpfändet werden. Zu diesen Gesetzen wurde man offensichtlich durch warnende Beispiele aus dem deutschen Westen und Südwesten angeregt, wo die Grundstücksteilungen vielfach zu nicht lebensfähigen Zwerggütern führte.

Am 1. April 1832 hob die Staatsregierung in der sächsischen Oberlausitz die Erbuntertänigkeit auf. Zugleich wurde mit den Ständen dieses Landesteils am 9. Dezember 1832 eine Übereinkunft erzielt, wonach dieses im Osten Sachsens liegende Gebiet in allgemeinen Angelegenheiten auf Landesebene den Erblanden gleichgestellt war. Daneben blieb aber die selbstständige politische und kirchliche Verfassung der Oberlausitz bestehen.

Der Beitritt zum Zollverein

Für die schon damals bedeutende sächsische Industrie erwies sich als wichtigste Maßnahme Sachsens Beitritt zum Zollverein am 1. Januar 1834.

Durch die Leipziger Messen hatte der sächsische Handel von 1790 bis 1806 einen großartigen Aufschwung zu verzeichnen. Er hatte schon damals weitreichende überseeische Verbindungen. Diese wurden aber durch die Kontinentalsperre und die Napoleonischen Kriege unterbrochen. Allerdings erwies sich diese Sperre aber auch als Vorteil, da sie die Industrialisierung förderte. Damit konnte die sächsische Industrie als Folge des Stockens der britischen Einfuhren eine erste Blütezeit erreichen. Das Bild wandelte sich aber nach dem Wiener Kongress 1815. Dieser ließ Sachsen trotz erheblicher Gebietsverluste zu dem am dichtesten bevölkerten und relativ gewerbereichsten Staat des Deutschen Bundes werden. Schon 1819 hatten Gewerbe und Handel fühlbar unter den Zollgrenzen zu leiden, die das Land ringsum einschlossen. Das galt besonders für die hohen preußischen Schutzzölle, die die sächsische Industrie in erhebliche Schwierigkeiten brachten. So lag die einst blühende Blechschmiederei völlig am Boden. Auch die Herstellung von Schaufeln, Sparren und Draht lohnte sich wegen der hohen Kosten nicht mehr. Ähnliche Schwierigkeiten bestanden auch in der Textilindustrie. Daraus ist zu erklären, dass die Städte des Vogtlandes die Landesregierung 1827 gemeinsam um wirtschaftliche Maßnahmen zur Abhilfe des Notstandes in der Baumwollweberei baten. Auch die Tuch-, Leinen- und Bandweberei sowie die Lohgerber klagten das preußische Schutzzollsystem als Ursache für ihre wirtschaftliche Notlage an.

Die schlechte Situation der sächsischen Industrie veranlasste sozial denkende und heimatverbundene Männer, mit eigenen Vorschlägen diesem Niedergang Einhalt zu gebieten. Einzelne Fabrikanten sahen nicht nur in den außenwirtschaftlichen Verhältnissen die Ursache für diese krisenhaften Erscheinungen, sondern auch in der geringen Vorbildung der Unternehmer, Handwerker und Arbeiter sowie in ihrer Unkenntnis über die Fortschritte der Technik. Sie gründeten daher den „Industrieverein für das Königreich Sachsen", der durch Aufklärung für die Beseitigung dieser negativen Erscheinungen im Bereich der gewerblichen Wirtschaft wirken sollte.

Auch die Staatsregierung in Dresden war in diesem Sinne tätig. Auf Anregung dieses Industrievereins veranstaltete sie 1828 die erste sächsische Industrieausstellung, ließ Mustersammlungen anlegen, schickte Agenten in fremde Industriegebiete, um Nachrichten über technische Fortschritte zu sammeln und veranlasste wagemutige Fabrikanten, dasselbe zu tun.

In erster Linie mussten neue Absatzgebiete für sächsische Produkte erschlossen werden. Durch die Gründung einer „Elbe-Westindischen-Handelskompagnie" im Jahre 1825, an der sich das Königshaus, die großen Handelshäuser und Fabrikanten beteiligten, konnte der Absatz nach Nord- und Südamerika belebt werden. Dort wurden bereits im ersten Jahre Waren im Wert von 450.000 Taler abgesetzt. Dieser Erfolg erwies sich aber nur als kurzfristig, verdrängten doch die politischen Wirren in Südamerika und die Überschwemmung des nordamerikanischen Raumes bzw. Marktes mit billigeren Waren anderer europäischer Staaten Sachsen aus diesen neu gewonnenen Absatzmärkten. Daher war die sächsische Volkswirtschaft gezwungen, neue Exportmöglichkeiten im binnendeutschen Raum zu suchen.

So wurde auf Initiative des Geheimen Rates Bernhard August von Lindenau am 24. September 1828 der „Mitteldeutsche Handelsverein" gegründet. Die sächsische Industrie erhielt damit wenigstens vorübergehend einen neuen Binnenmarkt für den Absatz ihrer Produkte. Doch blieb dieser Handelsverein nicht lange bestehen. Sein Hauptgegner Preußen erreichte es, mit einigen thüringischen Kleinstaaten Sonderverträge abzuschließen und damit Verbindungen zum bayerisch-württembergischen Zollverein zu erhalten. Den härtesten Schlag für Sachsen bedeutete jedoch 1831 der Abfall Kurhessens und dessen Anschluss an den preußisch-hessischen Zollverein. Das veranlasste Bayern und die übrigen thüringischen Staaten, mit der Berliner Regierung zu verhandeln. Sachsen drohte damit die völlige wirtschaftliche Isolierung. Über das Scheitern dieses Handelsvereins schreibt Herbert Pönicke:

„Der Hauptfehler des Mitteldeutschen Handelsvereins lag darin, daß im Verein durchwegs Staaten vereinigt waren, die nach Lage und Größe sowie der Lebensbedürfnisse ihres Handels und Gewerbes zu stark differenziert waren. Man mußte sich eben auf mitteldeutsche Staaten beschränken. Wäre auf der anderen Seite Opferwille und politischer Weitblick bei den Fürsten und Diplomaten der Mittelstaaten größer gewesen, dann hätte sich der Verein wohl festigen lassen. Lindenau war andererseits zu sehr Idealist und Vertrauensmensch, er hatte zuviel Glauben an die, die die Tat mit ihm vollbringen wollten.“

Die sächsische Industrie geriet zusätzlich in Schwierigkeiten durch die politischen Wirren in Frankreich, Belgien, Polen und einigen überseeischen Ländern. Das zeigte sich deutlich auf der Leipziger Messe. So wurden zur Michaelis-Messe 1830 noch 280.000 Zentner Messegüter nach Leipzig gebracht, während es 1831 nur noch 48.000 Zentner waren. Daher entsandte die sächsische Staatsregierung schon im Oktober 1829 in Vorahnung dieser Entwicklung den Präsidenten ihrer Commerz-Deputation Bernhard August von Lindenau nach Berlin, um mit Preußen Erleichterungen im gegenseitigen Warenaustausch auszuhandeln. Lindenaus Behörde kam zu dem Ergebnis, „daß eine gründliche Hilfe für den sächsischen Handel und das Gewerbe nur von dem gänzlichen Wegfall der preußischen Eingangszölle, also von einem Anschluß Sachsens an das preußische Zollsystem zu erwarten sei, eine Maßregel, die den gegenwärtigen kommerziellen und industriellen Interessen Sachsens, wenn es einmal in seiner gegenwärtigen Isolierung nicht länger beharren könne und wolle, am meisten entsprechen würde“ (Herbert Pönicke). Dabei dürfe aber Leipzig von seiner Bedeutung als Handels- und Messestadt nichts einbüßen.

In Lindenaus Deputation tauchte sogar der Gedanke einer handelspolitischen Einigung ganz Deutschlands auf, wie er damals durch den Nationalökonomen Friedrich List vertreten wurde. Lindenau kannte offenbar die Ideen dieses württembergischen Wirtschaftswissenschaftlers. Besonders die Vertreter der gewerblichen Wirtschaft Sachsens unterstützten den Minister in seiner wirtschaftspolitischen Haltung. Auch die neue Staatsregierung verfolgte diesen Zweck weiter. Ende 1830 unternahm Finanzminister Anton von Zeschau einen erneuten Vorstoß zur Eröffnung von entsprechenden Verhandlungen mit Preußen. Im März 1831 fuhr der Minister persönlich nach Berlin. Trotzdem gingen diese Verhandlungen nicht recht vorwärts, weil Preußen folgende Forderung stellte:

1. die Errichtung von provisorischen Schutzzöllen gegen die sächsische Konkurrenz.

2. die Entschädigung für den Verlust der Transitzölle.

Sachsen konnte diesen Forderungen nicht zustimmen, weshalb der erste Vorstoß scheiterte. Ein zweites Ansinnen Zeschaus im Frühjahr 1832 blieb wegen der Frage des Messerabatts erfolglos, da beide Länder für ihre Messen in Frankfurt/Oder und Leipzig dieselben Vergünstigungen forderten.

Auch in Sachsen gab es Widerstand gegen den Anschluss an den preußisch-hessischen Zollverein. Doch am Ende siegten wirtschaftspolitische Vernunftsgründe. So benötigten die sächsischen Baumwollmanufakturen dringenden Absatz nach Norden. Auch war die Wollindustrie auf die Zufuhr preußischer Wolle als Rohmaterial angewiesen, wofür Preußen einen Ausfuhrzoll von 3 Talern pro Zentner verlangte. Schließlich erhob auch die Leinwandmanufaktur ihre Stimme für den Aufbau der preußischen Durchgangszölle, weil sie ihre Waren durch preußisches Gebiet nach Übersee transportieren wollten. Alles in allem konnte Sachsens Industrie nur weiter bestehen, wenn die Zollschranken aufgehoben wurden. Daher nahm Zeschau trotz aller Bedenken neue Verhandlungen mit der Berliner Regierung auf. Diese führten am 30. März 1833 zu einer Einigung, nachdem auch Bayern mit Preußen einen ähnlichen Vertrag abgeschlossen hatte. Die preußische Regierung verzichtete auf ihre ursprünglichen Forderungen von 1831. Auch in der Frage des Messerabatts wurde ein Kompromiss erzielt. Der Frankfurter Messerabatt blieb mit 20 % ermäßigt bestehen. Auch der Leipziger Messehandel erhielt eine Vergünstigung, indem das System der Kontierung eingeführt wurde.

Als der preußische Minister Maaßen den Vertrag unterzeichnete, schienen ihm die Vorteile auf sächsischer Seite zu sein, was auch den Tatsachen entsprach. Der preußische Minister sagte damals:

„Euer sächsischer Vertrag hat mich die Nacht nicht schlafen lassen, das ist ein schwerer Vertrag, es hätte ihn nicht jeder unterzeichnet.“

Sachsen war damit an den preußisch-hessischen Zollverein angeschlossen. Im Mai 1833 traten ihm auch die thüringischen Staaten bei. Durch die Übereinkunft Preußens mit dem bayerisch-württembergischen Zollverein war ganz Deutschland – allerdings ohne Österreich – zu einem Wirtschaftsgebiet vereinigt. Damit erhielt die sächsische Volkswirtschaft – namentlich die Industrie – die Voraussetzung, um eine neue wirtschaftliche Blüte zu schaffen. Das zeigte sich unmittelbar im Aufblühen des Leipziger Messehandels, zumal das Stadtgebiet Leipzig unmittelbar an der preußischen Grenze lag. So segensreich sich dieser Zollverein auf wirtschaftlichem Gebiet auswirkte, so erschütterte er doch Sachsens politische Grundhaltung – die Zusammenarbeit mit der österreichischen Donau-Monarchie und dem Haus Habsburg-Lothringen und zwang es zu einem zwiespältigen Taktieren zwischen den beiden deutschen Großmächten. Dieses für Sachsens und Deutschlands Außenpolitik typische Erscheinungsbild blieb bis 1866 bestehen. Sachsen war damit zu einer Gratwanderung zwischen beiden Großmächten gezwungen.

Die Arbeit des neuen Landtages ging reibungslos vor sich. Unter allseits gedeihlicher Zusammenarbeit des Königs Anton, des Prinzmitregenten Friedrich August, der Staatsregierung und der Mitglieder der beiden Kammern des Landtages wurden die Ideale der neuen Verfassung und des mit ihr eng verbundenen Reformwerkes weiter entwickelt. Dieser Zustand konnte aber nicht lange aufrechterhalten werden, vielmehr wurden die durch den Kompromiss 1830/31 ungelösten Gegensätze von liberalen Kreisen erneut herausgestellt.

Bereits ab 1836 konnte sich eine neue liberale Opposition unter Führung von zwei aus dem Vogtland stammenden Politikern, dem Bürgermeister Todt aus Adorf und dem Advokaten von Dieskau aus Plauen, bilden. Diese Opposition verstärkte sich weiter und führte – wie bekannt – in der Revolution von 1848/49 zu neuerlichen Auseinandersetzungen.

❧ *Zeittafel 1827 – 1836*

— 1827 – 1836 —

König Anton der Gütige

— 1828 —

Mitteldeutscher Handelsverein, Beginn des wirtschaftlichen Kleindeutschland; Einführung der Reifeprüfung an den Gymnasien; Gründung der Technischen Bildungsanstalt (Vorläufer der Technischen Universität) in Dresden; Gründung der Verlagsbuchhandlung und Druckerei Reclam in Leipzig; der Maler A. L. Richter wird Leiter der Porzellanmanufaktur in Meißen; Gründung der Bürgerbibliothek in Großenhain.

— 1830 —

Revolutionäre Unruhen (Vormärz); Prinz Friedrich August wird Mitregent. Rücktritt des Grafen von Einsiedel, sein Nachfolger wird Dr. Bernhard August von Lindenau (bis 1843).

— 1831 —

Das Königshaus beginnt einen liberalen Kurs; Sachsen erhält eine Verfassung, die zur fortschrittlichsten in Europa zählt; Gründung der Leipziger Handelsschule.

— 1832 —

Weitgehende Selbstverwaltung der Städte, Befreiung der Bauern von den Feudallasten; Gründung der Landesrentenbank; Aufhebung der Erbuntertänigkeit in der Oberlausitz.

— 1833 —

Erster Zusammentritt des Landtags. Berufung des Komponisten Albert Lortzing an das Leipziger Theater.

— 1834 —

Förderung von Handel und Gewerbe durch den Beitritt zum Deutschen Zollverein. Berufung von Gottfried Semper an die Dresdner Akademie. Gründung des Hauptstaatsarchivs. Inbetriebnahme des ersten Dampfschiffs in Sachsen; Robert Schumann gründet die ‚Neue Zeitschrift für Musik‘ in Leipzig. Richard Wagner wird in Magdeburg Musikdirektor.

— 1835 —

Justizreform mit Trennung von Verwaltung und Justiz; Reform der Mittelbehörden; Beginn des Eisenbahnbaus; allgemeine Volksschule mit achtjähriger Schulpflicht; F. Mendelssohn wird Direktor des Gewandhausorchesters in Leipzig.

— 1836 —

König Anton der Gütige stirbt, Nachfolger wird sein Mitregent Friedrich August II.

König Friedrich August II.

(1797 / 1836 – 1854)

5 Taler (G) – König Friedrich August II.

Der spätere König Friedrich August II. wurde als ältester Sohn des Prinzen Maximilian und der Prinzessin Caroline Marie Therese von Parma, Infantin von Spanien, am 18. Mai 1797 in Schloss Pillnitz bei Dresden geboren.

Die Geburt dieses Wettiners wurde im ganzen Land mit großer Freude aufgenommen, bestand doch bisher die große Sorge, das Haus Wettin-Albertinische Linie könnte möglicherweise aussterben.

Diese Besorgnis war berechtigt, weil König Friedrich August der Gerechte bekanntlich nur eine Tochter hatte und die Kinder König Antons schon frühzeitig verstarben. Glücklicherweise war jedoch die Ehe des Prinzen Maximilian mit Caroline von Parma durch zahlreiche Nachkommen gesegnet. Darunter befand sich – wie bereits erwähnt – Prinz Friedrich August, der spätere König Friedrich August II. von Sachsen.

Von grundlegender Bedeutung erwies sich die Tatsache, dass Friedrich Augusts Vater Maximilian sich als Familienvater besonders auszeichnete. Seinen sieben Kindern vermittelte er eine innige Liebe und erzog sie zu echter Religiosität, die er vorzugsweise auf Häuslichkeit aufbaute. In der Alltagsbeschäftigung stand vor allem das Studium der Geschichte und der Naturwissenschaften im Mittelpunkt. Dazu kamen Musik, Dichtkunst und ein verhältnismäßig leichtes Erlernen von Fremdsprachen, Talente, die auch bei Friedrich August und seinen Geschwistern aufscheinen.

Für die Laufbahn Friedrich Augusts war es wichtig, dass sein Vater der erste Lehrer wurde und ihn gleichzeitig mit dem religiösen Leben vertraut machte. Das geschah vorzugsweise durch regelmäßige Andachtsübungen, die täglich auf dem Programm standen. Maximilian kümmerte sich ferner um die Lehrer, die seine Kinder auf ihre späteren Tätigkeiten vorzubereiten hatten. Grundlegend für die weitere Erziehung der Söhne war der aus der Schweiz stammende General- und Oberhofmeister von Forell. Auf diese Weise erlebte Friedrich August eine für seine späteren Aufgaben als Monarch ausgeprägte Kinder- und Jugendzeit.

❧ *Verwandtschaftliche Kontakte*

Für die Geschichte der engeren familiären Bindungen zu den katholischen Fürstenhäusern wurden die beiden Ehen Friedrich Augusts mit Prinzessinnen aus den Häusern Habsburg-Lothringen und Wittelsbach bedeutungsvoll. Friedrich August heiratete in erster Ehe Erzherzogin Carolina Ferdinanda Theresia Josepha Demetria von Österreich (1801 – 1832), eine Tochter Kaiser Franz I., der bekanntlich 1806 als letzter römisch-deutscher Kaiser abdanken musste. Nach deren allzu frühen Tod am 22. März 1832 schloss er am 24. April 1833 den Bund der Ehe mit Prinzessin Maria Leopoldina Anna von Bayern (1805 – 1877), einer Tochter des ersten bayerischen Königs Maximilian I. Joseph von Bayern und dessen zweiter Gemahlin Caroline Friederike Wilhelmine von Baden. Bezeichnend für diese Wittelsbacherin auf dem sächsischen Königsthron war ihre soziale Gesinnung, die sie in einer aufopfernden Tätigkeit in den von ihr ins Leben gerufenen Frauenvereinen äußerte. Damit kann sie durchaus als eine frühere Wegbereiterin der sächsischen Frauenbewegung und des Roten Kreuzes angesehen werden. Bedauerlicherweise blieb ihre Ehe mit Friedrich August kinderlos, weshalb sie sich – ähnlich wie später Königin Carola – sozialen Aufgaben widmete.

Königin Maria

Liberale Ideen

König Friedrich August II., der sich den liberalen Ideen gegenüber besonders aufgeschlossen zeigte, wurde bereits in seiner Zeit als Prinz-Mitregent von 1830/31 – 36 mit dem Liberalismus als einer bedeutsamen Kraft des 19. Jahrhunderts konfrontiert. Mit großem Geschick verstand er es, in engem Zusammenwirken mit seinem jüngeren Bruder und Nachfolger Johann sowie seinem Staatsminister Bernhard August von Lindenau, die Verfassung von 1830/31 und die damit zusammenhängenden Reformgesetze zu verwirklichen. Diese politische Einstellung des Monarchen führte auch dazu, dass die Revolution 1830/31 im Königreich Sachsen in friedliche Bahnen gelenkt werden konnte.

Trotzdem blieben die Gegensätze weiter bestehen und traten nach der Vollendung dieser bedeutenden Reformtätigkeit offen zutage. Bis 1848 verstärkte sich die liberale Opposition fortlaufend und stellte besonders die Forderungen nach Pressefreiheit, freier Bildung von Vereinen, Wahlreform, Öffentlichkeit und Mündlichkeit der Gerichtsverfahren und der Schwurgerichte, Verbesserung des Staatsorganismus sowie Trennung der Justiz von der Verwaltung in den Mittelpunkt ihrer Agitation. Als Zentren der liberalen Bewegung, die verstärkt von den fränkischen Regierungsbezirken in Nordbayern beeinflusst wurde, traten das Vogtland, das Erzgebirge und die Messestadt Leipzig besonders hervor.

Friedrich August II. und seine politischen Mitarbeiter erwarben das große Verdienst, dass sie diese revolutionären Unruhen in friedliche Bahnen lenkten und damit die erfolgreiche Reformpolitik von 1830/31 fortsetzten. Auf diese Weise kam es zu der unter dem Namen „Liberaler Umschwung" einsetzenden Entwicklung, die wiederum in erster Linie auf Initiative des Königs in friedlicher Weise gelöst werden konnte. Eine Ausnahme bildete nur die Dresdner Mai-Revolution 1849, die allerdings von außen gesteuert und mit Hilfe preußischer Truppen unterdrückt wurde. In diesem Zusammenhang ist an den Namen des russischen Anarchisten Michael Bakunin zu erinnern, der mit Hilfe der Dresdner Mai-Unruhen vom Mai 1849 eine Kettenreaktion auslösen wollte, um im Endeffekt das russische Zarenhaus zu stürzen. Entscheidenden Anteil an dieser bis zu Beginn 1849 erfolgreichen Reformpolitik hatten neben Friedrich August auch die Mitglieder der im März 1848 berufenen liberalen Minister des Kabinetts Braun-Oberländer. Wohl das wesentlichste Ergebnis dieses Zusammenwirkens war die Verabschiedung eines liberal orientierten allgemeinen Wahlrechts, das einen weiteren Schritt zur Demokratisierung Sachsens darstellte. Bedauerlicherweise wurde dieses liberal orientierte Wahlrecht 1849 nach Niederschlagung der Revolution wieder beseitigt und erst am Ende der Monarchie 1918 erneut aufgenommen. Interessant ist in diesem Zusammenhang, dass die aus gemäßigt liberalen und linksradikalen Ministern zusammengesetzte Staatsregierung sich dem Wunsch des Königs beugte und die von der Frankfurter Nationalversammlung bereits genehmigte Reichsverfassung ablehnte. Damit kam es zum Bruch der beiden liberalen Richtungen. Gleichzeitig erwies sich diese Frage als Ausgangspunkt für das Ausbrechen der Revolution von 1849.

Soziale Bewegung

In die Regierungszeit Friedrich August II. fallen auch die Anfänge einer sozialen Bewegung in Sachsen. Diese für die weitere Entwicklung des Landes grundlegende Problematik, die unter dem Begriff „Soziale Frage" überregionale Bedeutung erhielt, wurde durch die seit der Jahrhundertmitte verstärkt einsetzende Industrialisierung und die 1847 ausgebrochene Wirtschaftskrise maßgeblich beeinflusst. Ihren Höhepunkt erreichte diese soziale Bewegung durch die auf dem Berliner Arbeiterkongress vom 23. August bis 2. September 1848 ins Leben gerufenen „Arbeiterverbrüderung" als erster gesamtdeutscher Zusammenschluss des kleinen Handwerks und der Industriearbeiterschaft. Als Sitz des Zentralkomitees bestimmten die Delegierten dieses Kongresses die Messestadt Leipzig, weil im Königreich Sachsen größere politische Freiheiten bestanden als im benachbarten Preußen. Diese Verhältnisse waren eine unmittelbare Folge der liberalen Einstellung Friedrich Augusts und seines Vorgängers König Anton seit der Verfassungsreform 1830/31; nur so ist es zu erklären, dass in Sachsen neben dem politischen Liberalismus eine überregional bedeutsame soziale Bewegung entstand. Zum Vorsitzenden der genannten „Arbeiterverbrüderung" wurde Stephan Born bestimmt, der von Berlin nach Leipzig übersiedelte und gleichzeitig als Redakteur das Vereinsorgan „Die Verbrüderung" herausgab. Auf diese Weise wurde Leipzig zum ersten Mittelpunkt der frühen deutschen Arbeiterbewegung. Auch dafür gaben die liberalen Verhältnisse während der Regierungszeit Friedrich Augusts den Ausschlag. Bis 1854 konnte die Arbeiterverbrüderung ihre Tätigkeit fortsetzen. Erst am 13. Juli dieses Jahres verbot ein Beschluss des Deutschen Bundes sämtliche noch bestehenden Arbeiterorganisationen und Verbrüderungen, die politische, sozialistische oder kommunistische Zwecke verfolgten. Darunter befand sich auch die Leipziger Arbeiterverbrüderung.

Bezeichnend ist, dass sich der sächsische Staat als Folge der Entstehung dieser sozialen Bewegung in den Zentren Leipzig und Chemnitz mit den sozialen und wirtschaftlichen Problemen des kleinen Handwerks und der Industriearbeiterschaft ernsthaft beschäftigen musste. So rief die sächsische Staatsregierung damals eine „Vorbereitende Kommission für die Gewerbs- und Arbeitsverhältnisse" ins Leben. Die Aufgabe dieses Gremiums sollte es sein, die gerechte Leitung der Industrie im weitesten Sinn des Wortes durch eine neue gesetzliche Ordnung vorzubereiten. Gleichzeitig damit erging die Forderung an die gewerblich tätige Bevölkerung in allen Landesteilen, lokale gewerbliche Ausschüsse zu bilden. Auf diese Weise entstanden 700 derartige Organisationen, deren Delegierte zunächst mit einigen Beamten und Sachverständigen zusammentrafen, um den aus Arbeitgebern und Arbeitnehmern zusammengesetzten Bezirksausschüssen eine Reihe wichtiger Sachfragen und Probleme vorzulegen. Diese bildeten schließlich die Grundlage für die am 7. August 1848 unter dem Vorsitz des Präsidenten der Zweiten Kammer des Landtages Franz Xaver Rewitzer, der aus München stammte, beginnenden Verhandlungen der auf 58 Mitglieder verstärkten Kommission auf Landesebene.

Der Initiator dieses Vorhabens war der Erlanger Nationalökonom und spätere sächsische Innenminister Albert Christian Weinlig, der allerdings auf den Plänen seines Vorgängers Johann Paul von Falkenstein aufbauen konnte. Die Grundidee Weinligs bestand darin, eine wirksame Abwehr gegen die seit 1847 in Sachsen unvermindert andauernde Wirtschaftskrise zu schaffen. Wenn auch dieser Entwurf nicht in die Tat umgesetzt werden konnte, so handelte es sich doch um die „Erste Gesetzesvorlage einer verantwortlichen Regierung für eine fakultative Betriebsvertretung", wie Jürgen Teuteberg zu Recht bemerkt. Damit war ein wichtiger zukunftsweisender Schritt auf dem Weg zu einer modernen betrieblichen Mitbestimmung getan. Auf diese Weise wurde Sachsen auch zu einem wichtigen Faktor der entstehenden deutschen Gewerkschaftsbewegung. Mit diesen sozialen Problemen beschäftigte sich auch der jüngere Bruder des Königs, Prinz Johann von Sachsen, der später als König diese sozialen und wirtschaftlichen Probleme in den Mittelpunkt des allgemeinen Interesses rückte. Die „Soziale Frage" wurde auf diese Weise zu einem entscheidenden Faktor der weiteren Entwicklung in Sachsen auf dem Sektor der Sozial- und Wirtschaftspolitik.

ᛒ Förderung des Kulturlebens

In kultureller Hinsicht setzte König Friedrich August II. die Tradition seiner wettinischen Ahnen – begründet durch August den Starken – bewusst fort. Das galt vor allem für die Musik, als deren großer Freund sich der Monarch erwies; daraus zogen Hofoper und Hofkapelle wesentliche Vorteile. Zu erwähnen ist besonders die Tatsache, dass Friedrich August 1842 den aus Leipzig stammenden Musiker und Dirigenten Richard Wagner als Hofkapellmeister nach Dresden berief, eine Stellung, die Wagner bis 1849 bekleidete. Erst durch die aktive Teilnahme an der Dresdner Mai-Revolution verlor der bisherige Hofkapellmeister seinen attraktiven Posten und musste Sachsen als politischer Flüchtling verlassen.

Auch der Bau des ersten Semper'schen Opernhauses in Dresden verdankte dem Herrscher tatkräftige Förderung und Unterstützung. Desgleichen sammelte Friedrich August Bilder romantischer Maler – Ludwig Richter und Schnorr von Carolsfeld – und schuf auf diese Weise die Grundlage zu einer bedeutenden Sammlung von Kupferstichen und Handzeichnungen, die später in das Eigentum des Prinzen Johann Georg von Sachsen überging. Leider ist das Schicksal dieser Sammlung seit dem Ende des Zweiten Weltkrieges weitestgehend unbekannt. Es ist jedoch zu vermuten, dass erhebliche Teile dieser Sammlung als Beutekunst in die Sowjetunion verschleppt wurden.

ᛒ Das Lebensende Friedrich Augusts II.

König Friedrich August II. war auch ein großer Liebhaber der Natur und der Jagd. Aus diesem Grund unternahm er 9 Reisen in das von ihm bevorzugte österreichische Tirol. Zum zehnten Mal besuchte er dieses Alpenland im August 1854, um sich dort von verschiedenen Krankenerscheinungen zu erholen. Im Zug dieser Reise kam er auch erstmals nach Brennbichl/bei Imst, heute Gemeinde Karrösten. Dort übernachtete er vom 8. auf den 9. August im „Gasthof Neuner", heute „Hotel Neuner". Am 9. August brach er gegen 10 Uhr vormittags zu seinem schon lange geplanten Ausflug in das südlich von Imst liegende Pitztal auf. Doch schon kurz hinter Imst zwischen Brennbichl und der Inn-Brücke in unmittelbarer Nähe des heutigen Bahnhofs Imst-Pitztal kippte der kleine Pferdewagen des Königs an einer Wegbiegung um, wobei er herausgeschleudert wurde. Er fiel so unglücklich, dass er dicht hinter das wild ausschlagende Pferd zu liegen kam. Durch einen Hufschlag wurde er am

Inschrift im Hotel Neuner, Brennbichl

Hinterkopf so schwer verletzt, dass er sofort das Bewusstsein verlor. Mit Hilfe seines Flügeladjutanten Robert Eduard von Zezschwitz und einheimischer Rettungsmannschaften trug man den schwer verletzten Monarchen in das „Gasthaus Neuner". Der aus Imst herbeigerufene Arzt konnte das Leben Friedrich Augusts nicht mehr retten. Nach dem Empfang der katholischen Sterbesakramente verschied er am 9. August 1854, um 10.30 Uhr. Bis 13. August blieb der Leichnam in Brennbichl aufgebahrt. Noch heute erinnert eine Gedenkinschrift im „Hotel Neuner" an diesen Unfall. Danach wurde der Leichnam im feierlichen Zug durch Imster Schützen über den Fernpass nach Bissenhofen bei Kempten gebracht; von dort gelangte der Sarg mit einem Sonderzug der bayerisch-sächsischen Staatsbahn über Augsburg, Hof und Leipzig nach Dresden, wo der Leichnam am Abend des 15. August eintraf. Am darauffolgenden Tag fand die feierliche Beisetzung in der Gruft unterhalb der katholischen Hofkirche statt. Noch heute erinnert ein Denkmal im Dresdner Stadtzentrum an König Friedrich August II.

In Brennbichl wird durch die Königskapelle, die die Königin-Witwe Marie von Sachsen 1855 in neugotischer Bauweise errichten ließ, an Friedrich August und sein tragisches Lebensende gedacht. Dies gilt besonders für den Hochaltar, der den verstorbenen König mit dem Kreuzestod Christi darstellt. Zu Füßen ist die betende Maria als Sinnbild der König-Witwe Marie zu sehen.

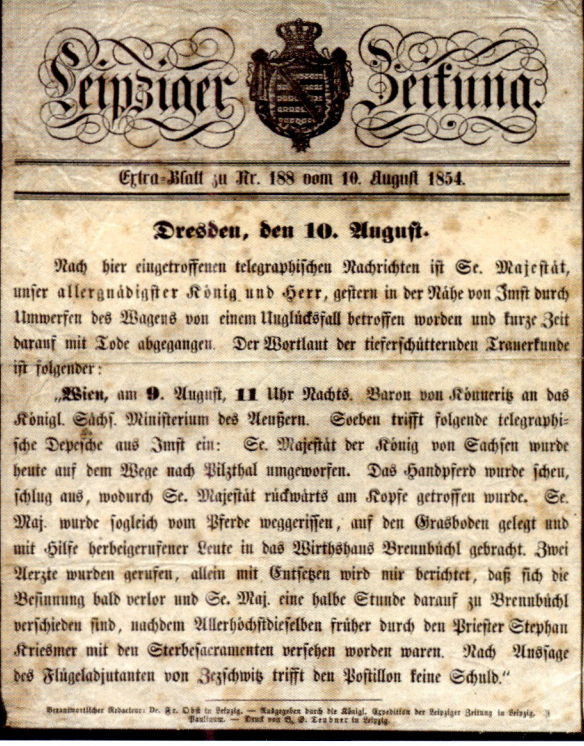

Todesmeldung König Friedrich August II. in der Leipziger Zeitung

Die Königskapelle Imst/Brennbichl ist auch heute noch für das Haus Wettin-Albertinische Linie von Bedeutung, befinden sich doch dort die Grabstätten des Prinzen Friedrich Christian von Sachsen (1893 – 1968) und seiner Gemahlin Prinzessin Elisabeth Helene (1903 – 1976). Dabei handelt es sich um die Eltern des Verfassers. Beide Wettiner wurden dort beigesetzt, weil sie vor der Wende verstarben und eine Überführung nach Sachsen aus politischen Gründen nicht möglich war.

Den noch erhaltenen Gästebüchern können wir entnehmen, dass von der Erbauung der Königskapelle bis in die Gegenwart ein kleines Stück sächsischer Heimaterde inmitten der Tiroler Berge auch ein Mittelpunkt für zahlreiche Besucher vorzugsweise aus Sachsen und Thüringen darstellt.

Die Königskapelle in Imst – Brennbichl / Nordtirol

Mit dem Tode König Friedrich August II. am 9. August 1854 und der Begräbnisstätte von Prinz Friedrich Christian und seiner Gemahlin Prinzessin Elisabeth Helene, geb. Prinzessin von Thurn und Taxis, konnten wir bereits auf die Königskapelle Imst/Brennbichl verweisen. Bekannt ist uns bereits, dass Königin-Witwe Maria Leopoldine von Sachsen zur Erinnerung an den tödlichen Unglücksfall ihres Gemahls Friedrich August dieses reizvolle Gotteshaus im neugotischen Stil aus behauenen Steinquadern errichten ließ. Die Pläne dazu lieferte der k.k. Ingenieur Joseph Rokita (1811 – 1887), der im nahegelegenen Roppen zur selben Zeit die Pfarrkirche St. Leonhard erbaute. Das erforderliche Grundstück stellte die Gemeinde Karrösten unter der Bedingung unentgeltlich zur Verfügung, dass das Haus Wettin-Albertinische Linie das Rüböl für das Ewige Licht in der dortigen Pfarrkirche bereit stellte. Dieses Versprechen wurde bis zum Ende des Zweiten Weltkrieges 1945 getreulich eingehalten.

❧ Grundsteinlegung und Einweihung der Königskapelle

Die Grundsteinlegung für die Königskapelle erfolgte am 19. April 1855; bereits am 8. August desselben Jahres fand die feierliche Einweihung durch den Imster Dekan Lin-

Königskapelle Imst

denthaler (1799 – 1873) im Beisein der königlichen Familie, des Statthalters von Tirol, Graf Kajetan von Bissingen (1806 – 1890) und zahlreicher weiterer Gäste, von denen die Mehrzahl aus Sachsen stammten, statt.

Auch Königin-Witwe Marie war anwesend und empfing am 1. Jahrestag des Unglücksfalles durch den Frühmesser Stephan Krismer die Heilige Kommunion. Seit diesem Tage finden in bestimmten Abständen Gedenkgottesdienste in der Königskapelle statt.

❧ Kunst- und kulturgeschichtliche Würdigung

Unter dem in Richtung Osten gelegenen Spitzenbogenportal ist in weißem Marmor das bayerisch-sächsische Allianzwappen zu sehen. Dieses stammt aus der Werkstatt von Johann Grissemann (1831 – 1892) aus Imst. Grissemann lernte sein Handwerk in Wien, München, Florenz und Rom und erlangte durch zahlreiche Grabdenkmäler mit figürlichen Kompositionen Bekanntheit. In Imst leitete er eine Holzschnitzereischule und schuf wahrscheinlich auch den Erinnerungsstein an König Friedrich August II., der sich ursprünglich an der Stelle befand, wo der Monarch 1854 seine tödliche Verletzung erlitt. Diese Steinplatte ist heute an der Mauer zur Bergseite befestigt.

Der Hochaltar der Königskapelle ist eine Schöpfung des ebenfalls aus Imst stammenden Bildhauers Franz Xaver Renn (1784 – 1875), ein Sohn des ebenfalls in Imst tätigen Bildhauers Joseph Anton Renn. Franz Xaver schuf Altäre und Figuren in Tirol, Deutschland, Schweiz, Frankreich und den Niederlanden. Dieser neugotische Altar zeigt den gekreuzigten Christus mit gesenktem Haupt, wohl ein Symbol zum Gedenken an den tödlich verunglückten König Friedrich August II. Zu dessen Füßen steht allein die Jungfrau Maria, wohl ein Hinweis auf den Witwenstand der Königin Marie von Sachsen. Daher fehlt auch bei Kreuzigungsgruppen meist mit abgebildete Jünger Jesu – der Apostel Johannes.

Bemerkenswert sind auch die von der Königin-Witwe persönlich gestickten Messgewänder, zwei von ihr gestiftete Kelche und zwei Gästebücher, in die sich die Geistlichen und die Besucher eintragen konnten. So finden wir unter dem Datum vom 12. August 1881 eine persönliche Eintragung von Kaiser Franz Joseph I. von Österreich (1830/1848 – 1916), der ein persönlicher Freund von König Albert von Sachsen war.

Diese verhältnismäßig einfache neugotische Kapelle ist somit ein Werk, das Königin Marie von Sachsen in feinfühliger Weise erdachte und durch den Bau verwirklichen ließ. Sie wählte auch persönlich die am Bau beteiligten Künstler aus.

Zugleich legte dieses Gotteshaus Zeugnis von den Verinnerlichungsbestrebungen des 19. Jahrhunderts ab. Es besteht aber auch ein Zusammenhang von bewährter Überlieferung der Tiroler Bildhauerschule und der Wiedererweckung von baulichen Elementen aus dem Mittelalter. Dazu kommt, dass die Königskapelle als Begräbnisstätte der Albertinischen Wettiner eine historische Verbindung von Tradition und Gegenwart darstellt.

Renovierungsarbeiten

Prinz Friedrich Christian ließ durch den Innsbrucker Architekten, Dipl.-Ing. Alfred Matuella Renovierungsarbeiten und weitere Sicherungsmaßnahmen durchführen. Zusätzlich beauftragte er den Thurn und Taxisschen Architekten Hermann Rau mit Hilfe von zwei Imster Firmen, den Innenraum zu erneuern, das gesamte Areal mit einer Mauer aus Ötztaler Bausteinen zu umgeben und 1960 in der malerischen Gartenanlage hinter dem Chor eine Grabstätte für sich und das Haus Wettin-Albertinische Linie zu errichten. Den Zugang bildet ein schmiedeeisernes Tor mit den Monogrammen „M = Marie und FC = Friedrich Christian", ein Hinweis auf die Erbauerin der Kapelle und den Schöpfer der Grabanlage. Gegenwärtig sind erneut zusätzliche Renovierungsarbeiten erforderlich. Diese betreffen zunächst das Dach und den geschädigten Dachreiter. Sodann ist es unabdingbar, erneut eine Innenrenovierung durchzuführen. Das Landesdenkmalamt in Innsbruck hat dazu die ursprüngliche Farbgebung und Gestaltung des Innenraumes vorgeschlagen. Für diesen Zweck sind natürlich erhebliche finanzielle Mittel aufzubringen. Diese müssten gemeinsam durch das Denkmalamt und das Haus Wettin aufgebracht werden, was nur unter persönlichen

Opfern geschehen kann. Zu erinnern ist noch daran, dass das gesamte Areal durch das Bundesdenkmalamt in Wien als bedeutendes Bauwerk der Neugotik in Nordtirol unter Schutz gestellt wurde.

Die Königskapelle als Begräbnisstätte der Albertiner

Am 9. August 1968 verstarb Friedrich Christian Prinz von Sachsen Herzog zu Sachsen Markgraf von Meißen in Samedan / Engadin und wurde hier beigesetzt. Ihm folgte am 22. Oktober 1976 seine Gemahlin Elisabeth Helene Prinzessin von Sachsen Herzogin zu Sachsen Markgräfin von Meißen, geb. Prinzessin von Thurn und Taxis.

Dieser Traditionsstätte dienen auch die fast regelmäßig zu den Todestagen der hier bestatteten Wettiner, aber auch historischer Persönlichkeiten des ehemaligen Herrscherhauses sowie zahlreicher Freunde durchgeführten Gedenkmessen. Zur Abhaltung dieser Gottesdienste konnten Geistliche aus Österreich, Deutschland und der Schweiz und Liechtenstein gewonnen werden.

Überregionale Bedeutung erhielt das 150-jährige Jubiläum der Königskapelle am 22. Oktober 2005. Unter Beteiligung der Schützenformation, zahlreicher Besucher und Gäste fand in der barocken Pfarrkirche der Gemeinde Karrösten der Jubiläumsgottesdienst statt. In seiner Predigt stellte der katholische Pfarrer von Imsterberg-Karrösten die Persönlichkeit des selig gesprochenen Kaiser Karls I. von Österreich in den Mittelpunkt. Der letzte österreichische Kaiser war ein Vetter des Prinzen Friedrich Christian von Sachsen, waren doch die Mutter dieses Habsburgers Maria Josepha und König Friedrich August III. von Sachsen Geschwister. Damit ergibt sich eine direkte dynastische Verbindung zwischen den Habsburgern und den Wettinern. Auf diese Weise hielt sich dieses geistliche Wort im Rahmen des Gedenkens an das erwähnte Jubiläum der Königskapelle. Im Anschluss daran konnte der Verfasser vor interessierten Bewohnern und Gästen einen Vortrag über Leben und Werk von König Friedrich August II. zu Gehör bringen. Die damaligen Ausführungen sind im Kapitel über König Friedrich August II. verarbeitet.

❦ *Zeittafel 1836 – 1854*

— 1836 – 1854 —

König Friedrich August II.

— 1837 —

Eröffnung der Dampfschifffahrt auf der Elbe. Uraufführung der Oper ‚Zar und Zimmermann‘ von Albert Lortzing in Leipzig.

— 1838 —

Einheitliches Strafgesetzbuch; Festlegung des Verhältnisses der Zahlungsmittel im Deutschen Zollverein in der Münzkonvention zu Dresden.

— 1839 —

Erste deutsche Ferneisenbahn zwischen Leipzig und Dresden.

— 1840 —

Eröffnung der Eisenbahnstrecke Leipzig – Magdeburg.

— 1841 —

Fertigstellung des Neubaus der Dresdner Hofoper durch G. Semper.

— 1842 —

Uraufführung der Opern ‚Rienzi‘ von Richard Wagner in Dresden und Lortzings ‚Der Wildschütz‘ in Leipzig. Der Schriftsteller Karl May wird in Hohenstein-Ernstthal geboren.

— 1843 —

Julius Traugott Jakob von Könneritz wird Vorsitzender des Ministeriums (bis 1848). Richard Wagner wird Hofkapellmeister in Dresden, Uraufführung seiner Oper ‚Der fliegende Holländer‘. Albert Lortzing wird Kapellmeister in Leipzig, dem Mittelpunkt des Deutschen Musiklebens; erstes deutsches Konservatorium in Leipzig.

— 1844 —

Eisenbahnlinien Dresden – Görlitz und Chemnitz – Riesa.

— 1845 —

Adolf Lange begründet in Glashütte die Taschenuhrenfertigung. Uraufführung der Oper ‚Tannhäuser‘ von Richard Wagner in Dresden. Uraufführung von Lortzings Oper ‚Undine‘ in Magdeburg.

— 1847 —

Eröffnung der Eisenbahnstrecke Leipzig – Nürnberg.

— 1848 —

Vorsitzender des Ministeriums wird Dr. Alexander Karl Hermann Braun (bis 1849). Reformgesetzgebung: Pressefreiheit; allgemeine Amnestie für politische Vergehen, freies Vereins- und Versammlungsrecht, Aufhebung der Ausnahmegesetze; Unruhen im Osterzgebirge und Chemnitz; Sturm auf das Waldenburger Schloss.

— 1849 —

Dr. Gustav Friedrich Held wird für zwei Monate Vorsitzender des Ministeriums. Ihm folgt Dr. Ferdinand Zschinsky (ab 1856 von Zschinsky) bis 1858. Die von dem Frankfurter Parlament verabschiedete Reichsverfassung, die auf ein kleindeutsches Kaiserreich abzielt, lehnt Friedrich August II. ab; im Krieg gegen Dänemark, stürmen Sachsen unter Prinz Albert sowie Bayern die ‚Düppeler Schanzen‘; Maiaufstand in Dresden, revolutionäre Regierung und Barrikadenkampf.

— 1850 —

Beitritt Sachsens zum Deutsch-Österreichischen Postverein; erste sächsische Briefmarke roter ‚Sachsendreier‘.

— 1853 —

Die Zeitschrift ‚Die Gartenlaube‘ erscheint erstmals in Leipzig.

— 1854 —

König Friedrich August II. verunglückt tödlich am 9. August in Brennbichl / Tirol, Nachfolger wird sein Bruder Johann.

König Johann,
der Wahrhaftige

(1801 / 1854 – 1873)

20 Mark (G) – König Johann 1873

Im Jahre 2001 wurde unter dem Motto: „Zwischen zwei Welten – König Johann von Sachsen" in Schloss Weesenstein bei Pirna im Müglitztal eine beachtliche, dem Leben und Werk dieses bedeutenden Wettiners gewidmete Ausstellung der interessierten Öffentlichkeit präsentiert. Damit konnte das Zeitalter Johanns voll gewürdigt werden. Gleichzeitig wurde mit dieser Ausstellung ein wichtiges Kapitel sächsischer, deutscher und europäischer Geschichte der Vergessenheit entrissen. Auch der zu diesem Anlass erschienene Katalog stellt noch heute ein wichtiges Nachschlagewerk zur Geschichte des 19. Jahrhunderts dar.

Erneute Kontakte mit den Wittelsbachern

Der spätere König Johann wurde am 12. Dezember 1801 in Dresden als dritter Sohn des Prinzen Maximilian von Sachsen und dessen Gemahlin Caroline von Parma geboren. Für die Beziehungen zu Bayern wurde vor allem die Tatsache wichtig, dass sich Johann im Herbst des Jahres 1822 mit Prinzessin Amalie Augusta von Bayern, einer Tochter König Maximilian I. Joseph von Bayern und dessen zweiter Gemahlin Caroline von Baden vermählte. Die entsprechenden Feierlichkeiten fanden am 20. und 21. November 1822 in München und Dresden statt: Dazu schreibt Johann in seinen Lebenserinnerungen:

„*Der 20. November war zu der nach alter Hofsitte zu feiernden Prokurationstrauung in München bestimmt. Ich erhielt die Erlaubnis, bis zum zweiten Nachtlager (der in kleinen Tagesreisen von Plauen her einreisenden Braut), bis Chemnitz entgegenzugehen; … begegnete dem Zuge schon einige Schritte jenseits der Chemnitz-Brücke. Meine Braut war in einem roten mit Pelz verbrämten Kleid gekleidet, das ihr sehr gut stand, und ich erhielt bei meinem Eintritt im Wagen den ersten Kuß....*

Der folgende Tag, 21. November 1822, war zum Einzug in Dresden und zur eigentlichen Hochzeit bestimmt; es ist dieser Tag ein Familienfest, der Jahrtag des Rücktritts Friedrich Augusts I. in die katholische Kirche und war stets durch ein feierliches Hochamt gefeiert. Um 7 Uhr fand die Trauung in der Privatkapelle des Königs statt, und zwar lateinisch und ohne alle Traurede.

Hierauf folgte das Hochzeitsbankett und dann für eine junge Dame sehr interessante Ceremonie der Heimführung. Sämtliche verheirateten Prinzessinnen mit ihren Hofmeisterinnen begleiteten die Braut nach Hause, wohnten ihrer Toilette bei und hielten ein Gebet, worauf sie zu Bett gebracht wurde. Jetzt mußte die Oberhofmeisterin der Braut mich benachrichtigen, daß ich kommen könne. In Begleitung sämtlicher verheirateten Prinzen kam ich nun in das Schlafzimmer und mußte mich nun in Gegenwart dieser sämtlichen Prinzen, Prinzessinnen ins Bett legen. Als die Familien und Umgebungen verschwunden waren, stand ich noch einmal auf, um die eigentliche Nachttoilette zu machen. Das übrige verschweige ich."

Königin Amalie

Aus dieser Ehe des späteren Königs Johann, der noch heute als Dante-Übersetzer unter dem Namen Philalethes – Freund der Wahrheit – weltweit bekannt ist, entstammten neun Kinder, und zwar drei Söhne und sechs Töchter. Bei diesen handelte es sich im Einzelnen um:

1. Maria Augusta Friederike Caroline Ludovika, Amalia, Maximiliane, Franziska, Nepomucene Xaveria, geboren am 22. Januar 1827, gestorben am 8. Oktober 1857

2. Friedrich August A l b e r t , Anton, Ferdinand, Joseph, Karl, Maria, Baptista, Nepomuk, Wilhelm, Xaver, Georg, Fidelis, geb. am 23. April 1828, gestorben am 9. Juni 1902. Seit 29. Oktober 1853 unter dem Namen Albert König von Sachsen, vermählt am 18. Juni 1853 mit Carolina, Friederike, Franziska, Stephanie, Amalia, Cäcilia (1833 – 1907), Tochter des Prinzen Gustav von Wasa (Schweden).

3. Maria Elisabeth, Maximiliane, Ludovika, Amalie, Franziska, Sophia, Leopoldine, Anna, Baptista, Xaveria, Nepomucene, geb. am 4. Februar 1830, gestorben am 4. August 1912; verheiratet in erster Ehe 1850 mit Herzog Ferdinand, Maria, Albert, Amadeus, Philibert, Vincenz von Genua, Prinz von Savojen-Piemont-Sardinien (1822 – 1855), in zweiter Ehe morganatisch 1856 mit Marcese Nicola di Rapallo, gestorben 1882

4. Friedrich August, Ernst, Ferdinand, Wilhelm, Ludwig, Anton, Nepomuk, Maria, Baptista, Xaver, Vincenz, geb. am 5. April 1831, gestorben am 12. Mai 1847

5. Friedrich August G e o r g, Ludwig, Wilhelm, Maximilian, Karl, Maria, Nepomuk, Baptista, Xaver, Cyriakus, Romanus, geb. am 8. April 1832, gestorben am 15. Oktober 1904; verheiratet am 11. Mai 1859 mit Dona Maria Anna, Ferdinande, Leopoldine, Michaele, Gabriele, Charlotte, Antonie, Julie, Victorie, Praxedes, Franciska de Assis, Gonzaga de Braganza-Bourbon, Herzogin zu Sachsen und Infantin von Portugal (1843 – 1884). Georg war von 1902 bis 1904 König von Sachsen.

6. Maria Sidonia, Sophia, Ludovica, Mathilde, Wilhelmine, Auguste, Xaveria, Baptista, Nepomucene, Veronika, Hyacintha, Deodata, geb. am 16. August 1834, gestorben am 1. März 1862

7. Anna Maria, Maximiliane, Stephanie, Johanna, Louise, Xaveria, Nepomucene, Aloxsia, Benedikta, geb. am 4. Januar 1836, gestorben am 10. Februar 1859; verheiratet am 24. November 1856 mit Großherzog Ferdinand IV. von Toscana (1835 – 1908).

Programm

der Feierlichkeiten bei Vermählung Ihrer Königlichen Hoheit der Prinzessin **Sophie**, Herzogin zu Sachsen,

Februar 1865.

Se. Majestät der König haben geruhet, die feierliche Einsegnung der zwischen Ihrer Königlichen Hoheit, der Prinzessin **Sophie**, Herzogin zu Sachsen, und Sr. Königlichen Hoheit, dem Herzoge **Carl Theodor** in Bayern zu schließenden Ehe auf

Sonnabend, den 11. Februar 1865

anzuberaumen, zur Feierlichkeit selbst, die Königliche Familien-Capelle im Prinzen-Palais und zur Versammlung dazu, die früher von Beiden Majestäten bewohnten Räume der ersten Etage des Mittel-Palais zu bestimmen.

Die Allerhöchsten und Höchsten Herrschaften wollen an gedachtem Tage

Abends 6 Uhr

sich ohne Begleitung des Dienstes in das Versammlungs-Local zu begeben geruhen, den Eingang von der Haupttreppe des Mittel-Palais nehmen, wogegen

die zum großen Dienste gehörigen Cavaliere,

die zum persönlichen Dienste der Allerhöchsten und Prinzlichen Herrschaften gehörigen oder demselben beigegebenen Cavaliere, ingleichen

die Oberhofmeisterinnen, die Zutritts-Damen und Hof-Damen

sich in das zur Versammlung bestimmte Zimmer durch den nach der Rückseite des Königlichen Palais gelegenen Corridor der ersten Etage und die ehemalige Garderobe Ihrer Majestät der Königin zu begeben haben.

Die Anfahrt geschieht nur an der großen Schloßtreppe und ist der fernere Weg durch die erleuchteten Gänge zu nehmen.

Auf gleichem Wege und zu derselben Stunde begeben sich

die hierzu besonders einzuladenden außerordentlichen Gesandten Sr. Kaiserlich Königlich Apostolischen Majestät, Sr. Majestät des Königs von Bayern und der Minister-Resident des Großherzoglich und Herzoglich Sächsischen Häuser,

die activen Staatsminister mit dem Minister des Königlichen Hauses,

die Herren der ersten und zweiten Classe der Hofrangordnung und

der Ministerialrath im Ministerium des Königlichen Hauses

in das Innere der Königlichen Kapelle, woselbst sie, von dem Hofmarschall und dem Oberceremonienmeister empfangen, in die ihnen bestimmten Plätze eingewiesen werden, um der Feierlichkeit als Zeugen beizuwohnen.

Die Damen erscheinen en manteau — die Herren in Uniform (Gala).

1. Seite des Programms der Vermählung von Prinzessin Sophie am 11.2.1865

8. Margaretha, Carolina, Friederike, Cäcilie, Auguste, Amalie, Josephine, Elisabeth, Maria, Johanna, geb. am 24. Mai 1840, gestorben am 15. September 1858; verheiratet am 4. November 1856 mit Erzherzog Karl Ludwig, Joseph, Maria von Österreich (1836 – 1896), kaiserlicher Statthalter von Tirol und Vorarlberg.

9. Sophia, Maria, Friederike, Auguste, Leopoldine, Alexandrine, Ernestine, Albertine, Elisabeth, geb. am 15. März 1845, gestorben am 9. März 1867, verheiratet am 11. März 1865 mit Herzog Karl Theodor in Bayern.

Für die Kontakte zwischen Bayern und Sachsen ist neben Johanns Gemahlin Amalie Auguste besonders Prinzessin Sophia wichtig, weil sie seit 1865 mit dem in München allgemein bekannten Augenarzt Herzog Karl Theodor in Bayern verheiratet war. Aus dieser Verbindung ging als einzige Tochter Amalia (1865 – 1912) hervor. Diese vermählte sich am 4. Juli 1892 im Schloss von Tegernsee mit Herzog Wilhelm von Urach-Württemberg (1864 – 1918). Aus dieser Verbindung stammen die heute auf Schloss Lichtenstein bei Urach in Baden-Württemberg und Bayern lebenden Herzöge bzw. Fürsten von Urach, Grafen von Württemberg.

Da die Ehe zwischen Johann und Amalie Auguste reichlich mit Nachkommen gesegnet war, bestand die Gewähr dafür, dass das Herrscherhaus Wettin-Albertinische Linie fortgesetzt werden konnte und die bereits im 19. Jahrhundert immer wieder bedrohliche Gefahr eines Aussterbens als gebannt erschien. Anzuführen ist noch, dass alle heute lebenden Albertinischen Wettiner unmittelbar von diesem bedeutenden Herrscherpaar abstammen.

Familien- und Kunstreisen

Wiederholt unternahmen Amalia Auguste und Johann Reisen nach Österreich, Bayern und Italien. Das letztgenannte Reiseziel ergab sich besonders aus der Tatsache, dass das sächsische Herrscherpaar eine große Vorliebe für die Kunst und Kultur Italiens besaß, wobei während dieser Reisen auch die verwandtschaftlichen Kontakte verstärkt werden konnten. Dies galt besonders für die Residenzstadt Turin in Piemont, wo wiederholt Besuche des mit den Wettinern eng verwandten Herrscherhauses Savoyen-Piemont-Sardinien auf dem Programm standen. Interessant ist in diesem Zusammenhang, dass seit einigen Jahren ein Forschungsvorhaben besteht, wonach auf Grund der im erzbischöflichen Archiv von Turin die dort reichlich vorhandenen Briefe des Königs Johann mit seinen Kindern wertvolle Ergebnisse erwarten lassen.

Ähnliche Möglichkeiten ergaben sich auch für das mit den Wettinern eng verwandte Haus Wittelsbach und damit das Königreich Bayern. So besuchte das damals prinzliche Paar Johann und Amalia Auguste im Oktober 1851 die Residenzstadt München, wo beide bei ihren bayerischen Verwandten erlebnisreiche Festtage erleben konnten. Während dieses Aufenthaltes suchten sie auch die um 1850 errichtete Erzstatue der „Bavaria" von Schwanthaler auf der Münchner Theresienwiese auf. Zu bemerken ist in diesem Zusammenhang, dass diese Statue im Eisenwerk der Familie von Einsiedel in Lauchhammer als Auftragswerk der Wittelsbacher hergestellt wurde. Von München aus ging diese Reise weiter an den Bodensee, durch Vorarlberg, Liech-

Die drei Bayrischen Prinzessinnen Elisabeth, Amalia und Maximiliane Josephine

tenstein und Graubünden nach Italien, wo in Turin vor allem Pflichtbesuche bei Verwandten auf dem Programm standen.

Die Besuche Johanns und seiner Gemahlin Amalia Auguste standen auch in den folgenden Jahren und Jahrzehnten wiederholt auf dem Programm ihrer Reisen. Dabei kam es wiederholt zu Besuchen in München und am Tegernsee, wo Familientreffen vor allem im Schloss von Tegernsee stattfanden. Leider wurde dieses Schloss durch die wittelsbachische Linie der Herzöge in Bayern verkauft. Heute befindet sich in seinen Räumen ein Gymnasium und im Erdgeschoss eine gutgehende Brauerei-Gaststätte. Da diese Besuche heute weitestgehend in Vergessenheit geraten sind, sollte in einer ausführlichen Forschungsarbeit diesen Verbindungen der Wettiner und Wittelsbacher noch eingehender nachgegangen werden.

König Johann als profunder Kenner der politischen, wirtschaftlichen und sozialen Probleme

Auf Grund seiner umfassenden Ausbildung und vielseitiger persönlicher Interessen bekleidete Johann schon vor seiner Thronbesteigung als Vertreter des wettinischen Herrscherhauses in der Ersten Kammer des Sächsischen Landtages wichtige Ämter im öffentlichen Leben, vor allem seit 1823 als Mitglied im Geheimen Finanzkollegium und später in den für Bergbau und Verkehr zuständigen Abteilungen des Innenministeriums. Dort erwarb er sich nicht nur juristische, sondern auch wirtschafts- und sozialpolitische Kenntnisse, die sich für seine Beurteilung der Probleme der Industrialisierung Sachsens von grundlegender Bedeutung erweisen sollten.

Diese deuten darauf hin, dass das Haus Wettin-Albertinische Linie sich der herausragenden Stellung der „Sozialen Frage" für die Lebensfähigkeit der Monarchie in Sachsen und damit der Existenz als regierendes Herrscherhaus bewusst war. Beide Faktoren erwiesen sich auch für Johann als eine wichtige Aufgabe, die er als Regent zu übernehmen hatte.

Daraus ergab sich die Folgerung, dass er sich persönlich Kenntnisse politischer, wirtschaftlicher und sozialer Probleme aneignen musste. Das war bedeutsam, weil Sachsen seit Beginn des 19. Jahrhunderts mit den Fragen der Industrialisierung unmittelbar konfrontiert war. Damit können wir eine interessante Parallele zur Regierungszeit des bayerischen Königs Maximilian II. Joseph herstellen. Dieser Wittelsbacher beschäftigte sich ebenfalls mit diesen wichtigen Problemen, wobei auch er sein Hauptaugenmerk auf die noch heute äußerst aktuelle „Soziale Frage" richtete. Somit kann vermutet werden, dass beide Herrscher auch auf Grund enger verwandtschaftlicher Kontakte in lebhaften Austausch über diese Fragen standen.

Da die Stellungnahmen von König Johann ein bisher nahezu unbekanntes Kapitel seines Lebens darstellen und die damit zusammenhängenden Fragen auch heute noch als wegweisend erscheinen, wollen wir einige ausgewählte Beispiele aus seinem schriftlichen Nachlass herausgreifen Der Wettiner äußerste sich bereits am 4. August 1834 zur Frage, ob der Geburtsort eines verarmten Bürgers zu dessen finanzieller Unterstützung verpflichtet wäre oder nicht. Diese Frage bejahte er ausdrücklich wegen der dort befindlichen Verdienstmöglichkeiten, aber auch der Gelegenheit zum Auswandern. In ähnlicher Weise trat er auch bei der Bera-

tung der Armenordnung in der Sitzung der Ersten Kammer des Sächsischen Landtages gegen eine staatliche Reglementierung ein, räumte aber dafür der privaten Wohltätigkeit, die er als Christenpflicht bezeichnete, den Vorrang ein und wies ihr ein umfangreiches Betätigungsfeld zu.

Von besonderer Bedeutung zeigte sich das Krisenjahr 1847, in dem der Landtag wegen der schwierigen Wirtschaftsverhältnisse zu einer außerordentlichen Sitzungsperiode einberufen wurde. Bei der Beratung über das königliche Dekret vom 22. Januar 1847, das die Nahrungsverhältnisse betraf, setzte er sich in der Sitzung seiner Kammer mit den damit zusammenhängenden Problemen auseinander. Nach seiner Meinung bildete die Ursache der damaligen Wirtschaftskrise die Verarmung. Dabei setzte er allerdings voraus, dass die Erscheinung von Armut und Reichtum nie verschwinden würde. Er hielt es vielmehr von der Vorsehung so gefügt, dass die Menschen durch die Bande des Wohltuens auf der einen und der Dankbarkeit auf der anderen Seite verbunden würden. Alle Maßnahmen, die das Gegenteil beinhalteten, hielt er für trügerisch und nachteilig. Dann warf er die sozial und wirtschaftlich berechtigte Frage auf, ob die Verarmung dadurch entstanden sei, dass das Vermögen sich in wenigen Händen konzentriere und die Gelegenheit zur Arbeit fehle. Diesen Zustand hielt er für äußerst gefährlich und nachteilig. Zwangsläufig ergab sich daraus die weitere Frage, ob in Sachsen ein solches Verhältnis bereits eingetreten sei oder gar die Zukunft bedrohe. Daher trat er für eine gründliche Erörterung der damit zusammenhängenden sozialen und wirtschaftlichen Probleme unter Zuhilfenahme statistischer Untersuchungen oder Erhebungen ein. Als Ursache gab er zwei Gründe an:

1. Das Missverhältnis der Population d.h. der Bevölkerungsvermehrung gegenüber der Produktion.

2. Eine Konzentration des Vermögens in wenigen Händen.

Er leugnete nicht, dass seit 15 Jahren die Bevölkerung Sachsens einen jährlichen Anstieg um 1 % verzeichnete, bezweifelte aber, ob die Produktion ein entsprechendes Wachstum aufwies. Wenn dieses Missverhältnis tatsächlich die Ursache für die Verarmung sein sollte, pries er als Mittel zur Lösung dieses sozialen Problems die Verminderung der Bevölkerung durch Auswanderung oder die Vermehrung der Produktion an. Die Möglichkeit einer Auswanderung erkannte er durchaus an, gestand aber ein, dass der richtige Weg noch nicht gefunden wurde. Auch die Vermehrung der Produktion erwies sich für ihn als problematisch, weil er den Weg einer Parzellierung d.h. die Aufteilung des Grund und Bodens nach dem Vorbild Frankreichs für zweifelhaft hielt.

Die Konzentration des Vermögens in wenigen Händen führte er auf die unvermeidliche Wirkung einer erhöhten Kultur – wir würden heute sagen Lebensstandard – zurück. Je mehr also ein Gewerbe kultiviert war, desto mehr Kapital benötigte ein Unternehmer, um es mit Erfolg oder Gewinn betreiben zu können. Dafür mussten aber ausreichende Geldmittel zur Verfügung stehen. Auf diese Weise musste sich bei den großen Kapitalgebern der Verdienst vergrößern, bei den kleinen jedoch vermindern. Nach seiner Meinung gab es da eine Lösung durch die Förderung der Sparsamkeit bei den niederen Klassen. Zugleich mahnte er die höheren oder wohlhabenderen Klassen, mit gutem Beispiel voranzugehen, weil sich ihr in Friedenszeiten gestiegener Luxus bisher nachteilig ausgewirkt hatte. Um seine Vorschläge zu untermauern, trat er nochmals für eine umfassende Sammlung statistischen Materials ein.

Diesen damit angesprochenen Problemkreis führte Johann auch im Revolutionsjahr 1848 weiter, als er bei der Beratung des wirtschaftlichen Notstandes am 11. September erneut zu Lösungsmöglichkeiten der Wirtschaftskrise Stellung bezog. Dabei verglich er den Staat und seine Organe mit der Stellung eines Arztes bei der Betreuung eines Kranken. Dieser hätte zunächst der momentanen Krankheit abzuhelfen und sodann Maßnahmen gegen ihre Wiederkehr zu ergreifen. Der Staatsregierung stimmte er zu, dass sie die notwendigen Maßnahmen bereits ergriffen habe, um das momentane Übel zu beseitigen. Dazu könnten sich noch weitere Maßnahmen als notwendig erweisen, die in normalen Zeiten nicht erforderlich waren. In diesem Zusammenhang gehörte namentlich die Vergabe von zusätzlichen Arbeitsaufträgen durch den Staat. Diese seien an und für sich nicht nötig, müssten aber bei ihrer Anwendung volkswirtschaftlichen Nutzen erbringen. Dabei zeigte er sich natürlich als Fachmann überaus erfreut, dass Sachsen im Verhältnis zu anderen Ländern nur wenig unter der Wirtschaftskrise zu leiden hatte. Er erkannte aber durchaus die Abhängigkeit seiner sächsischen Heimat von den Wirtschaftsverhältnissen in den Nachbarstaaten. Erst nach deren Klärung könnte ein erneuter wirtschaftlicher Aufschwung eingeleitet werden. Bezüglich der Vorbeugungsmaßnahmen gegenüber der Bedrohung durch die Wirtschaftskrise trat er für eine Klärung der Arbeitsverhältnisse ein. Darüber wurden damals weitläufige Enqueten veranstaltet. Diese fanden ihren Niederschlag in der Gründung der „Kommission für Gewerbe- und Arbeiterverhältnisse" und trugen in der weiteren Folge entscheidend zur Reform der sächsischen Gewerbegesetzgebung im Jahre 1861 bei.

Briefmarke 10 Neugroschen

Was den Handelsverkehr betrifft, so war es Johann durchaus klar, dass Sachsen als kleines Land keinen geschlossenen Handelsstaat bilden konnte und sich dies höchstens für ein wirtschaftlich einiges Deutschland als notwendig erwies. Er schloss sich auch nicht dem Vorschlag seines Kammerkollegen Frhr. von Friesen an, dass ein Land sich darauf beschränken müsste, seine eigenen Produkte zu verarbeiten. Vielmehr trat er schon damals für eine allgemeine Handelsfreiheit ein. Damit bekannte er sich bereits in den Revolutionsjahren 1848/49 als Anhänger des Freihandels und dies zu einer Zeit, in der sich auch im eigenen Land einflussreiche Stimmen für ein Schutzzollsystem erhoben.

Von großer Bedeutung für die wirtschaftliche und soziale Einstellung König Johanns ist vor allem sein Briefverkehr mit dem amerikanischen Literaturhistoriker und zeitweiligen Bostoner Universitätsprofessor George Ticknor. Neben dem Austausch über wissenschaftliche, kulturelle und politische Fragen wurden in diesem Briefverkehr auch Probleme der Sozial- und Wirtschaftspolitik angesprochen. So verwies er in einem Brief des Revolutionsjahres 1848 auf die Bedeutung der Erhaltung des Friedens für die wirtschaftliche Entwicklung in Europa und speziell in Sachsen. Dabei erwähnte er besonders die Bedrohung durch kriegerische Auseinandersetzungen in erster Linie im Vorderen Orient.

Wohl den bedeutendsten Brief an seinen amerikanischen Freund verfasste der damalige Prinz Johann am 3. September 1848, wobei er die revolutionären Ereignisse zum Ausgangspunkt seiner Überlegungen wählte. In diesem Zusammenhang kam er auch auf die verschiedenen politischen Parteien zu sprechen, die uns gleichzeitig seine Einstellung zur sozialen Entwicklung verdeutlichen. Dazu äußerte er sich wie folgt:

„Man kann im allgemeinen fünf große Meinungsabteilungen in Europa unterscheiden:

1. Die anarchische Partei oder die der roten Republikaner, zusammengesetzt aus einem großen Teile der Proletarier, aus Leuten in ruinierten Verhältnissen, die die Revolution um der Revolution willen lieben, und aus den Schülern des Kommunismus und Sozialismus.

2. Die Republikaner, die eine gesetzliche Einführung einer Republik wünschen. Die Zahl dieser Partei dünkt mich verhältnismäßig klein, doch ist zu fürchten, daß sie bei Gelegenheit ihre Kräfte der ersten Partei leiht.

3. Die Männer für die Monarchie auf breitester demokratischer Basis, die die Monarchie ohne irgendeine Gewalt des Monarchen und ohne die nötige Bedingung desselben haben wollen. Diese Partei, die sehr zahlreich ist, verwirft jeden Zensus der Wahlfähigkeit und die Erste Kammer.

4. Die konservativ-liberale Partei, zusammengesetzt aus der alten liberalen Opposition, nicht so zahlreich, aber von mehr Gewicht in Rücksicht auf die Intelligenz als die letztere, jedoch zum Teil erdrückt unter den Folgen des eigenen Systems.

5. Die aristokratische Partei in Furcht gehalten für den Augenblick. Die meisten intelligenten Leute fühlen, daß sie nicht dem Strome widerstehen können und machen mit der konservativ-liberalen Partei gemeinsame Sache.“

Seiner Meinung nach gewannen die konservativen Richtungen nach den Siegen der österreichischen Partei in Prag und in Italien an Mut und Tatkraft. Das bezeichnete dieser Wettiner als das beste Symptom der damaligen sozialen und politischen Lage.

Nach einer treffenden Charakterisierung der Situation kam er auch auf Deutschland zu sprechen, wo zwei konstitutionell-monarchische Parteien um die Herrschaft kämpften. Es handelte sich dabei um die Auseinandersetzung der kleindeutschen und der großdeutschen Richtung oder zwischen Zentralismus und Partikularismus bzw. Föderalismus. In dieser Beziehung trat Johann für eine Lösung der „Deutschen Frage“ nach dem Vorbild der Verfassung der USA ein. In diesem Brief bewies er eine ausgezeichnete Beobachtungsgabe für die umwälzenden Ereignisse in Europa und speziell seiner engeren sächsischen Heimat. Besonders die Beurteilung der revolutionären Vorgänge in Italien bewies, dass er durchaus die sozialen Strömungen und Ideen der Revolution in die Beurteilung der aktuellen politischen Lage einzubeziehen wusste und diese auch voll in ihrer Bedeutung erkannte.

Daraus können wir den Schluss ziehen, dass König Johann von Sachsen die wirtschaftlich-sozialen Fragen seiner Zeit klar übersah, womit er auch entscheidend sein Wort erheben konnte. Seine soziale Einstellung, die sich deutlich in der Darstellung des Armenwesens widerspiegelt, legt Zeugnis ab von einem tief im Christentum verwurzelten Menschen, der hier seine religiösen und sittlichen Grundsätze in die Tat umsetzen konnte. Damit wurde er zu einem Wegbereiter, der durch die damaligen Probleme der Industrialisierung und der mit ihr zusammenhängenden Sozialbewegung in Deutschland aktuell gewordenen katholischen Soziallehre, die später durch die berühmten Sozialenzykliken der Päpste Leo XIII. und Pius XI., Bedeutung erlangte. Offenbar kannte der sächsische Herrscher aber auch die verschiedenen Werke von Karl Marx und Friedrich Engels, die seine Überzeugung als Christ und Politiker bestärkten.

Verursacht wurde diese Aufgeschlossenheit Johanns besonders durch die seit dem Beginn des 19. Jahrhunderts verstärkt einsetzende Industrialisierung des Königreichs Sachsen und die mit ihr im engen Zusammenhang stehende soziale Bewegung. Die Antwort des sächsischen Staates und des regierenden Hauses Wettin-Albertinische Linie auf diese Herausforderung bildete das unter seiner Herrschaft entstandene und von ihm maßgeblich beeinflusste erste moderne sächsische Gewerbegesetz vom 15. Oktober 1861, dem später weitere wichtige Reformgesetze – vor allem im Bergbau – folgten. Beachtlich ist, dass in diesem Gewerbegesetz zusätzlich zur Einführung der Gewerbefreiheit fast alle wichtigen Errungenschaften der späteren Bismarck'schen Sozialgesetzgebung vorweggenommen wurden. Das gilt beispielsweise für das Problem der Kinderarbeit, die Regelung der Arbeitszeit, die soziale Krankenversicherung, die ersten Ansätze einer entstehenden Rentenversicherung oder der Schutz der werdenden Mütter. Beachtlich erscheint, dass in diesem gesetzlichen Reformwerk auch erstmals Ansätze für die Gestaltung einer modernen Umweltpolitik aufscheinen.

König Johann kann auch als Jurist bedeutsame Erfolge aufweisen. Dazu gehörte neben dem bereits erwähnten Gewerbegesetz von 1861 das am 2. Januar 1863 verkündete und mit Wirkung vom 1. März 1865 in Kraft getretene Bürgerliche Gesetzbuch für das Königreich Sachsen. Auch am Zustandekommen des Sächsischen Strafgesetzbuches besaß dieser Wettiner wesentlichen Anteil. Das seit 1855 gültige Strafgesetzbuch besitzt auch heute noch aktuelle Bezugspunkte.

❧ Soziale Bewegung

Die genannte Aufgeschlossenheit für soziale Probleme erwies sich auch deswegen als beachtlich, weil sich im Königreich Sachsen – wie bereits erwähnt – unter Friedrich August II. eine verhältnismäßig starke soziale Bewegung entwickeln konnte. Nach einer Zwangspause als unmittelbare Folge der Revolution 1848/49 setzte eine neue Entwicklung zu Beginn der 60iger Jahre ein. Wiederum wurde die Messestadt Leipzig zu ihrem Mittelpunkt, entstand doch dort bereits am 19. Februar 1861 ein „Gewerblicher Bildungsverein". Bedeutsam erwies sich, dass in diesem Verein auch der Drechslergeselle August Bebel (1840 – 1913) als Mitglied tätig war. Zwischen 1863 und 1913 zählte Bebel zu den wichtigsten Repräsentanten der deutschen und sächsischen Arbeiterbewegung.

Wichtig wurde weiterhin, dass wiederum in Leipzig am 23. Mai 1863 der „Allgemeine Deutsche Arbeiterverein" unter maßgeblicher Förderung von Ferdinand Lassalle auf der Grundlage von dessen „Offenem Antwortschreiben" gegründet wurde. Auch die von Bebel und Liebknecht repräsentierte Richtung der späteren marxistischen Arbeiterbewegung entwickelte in Sachsen zunächst innerhalb des bürgerlich-liberalen Lagers eigenständige Arbeiterbildungsvereine. Am 19. August 1866 beteiligten sich Repräsentanten dieser politischen Richtung in einer „Landesversammlung der sächsischen Demokratie" in Chemnitz an der Gründung der „Sächsischen Volkspartei", die trotz des negativen Ausganges der preußisch-österreichischen Auseinandersetzungen bei Königgrätz eine großdeutsche Linie vertrat. Im Rahmen des Nürnberger Vereinstages im September 1868 kam es zur Spaltung zwischen den bürgerlich-liberalen und sozialistischen Kräften. Letztere schlossen sich der auf dem Eisenacher Parteitag neu gegründeten „Sozialdemokratischen Arbeiterpartei Deutschlands" an – der Vorläuferin der noch heute bestehenden SPD. Sachsen entwickelte sich damit zum „Roten Königreich", ein Zustand, der dazu führte, dass das Land unter den Augen der Wettiner zu einer sozialistischen Hochburg wurde.

❧ Die innenpolitischen Verhältnisse

Das Königreich Sachsen sah sich – wie bereits ausgeführt – seit der Gründung des Deutschen Bundes zu einer Gratwanderung zwischen Preußen und der Doppelmonarchie Österreich-Ungarn gezwungen. König Johann versuchte daher immer wieder den Ausgleich zwischen den verschiedenen

politischen Richtungen in Sachsen. Uns ist bereits bekannt, dass der König Sachwalter des Föderalismus war. Diesem Prinzip blieb er bis zum Bruderkrieg zwischen Österreich und Preußen treu. In diesem Krieg an der Seite Österreichs war es seinem Sohn, Kronprinz Albert, zu verdanken, dass der linke Flügel des österreichischen Heeres bei Königgrätz die militärische Position halten konnte, während die übrigen Kontingente nach der Niederlage sich fluchtartig zurückzogen. Diese positive Haltung von König Johann belohnte Kaiser Franz Joseph von Österreich dadurch, dass er sich in den Friedensverhandlungen mit Preußen für die Erhaltung des Königreichs Sachsen einsetzte. Preußen wollte nämlich – ähnlich wie 1815 – das Königreich Sachsen beseitigen und es seinem Staatsverband einverleiben. Der Kaiser in Wien beharrte auf seiner Meinung und war bereit, die kriegerischen Auseinandersetzungen mit Preußen weiterzuführen, wenn Sachsen nicht erhalten werden könnte.

König Johann von Sachsen übertrug seine Einstellung zum Föderalismus auch 1869 auf den entstehenden Norddeutschen Bund und 1870/71 auf das neu gegründete preußisch dominierte Deutsche Reich. Als Anhänger des Föderalismus legte er sogar einen eigenen Entwurf für eine föderative Verfassung des Norddeutschen Bundes vor.

❧ Eintreten für den Föderalismus

Entsprechend seiner politischen Einstellung beteiligte sich König Johann auch an der Reform des bis 1866 bestehenden Deutschen Bundes, wobei er immer wieder gemeinsam mit Bayern, dem Großherzogtum Hessen und Nassau für ein föderalistisches Deutschland eintrat. Zeitweise bestand sogar auch ein noch in der Gegenwart durchaus aktueller Vorschlag zur Lösung der Deutschen Frage durch die so genannte Trias-Idee. Danach sollten die Regierungsspitze Deutschlands nach den beiden Großmächten Österreich und Preußen wechselweise die deutschen Mittelstaaten stellen. Diese Idee verfochten vor allem die mittelstaatlichen Regierungen Bayerns, Sachsens, Hessens und Nassaus. Wenn auch diese Vorstellung am Widerstand Preußens scheiterte, so könnte diese auch heute noch einen wesentlichen Beitrag zur Lösung nicht nur der Deutschen Frage, sondern auch in Europa und in vielen Teilen der Welt leisten. Dieser interessante Vorschlag fand beispielsweise in Malaysia (Südostasien) Verwirklichung, wo die einzelnen Sultane der in einem Bundesstaat zusammengefassten Bundesländer wechselweise das Staatsoberhaupt stellen. Diesem Prinzip des Föderalismus blieben Bayern und Sachsen auch in unserer Zeit treu, ist doch beispielsweise die Zusammenarbeit in der „Südschiene" zwischen Bayern, Baden-Württemberg, Thüringen und Sachsen ein bezeichnendes Beispiel dafür, wie geschichtliche Traditionen in einem neuzeitlichen Gewand weiterwirken.

✑ *Die griechische Kandidatur*

Interessant erscheint weiterhin die Tatsache, dass Johann von Sachsen zeitweise als Kandidat für den neu geschaffenen griechischen Thron vorgesehen war. Der Wettiner hatte aber seine Bewerbung wohl im Hinblick auf die Thronfolge in Sachsen abgelehnt und sich in einem Brief vom 26. November 1829 an seinen preußischen Schwager, König Friedrich Wilhelm IV., scherzhaft als „Ex-König von Griechenland" bezeichnet. In der weiteren Folge ist erwähnenswert, dass der zweite Sohn König Ludwig I. von Bayern Otto (1815 – 1867) am 27. Mai 1832 den griechischen Königsthron bestieg, diese Würde aber am 24. Oktober 1862 wieder verlor. Trotzdem ist noch heute seine Regierungszeit als griechischer König unvergessen. Seine Grabstätte in der Gruft der Wittelsbacher unterhalb der Theatinerkirche München ist immer wieder von Griechen besucht. Sein Sarkophag ist übrigens mit der griechischen Nationalfarbe bedeckt. Das Interesse für Griechenland entstand in Bayern und Sachsen dadurch, dass die Wettiner und Wittelsbacher große Freunde der griechischen Antike waren.

✑ *Freund der Wissenschaften*

Ferner ist darauf zu verweisen, dass König Johann von Sachsen auch gegenüber den Wissenschaften und ihren Problemen durchaus aufgeschlossen war. So schuf er beispielsweise eine noch heute viel beachtete deutsche Übersetzung der „Göttlichen Komödie" von Dante. Diese wurde von ihm unter dem Pseudonym „Philalethes" – „Freund der Wahrheit" – publiziert. Auf diesen griechischen Namen geht offenbar auch das Prädikat „Der Wahrhaftige" zurück. Wahrscheinlich gab ihm zu dieser Übersetzung sein Freund und Leibarzt Carl Gustav Carus die entscheidende Anregung. Dieser gehörte einem Kreis von geistig interessierten Freunden des Wettiners an. Sie trafen sich zu regelmäßigen Aussprachen über wissenschaftliche, künstlerische und kulturelle Fragen in Johanns Lieblingsschlössern Weesenstein bei Pirna, Jahnishausen bei Riesa und Pillnitz bei Dresden. Auch für Themen der Medizin und Naturwissenschaften

zeigte sich der Regent wiederum wohl durch Vermittlung von Carl Gustav Carus ebenfalls als aufgeschlossen.

So erscheint es durchaus verständlich, dass Johann bereits als Kronprinz 1852 die Ehrenmitgliedschaft der „Bayerischen Akademie der Wissenschaften" in München erhielt. Beweise dafür liefern das „Hof- und Staatshandbuch des Königreiches Bayern" von 1856 und das unter dem Titel „Geist und Gestalt" 1984 erschienene Verzeichnis der Mitglieder dieser wissenschaftlichen Einrichtung in der bayerischen Haupt- und Residenzstadt München.

✑ *Das Kulturleben*

König Johann zeigte sich auch dem Kulturleben gegenüber durchaus aufgeschlossen. So beschäftigte er sich während seiner Tätigkeit als Mitglied der Ersten Kammer des Landtages vielfach mit Fragen der Kunst und Kultur. Er beabsichtigte beispielsweise 1834 das Interesse des sächsischen Volkes für die Kunst durch die Gründung einschlägiger Akademien zu wecken. Wenn man die zahlreichen Reden des Monarchen näher betrachtet, so fällt auf, dass Fragen der Musik nie direkt angesprochen wurden. Daher muss aus Äußerungen zu allgemeinen Problemen des Kunst- und Kulturlebens auf seine Stellung zur Musik geschlossen werden.

In der Regierungszeit dieses Königs stand wiederum die Dresdner Oper im Mittelpunkt des Interesses. Vorzugsweise wurden in diesem Zeitraum zwischen 1854 und 1873 Werke Carl Maria von Webers aufgeführt, so z.B. 1855 als sächsische Premiere die Oper „Silvana". Dagegen stand die 1826 in London uraufgeführte Oper „Oberon" erst 1880 unter Franz Wüllner (1832 – 1902) auf dem Spielplan der königlichen Hofoper in Dresden.

Ähnliches gilt auch für die musikalischen Schöpfungen Richard Wagners, die in repräsentativen Erstaufführungen in der Hofoper der Dresdner Öffentlichkeit vorgestellt wurden. Das ist umso erstaunlicher, weil Wagner als aktiver Teilnehmer an der Dresdner Mai-Revolution 1849 zunächst noch immer in Acht und Bann stand. Erst durch König Johann wurde er 1862 auf Vorschlag des Kronprinzen Albert begnadigt und konnte wiederum gleichberechtigt mit anderen zeitgenössischen Musikern das Kulturleben Dresdens maßgeblich beeinflussen. Noch vor seiner Begnadigung wurde in der Dresdner Hofoper 1859 „Lohengrin" erstmals aufgeführt. Später folgten die „Meistersinger", wobei Wagner persönlich bereits seit 1866 in entsprechenden Verhandlungen für diese sächsische Erstaufführung mit der Leitung des Dresdner Opernhauses in Verbindung stand.

Schließlich berief König Johann noch 1872 den aus Graz stammenden Musiker und Dirigenten Ernst von Schuch (1846 – 1914) als Hofkapellmeister an den Dresdner Hof. Damit wurde eine Epoche Dresdner Musikgeschichte eingeleitet, die noch vor dem Ausbruch des Ersten Weltkrieges zu einem erneuten Höhepunkt europäischer Musikkultur führen sollte.

Das Lebensende König Johanns

Die ereignisreiche Regierungszeit des Königs Johann erreichte einen letzten Höhepunkt mit dem goldenen Ehejubiläum des Königspaares, das zwischen 7. und 12. November 1872 im gesamten Königreich Sachsen festlich begangen wurde. Aus diesem Anlass stiftete der König den „Goldenen Stipendien-Fonds" mit einem Grundkapital von 43.000 Talern und der Bedingung, dass die Erträge unbemittelten Studenten zufließen sollten. Zugleich sicherte er allen Ehepaaren, die in Sachsen damals das 60. Ehejubiläum feierten, eine lebenslängliche Rente zu. Das beweist erneut seine Aufgeschlossenheit für soziale Fragen und Belange.

Die Gesundheit Johanns verschlechterte sich 1873 fortlaufend; noch bis kurz vor seinem Tod behielt er seine gewohnte Aktivität in politischer Hinsicht. Nachdem bereits am 29. Juli in einem ärztlichen Bulletin Sorgen um die Gesundheit des Monarchen angeklungen waren, starb er am 29. Oktober 1873 in seinem geliebten Schloss Pillnitz bei Dresden an den Folgen altersbedingter Kreislaufbeschwerden. Am 30. Oktober wurde der Leichnam in die katholische Hofkirche von Dresden überführt. Nach der Aufbahrung fanden am 31. Oktober das feierliche Requiem und die anschließende Beisetzung in der Gruft des Hauses Wettin-Albertinische Linie statt.

Noch heute kann der Besucher der katholischen Hofkirche den Sarkophag des Königs bewundern. Dabei gemahnt die Eule als Sinnbild an die Aufgeschlossenheit Johanns für die Wissenschaften, ist doch die Eule das Symbol der Weisheit. Trotz veränderter politischer Verhältnisse ist dieser herausragende Wettiner des 19. Jahrhunderts in Dresden und im übrigen Sachsen unvergessen, ziert doch sein Denkmal am Theaterplatz noch immer den repräsentativen Bereich zwischen der katholischen Hofkirche und der Dresdner Hof- und Staatsoper.

Extrablatt

des

Leipziger Theater- und Intelligenzblattes.

Eine officielle Depesche meldet:

Se. Majestät der König Johann I. von Sachsen ist heute Früh 4 Uhr 55 Minuten verschieden.

Geboren am 12. December 1801, folgte Se. Majestät seinem hochseligen Bruder Friedrich August, welcher am 9. August 1854 in Tyrol verunglückte, in der Regierung nach.

Leipzig, den 29. October 1873.

Herausgeber und für die Redaction verantwortlich Bernhard Freyer in Leipzig.

Extrablatt zum Tode König Johanns

Sarkophag König Johanns

Die Fürsorge für den arbeitenden Menschen

Wie bereits erwähnt, stellt das Gewerbegesetz vom 15. Oktober 1861 eines der wichtigsten Reformwerke der Regierungszeit des Königs Johann dar. Es führte nicht nur die Gewerbefreiheit in Sachsen ein, sondern regelte auch zahlreiche sozial- und wirtschaftspolitische Probleme, die vielfach auch heute noch von großer Aktualität sind. Dies erschien schon im 19. Jahrhundert von erheblicher Bedeutung, weil im Königreich Sachsen durch die Vertreter der Sozialbewegung immer wieder Forderungen zur Regelung der Arbeitsverhältnisse erhoben wurden.

Die Soziale Frage

Diese Problematik wurde auch dadurch in ihrer Wirkung aktuell, als die „Soziale Frage" – volkswirtschaftlich ausgedrückt – der Kampf zwischen den beiden Produktionsfaktoren Kapital und Arbeit – die historische Entwicklung von der Industrialisierung bis in unsere Gegenwart herein bahnbrechend beeinflusste. Es ist somit als ein großes Verdienst der sächsischen Könige – in unserem Fall König Johann – zu werten, dass die „Soziale Frage" mit ihren Lösungsmöglichkeiten sich als bedeutsam für die weitere Entwicklung der wettinischen Lande erwies. Es dürfte wohl einleuchtend sein, dass nur die Bewältigung der mit der Industrialisierung Sachsens und Deutschlands zusammenhängenden Fragen die Existenz der Monarchien bis in das beginnende 20. Jahrhundert stabilisierte. Noch bis in unsere Gegenwart herein wirkt diese segensreiche Leistung nicht nur für Sachsen, sondern auch für Deutschland und Europa insgesamt weiter. Dies erscheint umso beachtlicher, als wir im 20. Jahrhundert zwei verheerende Weltkriege erleben mussten. So kann auch heute noch behauptet werden, dass Sachsen auf dieser grundlegenden Leistung seines Königshauses aufbauen kann.

Kinderarbeit

Wenn wir dieses Reformgesetz näher betrachten, so beschäftigte sich dieses maßgeblich von König Johann unter Mitwirkung seines Thronfolgers Albert mit dem auch in unserer Gegenwart aktuellen Problem der Beschäftigung von Kindern in gewerblichen Unternehmungen und der damit in enger Beziehung stehenden Frage eines ausreichenden Schulbesuches. Diese Fragestellung erkannte auch der sächsische Gesetzgeber durchaus an, wenn er sich in den „Allgemeinen Motiven" wie folgt äußerte:

„Die Frage, ob eine Beschränkung der Beschäftigung von Kindern in Werkstätten (Fabrik ist eine zu unbestimmte Bezeichnung) im Interesse der Industrie zulässig sei, ist sehr viel besprochen worden. Diejenigen Industriellen, deren Geschäft von der Art ist, daß es die Verwendung von Kindern zuläßt, oder gar nach dem dermaligen Stande notwendig bedingt, sind in der Regel gegen jede Beschränkung, denn sie führt insofern allerdings eine fabriköconomische Unbequemlichkeit mit sich, als die Kinder keine selbständige Arbeit haben, sondern nur als Gehülfen erwachsener Arbeiter und daher, wenn die Arbeitszeiten nicht stimmen, ein Wechsel eingerichtet werden muß. Derartige Erschwerungen vertheuern allemal indirect die Production und erschweren die Concurrenz. Auch hat man ausgeführt, daß sich, solange der Stand der Löhne es zu einer Notwendigkeit macht, daß Arbeiterfamilien ihre Kinder zeitig ihren Beitrag zum Haushalte verdienen lassen müssen, jede Beschränkung der Verwendung von Kindern als eine Last für den Arbeiterstand geltend mache. Übrigens sei die Beschäftigung in den meisten Fabriken keineswegs so ungesund. Diese Gegenstände machen sich natürlich je nach der Natur der Industriezweige mit verschiedener Stärke geltend, und es ist daher erklärlich, daß die Handelskammern sich bald für und bald gegen die Beschränkungen der Kinderarbeit aussprechen. Die freihändlerische Presse stellt sich neuerdings mehr auf die gegnerische Seite. Andererseits ist nicht zu verkennen, daß wenigstens manche Arten der Fabrikarbeit, besonders in Localen mit schlechter Ventilation, in ungesunden Stellungen usw., der Entwicklung des kindlichen Körpers höchst nachteilig sind und auch sittliche Momente gegen die zeitige Zerstörung des rein kindlichen Lebens sprechen. Diese letzten Momente haben in allen neuen Gesetzgebungen die Oberhand gewonnen."

Ergänzend dazu erklärte der Deputationsbericht der Zweiten Kammer, dass durch den fortschreitenden Erfindungsgeist die Kinderarbeit in vielem durch die Maschine ersetzt werden könnte. Überdies wären die Fabrikräume in neuen Etablissements – im Vergleich zu früheren – viel lichter, freundlicher, luftiger und weniger ungesund. Schließlich würde auch das durch die Einführung von Beschränkungen der Kinderarbeit in allen bedeutenden Industriestaaten wichtige Bedenken aus dem Wege geräumt, das aus der Konkurrenzfähigkeit der Staaten, die bis dahin allein vorgingen, erwachsen war. Nach Ansicht der Deputation bewegten sich die gebotenen Maßnahmen in drei Richtungen:

1. Beschränkend in Bezug auf das Alter.

2. Beschränkend in Bezug auf die Länge der Zeit und die Dauer der Kinderbeschäftigung.

3. Fürsorglich in Richtung des Schulbesuches.

Entsprechend wurde bei der Behandlung der einschlägigen Vorschriften des neuen Gewerbegesetzes verfahren.

Bezüglich des Alters setzte dieses Gesetz als Grenze zunächst das 10. Lebensjahr fest, bestimmte aber zugleich, dass vom 1. Januar 1865 an das erfüllte 12. Lebensjahr als Bedingung für die Zulassung von Kindern in Werkstätten, für die der Unternehmer nach § 76 zur Aufstellung einer Fabrikordnung verpflichtet war (§ 62), gelten sollte. Auch die weitere Heraufsetzung der Altersgrenze erfolgte in kleinen Schritten, um den betroffenen Gewerbebetrieben Zeit zu lassen, sich auf die Neuerung einzurichten. Ein Vergleich mit anderen Ländern zeigte, dass z.B. nach dem österreichischen Gewerbegesetz vom 20. Dezember 1859 Kinder unter 10 Jahren gar nicht, zwischen 10 und 12 Jahren nur unter bestimmten Voraussetzungen und bei Arbeiten, die der Gesundheit nicht nachteilig waren, in größeren Gewerbeunternehmungen beschäftigt werden durften. In Frankreich hingegen war nur eine Altersgrenze von 8 Jahren gezogen, während in England unter 9 Jahren gar nicht, vom 9. – 13. Lebensjahr nur einen halben Tag, d.h. 5 ½ Stunden beschäftigt werden durften. Preußen untersagte seit 1855 die Beschäftigung von Kindern unter 12 Jahren ganz; für Kinder von 12 – 16 Jahren galt eine Beschränkung der Arbeitszeit unter Ausschluss 1 Stunde Mittagspause und je ¼ Stunde Pause vor- und nachmittags auf 10 Stunden. Diese Arbeitszeit musste in die Zeit von 5 Uhr morgens bis 9 Uhr abends fallen. Eine Verlängerung wurde in außerordentlichen Fällen nur um 1 Stunde und auf die Dauer von höchstens 4 Wochen mit Genehmigung der Ortspolizeibehörde gestattet. Die Regelung der Kinderarbeitszeit in Sachsen stimmte somit im Wesentlichen mit der preußischen und österreichischen Gesetzgebung überein.

Von der Einschränkung der Kinderbeschäftigung waren öffentliche Beschäftigungsanstalten ausgenommen, da in solchen eine ausreichende Fürsorge vorausgesetzt werden konnte. Kinder von 10 (bzw. 12) bis 14 Jahren durften nur in der Zeit von 5 Uhr morgens bis 8 Uhr abends und nicht länger als 10 Stunden täglich beschäftigt werden. In diese Arbeitszeit rechnete der Gesetzgeber Unterbrechungen

durch eine Mittagsruhe von 1 Stunde und sonstige angemessene Ruhezeiten ein. Ein Unterschied zur preußischen Regelung bestand darin, dass diese – wie bereits ausgeführt wurde – eingeschränkter war, indem sie für jugendliche Arbeiter nur 6 Stunden vorsah, wobei allerdings die Mittags- und Mußezeiten nicht eingerechnet wurden. Ausnahmen und Abänderungen konnten im Verordnungsweg durch das Staatsministerium des Inneren für einzelne Fabrikzweige, auf die die vorstehenden Bestimmungen nicht voll angewandt werden konnten, erlassen werden. Kurzfristige Ausnahmen in dringenden Fällen konnten die zuständigen Behörden gestatten.

Bei Zuwiderhandlungen gegen diese Vorschriften wurden Geldstrafen von 10 Neugroschen bis zu 5 Talern für jedes in gesetzwidriger Weise beschäftigte Kind und jeden Übertretungsfall verhängt. Überdies konnten Personen, die sich gegen von ihnen beschäftigte Kinder eines der in Artikel 180 – 183, 352, 353, 356 und 357 des Strafgesetzbuches mit Strafe bedrohten Verbrechen oder einer nach Art. 106 zu beurteilenden Misshandlung oder der Verleitung zu anderen Verbrechen schuldig gemacht hatten, die weitere Beschäftigung von Kindern in ihren Werkstätten durch obrigkeitlichen Beschluss untersagt werden. Bei den genannten Strafbestimmungen handelte es sich um:

a) Notzucht (Art. 180 – 181)

b) Unzucht mit Personen in wehr- oder bewusstlosem Zustand (Art. 182)

c) Unzucht mit Kindern (Art. 183)

d) Unzucht unter Missbrauch gesetzlicher Autorität (Art. 352)

e) Missbrauch junger Mädchen (Art. 353)

f) Kuppelei (Art. 356)

g) Widernatürliche Unzucht (Art. 357)

Ergänzend bestimmte die Ausführungsverordnung, dass jeder Gewerbetreibende, der – einschließlich der Frauen und Kinder – mehr als 20 Personen beschäftigte, ein Verzeichnis der unter ihnen befindlichen schulpflichtigen Kinder erstellen musste, worin diese mit Namen, Geschlecht und Antrittszeit aufzuführen waren. Auf Verlangen bestand die Vorschrift, dieses Verzeichnis der zuständigen Obrigkeit vorzulegen. Unternehmer, die diese Liste bei Erlass des Gewerbegesetzes noch nicht erstellt hatten, bekamen zur Anfertigung eine Frist bis 31. Januar 1862.

Eine Missachtung dieser Vorschrift oder Unrichtigkeiten wurden mit einer Geldstrafe bis zu 5 Talern geahndet.

Die Justizbehörden hatten, wenn Gewerbetreibende sich eines Verbrechens nach § 62 Abs. 7 schuldig machten, der Gewerbepolizeibehörde des Wohnortes Mitteilung zu machen.

Die Fürsorge für die schulpflichtigen Kinder war ein weiteres wichtiges Problem der Kinderarbeit. Daher sollte schulpflichtigen Kindern Zeit zum Besuch des Schulunterrichts in den öffentlichen Lehranstalten des Ortes nach Maßgabe des Gesetzes über das Elementar-Volksschulwesen vom 6. Juni 1835 gewährt werden, soweit nicht für die beschäftigten Kinder durch die Arbeitgeber besondere Fabrikschulen nach § 9 desselben Gesetzes errichtet wurden.

Auf die Fabrikschulen fanden die Bestimmungen der §§ 7 und 14d der Ausführungsverordnung zum Gesetz über das Elementar-Volksschulwesen Anwendung. Danach sollte der Fabrikschulunterricht teils auf die frühen Morgen-, teils auf die frühen Nachmittagsstunden verlegt werden (§ 7). Ebenso konnte jede Volksschulklasse verpflichtet werden, täglich wenigstens einen 3-stündigen und an halben Schultagen einen 2-stündigen Schulunterricht erhalten (14d).

Der Schulunterricht musste innerhalb der Zeit von 5 Uhr früh bis 8 Uhr abends stattfinden und richtete sich nach § 62 der vorgeschriebenen Arbeitszeit. Damit bestimmte das Gesetz nur die äußeren Grenzen der Schulzeit, die besonders im Winter nicht zu früh am Tag und nicht zu spät am Abend gewählt werden sollte.

Diese Vorschrift wurde in das Gewerbegesetz eingeführt, da die Deputation der Ersten Kammer besonders darauf aufmerksam machte, dass der Schulunterricht vielfach nach vollendeter Tagesarbeit oder aber in den Frühstunden abgehalten wurde. Dazu äußerte sich der zuständige Fachausschuss des sächsischen Landtages wie folgt:

„Die Deputation kann nicht unterlassen, hier nochmals auf die Nachteile hinzuweisen, welche ebensowohl aus den späten Abendschulen, als aus den zu zeitig beginnenden Frühschulen für die Kinder erwachsen. Ermüdet und abgespannt kommt das Kind nach vollendeter Tagesarbeit am Abend zur Schule und ist es nicht zu verwundern, daß auch selbst das gutgeartete, willige Kind beim Unterrichte dann und wann vom Schlummer überwältigt wird und nach vollendeter Lehre im Hochgefühle der Freiheit jauchzend im stürmischen Lauf eilet zum häuslichen Herd – und was findet es dort?

Wegen der zu zeitig beginnenden Frühschulen ist einleuchtend, wie sehr es insbesondere im Winter die Gesundheit eines Kindes angreift, wenn dasselbe bei Frost und Schneegestöber, vielleicht ohne warme Suppe oder Getränk, den Weg zur Schu-

le allzu früh antreten muß, wohl auch dort manchmal kein völlig durchheiztes Zimmer findet und dort mit Aufmerksamkeit dem Unterrichte folgen soll.

Kurz es möchten diese Abend- und Frühschulen möglichst beschränkt, ja ganz beseitigt werden.“

In der Ersten Kammer wurde die oben genannte Bestimmung auf Antrag der Deputation einstimmig in das Gewerbegesetz aufgenommen. Diesem Vorschlag schloss sich auch die Zweite Kammer des sächsischen Landtages an.

Die trotz zweimaliger obrigkeitlicher Aufforderung beharrlich fortgesetzte Nichtbeachtung der vorstehenden Vorschrift hatte das Verbot weiterer Beschäftigung schulpflichtiger Kinder zur Folge. Damit bereiteten die §§ 62 und 63 den Weg vor, der schließlich zum vollständigen Verbot der Kinderarbeit führte, einem Grundpfeiler echter Sozial- und Wirtschaftspolitik, das dem Kind eine vollwertige Schulausbildung frei von Existenzsorgen sicherte.

Mit der Kinderarbeit verband sich auch die Frage des Abschlusses von Arbeitsverträgen Unmündiger. Diese bedurften, sofern sie nicht bereits mit ausdrücklicher oder stillschweigender Einwilligung ihrer Eltern oder Sorgeberechtigten für ihr Fortkommen selbst zu sorgen hatten, zum Abschluss eines Arbeitsvertrages der Einwilligung des Vaters oder des Vormunds. Diese konnte schriftlich oder mündlich vor der Gewerbepolizeibehörde beim Ansuchen zur Ausstellung eines Arbeitsbuches erfolgen. Das hierfür vorgesehene Protokoll musste kostenfrei erstellt werden.

Die Einwilligung konnte unter den gleichen Voraussetzungen wie nach § 10 der Gesindeordnung vom 10. Januar 1835 vertreten werden. Nach dieser Bestimmung konnte die fehlende Einwilligung des Vaters oder Vormunds, wenn diese durch die genannten gesetzlichen Vertreter ohne hinreichenden Grund verweigert wurde und sich ergab, dass es den Eltern an den notwendigen erlaubten Mitteln zum Unterhalt fehlte, sich die Kinder schlecht verhielten oder diese um ihrer eigenen besseren Ausbildung in Diensten zu gehen wünschten, unbeschadet des ihnen zustehenden Aufsichtsrechtes, nach Befinden von der Obrigkeit vertreten werden. Bei einer zweiten Verdingung bedurfte es derselben überhaupt nicht, sofern diese gleich am Anfang nicht auf eine gewisse Zeit oder auf den Dienst bei einer Dienstherrschaft ausdrücklich beschränkt wurde.

War diese Einwilligung nicht auf eine bestimmte Zeit begrenzt oder ausdrücklich nur auf einen bestimmten Arbeitgeber gerichtet, so bedurfte es zum Abschluss weiterer Arbeitsverträge mit Unmündigen keiner erneuten Einwilligung des Vaters oder Vormunds. Vielmehr hatten die mit diesen später abgeschlossenen Arbeitsverträge samt allen daraus entstehenden Ansprüchen und Forderungen volle rechtliche Gültigkeit. In Streitigkeiten über Arbeitsverträge, die durch unmündige Arbeiter abgeschlossen wurden, konnten dieselben auch ohne Vater oder Vormund vor Gericht handeln.

❧ Kündigungsvorschriften

Ein weiterer wesentlicher Bestandteil dieses Reformgesetzes von 1861 stellten die Kündigungsvorschriften dar. Wenn folglich über diese Kündigungsfristen oder in den Fabrikordnungen (§ 76) nichts festgelegt war, galt die in betreffendem Gewerbe am Ort übliche Auslohnungsfrist auch für Kündigungen. Diese Regelung bedeutete, dass beiderseits nur von Lohntag zu Lohntag gekündigt werden konnte. Ohne Rücksicht auf diese Kündigungsfrist bestand für einen Arbeitgeber die Möglichkeit, einen Arbeitnehmer unter folgenden Voraussetzungen sofort zu entlassen, soweit nicht der Arbeitsvertrag oder die Fabrikordnung weitergehende Regelungen enthielt (§ 66):

1. Wenn er ein Verbrechen beging oder sich ein nach der bestehenden Gesetzgebung zur polizeilichen Ausweisung qualifizierendes Verbrechen oder Verhalten zuschulden kommen ließ. Diese Bestimmung war so zu verstehen, dass ein derartiges Vergehen oder Verhalten erst dann die genannte Wirkung verzeichnete, wenn das Ausweisungsverfahren von der zuständigen Behörde wirklich eingeleitet wurde.

2. Wenn er ohne Einwilligung eines Arbeitgebers ein Nebengeschäft betrieb, das ihn in der Erfüllung seiner Verpflichtungen gegen den Unternehmer hinderte.

3. Wenn er sich eines Vergehens gegen die §§ 71, 72 und 73 des Gewerbegesetzes schuldig machte.

4. Wenn er den Arbeitsherrn, ein Mitglied seiner Familie, seines Hausstandes oder eine zur Aufsicht angestellte Person schwer beleidigte.

5. Wenn er Mitglieder der Familie oder des Hausstandes des Arbeitsherrn, Mitarbeiter oder Lehrlinge zu unordentlichem Lebenswandel oder zu unerlaubten Handlungen zu verleiten suchte.

6. Wenn er sich weigerte, die ihm übertragene Gewerbearbeit auszuführen.

7. Wenn er arbeitsunfähig wurde oder in eine ekelhafte Krankheit verfiel.

8. Wenn infolge von Brand- oder Elementarereignissen die Arbeit eingestellt werden musste.

Der Arbeitnehmer hatte unter folgenden Voraussetzungen die Berechtigung, die Arbeit ohne Einhaltung einer Kündigungsfrist zu verlassen (§ 67):

1. Wenn ihm vom Arbeitgeber widerrechtliche oder unsittliche Handlungen zugemutet wurden.

2. Wenn er vom Arbeitgeber tätlich misshandelt, schwer beleidigt oder in einer nach dem Gewerbegesetz unzulässigen Weise bestraft wurde.

3. Wenn er am Lohntag seinen Lohn nicht oder nicht in der vorgeschriebenen Weise erhielt.

4. Wenn bei Gedinge-(Akkord-)arbeit oder Stücklohn der Arbeitgeber nicht für Beschäftigung sorgte.

5. Wenn der Arbeitnehmer zur Fortsetzung der Arbeit körperlich unfähig wurde.

6. Wenn bei Fortsetzung der Arbeit sein Leben oder seine Gesundheit einer nachweislichen besonderen Gefahr ausgesetzt sein würde.

Arbeiter, die ihre Arbeit ohne Kündigung verließen, ohne dazu nach dem Arbeitsvertrag oder nach den vorstehenden Bestimmungen berechtigt zu sein, konnten auf Antrag des Arbeitgebers mit Gefängnis bis zu 8 Tagen oder mit Geldstrafen bis zu 3 Talern belegt werden. Dagegen waren Anträge auf polizeiliches Zurückbringen von Arbeitern an ihre Arbeitsstellen nicht zulässig.

❧ Strafbefugnis der Arbeitgeber

Gegen schulpflichtige Arbeiter (Kinder) hatte der Arbeitgeber (Arbeitsherr) das Recht der väterlichen Züchtigung innerhalb der zur Erhaltung von Zucht und Ordnung erforderlichen Grenzen (§ 68). Dagegen durften gegen andere Arbeitskräfte nur die Mittel der Entlassung und der Lohnabzüge als Strafen angewandt werden. Im letztgenannten Fall konnte aber an einem Lohntag nicht mehr als 1/5 des fälligen Lohnes abgezogen werden. Abzüge als Schadloshaltung nach § 71, Abs. 3 waren dieser Beschränkung nicht unterworfen. Doch wurde nach der Erklärung des königlichen Kommissars die Frage nach etwaiger Ersatzleistung für den Arbeitgeber verursachten Schaden durch diese Vorschrift nicht berührt.

✑ *Lohnzahlungen*

Zu Zahlungen an Arbeitnehmer für Lohn oder gelieferte Arbeit durften Gold, ausländische Scheidemünzen, verbotene Münzen anderer Art, verbotenes Papiergeld und ähnliche Banknoten, Wechsel oder Anweisungen und schließlich Waren bei Strafen bis zu 300 Talern oder 8 Wochen Gefängnis selbst dann nicht verwendet werden, wenn der Arbeitnehmer vor- oder nachher zugestimmt hatte (§ 69). Arbeiter, die in einer nach § 69 Abs. 1 verbotenen Weise entlohnt wurden, konnten jederzeit die Bezahlung nachverlangen.

Wie aus dem Deputationsbericht der Zweiten Kammer ersichtlich ist, handelte es sich bei Zahlungen für Lohn oder gelieferte Arbeit nicht um Entgelte im Kaufgeschäft. Bei diesen musste vielmehr alles der freien Vereinbarung überlassen bleiben, da beschränkende Bestimmungen hierbei nur störend und nachteilig wirken konnten.

Gold durfte nicht als Mittel für die Lohnzahlung, auch nicht nach dem Börsenkurs verwendet werden, da der Arbeitnehmer zunächst nicht imstande war, das Gewicht zu prüfen und am Wechselkurs meist noch Einbußen erleiden konnte.

Im Fall der Scheidemünzen war bei Beurteilung der Zuwiderhandlungen besonderes Augenmerk darauf zu richten, ob nach der Natur der örtlichen Verkehrsverhältnisse die Zirkulation der in Frage kommenden Gattungen von ausländischen Scheidemünzen so war, dass aus ihrer gelegentlichen Verwendung zur Lohnzahlung den Arbeitern Verlust oder den Arbeitgebern Gewinn erwachsen konnte. Daher hatte sich auch die Bemessung der Strafe im Wesentlichen danach zu richten, ob und in welchem Grad der eine oder der andere Sachverhalt angenommen werden konnte. Dadurch wurden auch die münzpolitischen Vorschriften nicht abgeändert.

Zu den Waren, mit denen nicht bezahlt werden durfte, zählte das Gesetz auch Lebensmittel. Dementsprechend wurden die älteren Bestimmungen über die Auslohnung mit Waren aufgehoben. Das galt besonders für die Verordnung vom 18. Dezember 1835 über das Auslohnen der Arbeitnehmer in den fabrikmäßig oder als Hausindustrie betriebenen Gewerbezweigen, wonach das Auslohnen mit Brot, Lebensmitteln und anderen Waren, mit Ausnahme der von neuem zu verarbeitenden Materialien, verboten war. An ihre Stelle traten die gewerbegesetzlichen Vorschriften in den §§ 39 Nr. 2, , 69 und 70. Das im § 69 Abs. 2 erwähnte Recht auf Nachbezahlung stand dem Arbeiter nur solange

2 Prämientaler (S) 1857 Bergakademie

zu, als nicht die ganze Lohnforderung nach bürgerlichem Recht verjährt war.

Mit diesen Vorschriften wurde das Truckverbot erneuert und so dem Arbeitnehmer ein Schutz vor möglichen Verlusten gewährt. Die Sicherung der Lohneinkommen bedeutete einen entscheidenden Beitrag zur Existenzsicherung und damit eine der wichtigsten lohn- und sozialpolitischen Maßnahmen des Gewerbegesetzes.

✑ *Verbotene Absprachen*

Absprachen zwischen Arbeitgebern, ihren Angehörigen und Beauftragten einerseits und den Arbeitnehmern (§ 74) andererseits über Entnahme von Bedürfnissen aus bestimmten Verkaufsstellen sowie Absprachen, die dazu dienen sollten, das Truckverbot (§ 69) zu umgehen, wurden als nichtig betrachtet (§ 70). Diese Vorschrift erstreckte sich jedoch nicht auf etwaige von Inhabern geschlossene Etablissements mit Zustimmung der Arbeiter oder durch die Fabrikordnung getroffene Einrichtungen zur Beschaffung von Wohnungen, Heizungen, Lebensmitteln, Arzneien usw. und auf die Bestimmungen der Fabrikordnungen zur Beschaffung von Beleuchtungs-, Schmier- und sonstigen Hilfsmaterialien für die Arbeiter unter Anrechnung auf den Lohn. Wenn sich aber aus derartigen Einrichtungen Missbräuche ergaben, die auf andere Weise nicht abzustellen waren, so konnten sie nach vorheriger Erörterung und Anhörung der Beteiligten durch obrigkeitlichen Beschluss aufgehoben werden. Die Gewerbepolizeibehörden hatten bei den erwähnten Angelegenheiten nur auf eingebrachte Beschwerden hin in Tätigkeit zu treten und nach Befinden einzuschreiten, im Übrigen aber sich aller unnötigen Einmischungen zu enthalten.

❧ Verpflichtungen der Arbeitnehmer

Wurde einem Arbeitnehmer von seinem Arbeitgeber das Material zur Herstellung einer Ware übergeben, so bestand für ihn die Verpflichtung, dasselbe in der Ware zu verarbeiten und letztere nach Maß, Gewicht, Qualität und genau in der vorgeschriebenen Weise herzustellen (§ 71). Das nicht verbrauchte Material musste der Arbeitnehmer bei Ablieferung seiner Ware wieder zurückgeben. Kam er mit dem erhaltenen Material nicht aus, so war er gezwungen, diesen Tatbestand seinem Dienstherrn anzuzeigen. Im Fall der Unterlassung konnte er diese nicht als Entschuldigung geltend machen. Wegen der Zuwiderhandlungen gegen diese Bestimmungen und verzögerter Ablieferung konnte der Arbeitgeber sich nach seiner Wahl durch angemessene Lohnabzüge schadlos halten oder seine Schadensansprüche selbstständig verfolgen.

Arbeiter oder Angestellte wie Faktoren oder ähnliche Personen, die Muster (Karten, Schablonen, Stick- oder Nähreste, Klöppelbriefe usw.) oder Verfahrensweisen, die ihnen von den Arbeitgebern mittel- oder unmittelbar auch ohne ausdrückliche Verpflichtung zur Geheimhaltung mitgeteilt waren, ohne deren Genehmigung Dritten übermittelten, kopierten oder kopieren ließen, wurden mit einer Strafe oder 4 Wochen Gefängnis belegt. Dasselbe galt auch für Arbeiter oder Angestellte, die Materialien aus diesen Mustern oder Verfahrensweisen herstellten. Außerdem konnten diese nach den Vorschriften des Strafrechts zusätzlich belangt werden (§ 72). Den dadurch angedrohten Strafen unterlagen auch Personen, die sich an dem bezeichneten Vergehen durch Anstiftung, Beihilfe oder auch durch bloße Annahme der verbotenen Mitteilung oder in sonstiger Weise beteiligt hatten, nach Maßgabe ihrer Teilnahme oder ihrer geleisteten Hilfe.

Die in § 72 aufgeführten Zuwiderhandlungen fielen ihrer Natur nach meist unter die Artikel 287 ff., 372 und 373 des Strafgesetzbuches. Die Behörde oder das Gewerbegericht hatten daher, wenn von dem Verletzten ein Antrag auf Bestrafung gestellt wurde, immer besonders darauf zu achten, ob nicht die Voraussetzungen einer strafrichterlichen Kompetenz vorhanden und hiernach das weitere Verfahren zu bemessen war. Wo das Strafgesetzbuch einen ausdrücklichen Antrag des Verletzten voraussetzte, war der Strafantrag bei der Gewerbebehörde als solcher im Sinne des Strafgesetzbuches anzusehen.

❧ Verabredung von Arbeitnehmern

Absprachen von Arbeitnehmern zur Erzwingung höherer Löhne, kürzerer Arbeitszeit und ähnlicher Vorteile waren für die einzelnen Teilnehmer nicht bindend (§ 73). Eine Anmaßung von Strafgewalt über die Genossen, Verrufserklärungen und jede Anwendung physischer oder moralischer Zwangsmittel gegen die, die diesen Beschlüssen oder Verabredungen nicht beitreten wollten oder von schon gefassten und getroffenen zurücktraten, wurden an jedem Teilnehmer mit Gefängnis bis zu 4 Wochen, an den Anstiftern und Anführern mit Gefängnis bis zu 8 Wochen bestraft. Als Voraussetzung galt, dass der Tatbestand eines nach dem Strafgesetzbuch mit Strafe bedrohten Verbrechens vorlag.

Derartige Verabredungen waren an sich nicht verboten. Nach diesem Gesetz war aber keiner der Teilnehmer an eine solche Vereinbarung gebunden. Im Fall von Übertretungen hatte daher zunächst die Gewerbepolizeibehörde einzuschreiten, während die strafrechtliche Verfolgung erst dann eintrat, wenn den Anordnungen der Polizeibehörde Widerstand geleistet wurde. Der hier anzuwendende Artikel 145 des Strafgesetzbuches bestrafte Gewerbetreibende, die zur Erzwingung eines höheren oder geringeren Lohnes oder zu einem anderen unerlaubten Zweck die Einstellung ihrer Arbeiten (Streik!) verabredeten und sich den Anordnungen der Obrigkeit nicht fügten, mit Gefängnis bis zu 4 Monaten.

Eine bemerkenswerte Neuerung bedeutete die Tatsache, dass Verabredungen der genannten Art im Gegensatz zu früheren Vorschriften nicht mehr grundsätzlich verboten waren. Trotzdem standen einer vollen Einführung der Koalitionsfreiheit – der Freiheit des Streikrechts – noch Einschränkungen strafrechtlicher Art entgegen. Dennoch kann auch in dieser Hinsicht das sächsische Gewerbegesetz von 1861 als ein entscheidender Fortschritt in Richtung Gewerkschaftsbewegung bezeichnet werden. König Johann, der ein ausgezeichneter Kenner der sozialpolitischen Verhältnisse seines Landes war, hatte offenbar entscheidend am Zusammenkommen dieser gesetzlichen Neuerung mitgewirkt.

Die Bestimmungen über die Lohnzahlung (§ 69), die verbotenen Absprachen (§70), die Verpflichtungen der Arbeitnehmer (§§ 71 und 72) und die Verabredungen von Arbeitern zur Erzwingung höherer Löhne, kürzerer Arbeitszeit usw. fanden nicht nur auf dasjenige gewerbliche Hilfs- und Arbeiterpersonal, das in Werkstätten und auf den Werkplätzen eines Unternehmers Beschäftigung fand, sondern auch auf Lehrlinge und solche Personen Anwendung, die in ihren Wohnungen für Fabrikanten, Verleger, Faktoren und sonstige Unternehmer arbeiteten (§ 74).

Damit wurde auch die in Sachsen weit verbreitete Hausindustrie in diese für die wirtschafts- und sozialpolitische Entwicklung wichtigen Bestimmungen des Gewerbegesetzes von 1861 einbezogen. Dies galt vor allem auch für die im Erzgebirge und im Vogtland beheimatete Stickerei.

✑ Schutz der Arbeitnehmer gegen Gefahren

Jeder gewerbliche Unternehmer besaß die Verpflichtung, auf seine Kosten alle diejenigen Einrichtungen herzustellen und zu unterhalten, die mit Rücksicht auf die besondere Beschaffenheit des Gewerbebetriebes und der Lokalitäten zur bestmöglichen Sicherung der Arbeitnehmer gegen Gefahren für Gesundheit und Leben erforderlich waren (§ 75). Unterlassungen zogen Strafen bis zu 100 Talern oder 14 Tage Gefängnis nach sich. Diese konnten bis auf 300 Taler oder 8 Wochen Gefängnis erhöht werden, wenn den ausdrücklichen Anordnungen der zuständigen Behörde keine Folge geleistet wurde. In diesen Fällen besaßen die Gewerbepolizeibehörden Befugnis, sich durch eigene Einsicht oder nach Befinden unter Zuziehung von Sachverständigen zu überzeugen, ob den Bestimmungen des § 75 entsprochen wurde. Für derartige Überprüfungen musste der Unternehmer jedoch nur dann die Kosten tragen, wenn begründete Beschwerden oder auch ohne sie unzweifelhafte Zuwiderhandlungen oder Unterlassungen vorlagen. Diese Behörde hatte nach Beschaffenheit des Falles und mit Rücksicht auf die Erheblichkeit der Unterlassung zu unterscheiden, ob deshalb sofort die gesetzlichen Strafbestimmungen angewandt werden sollten oder ihr die Anordnung zur Beseitigung der vorgefundenen Übelstände unter Androhung einer angemessenen Frist vorausgeschickt werden sollte. In dringenden Fällen konnte von der in § 40 erteilten Ermächtigung Gebrauch gemacht werden.

✑ Fabrikordnungen

Unternehmer, die mehr als 20 Arbeiter ohne Unterschied des Alters und Geschlechts in gemeinschaftlichen Werkstätten beschäftigten, unterlagen der Verpflichtung, eine Fabrikordnung aufzustellen (§ 76). Diese war den Arbeitnehmern durch Anschlag oder in sonst geeigneter Weise bekanntzumachen und musste folgende Regelungen enthalten:

1. Über die Klassen des Arbeitspersonals und ihre Verrichtungen.

2. Über Kündigungsfristen und Entlassungsgründe.

3. Über die Arbeitszeit.

4. Über die Abrechnungs- und Lohnzeiten.

5. Über die Befugnisse des Aufsichtspersonals.

6. Über die Disziplin in den Werkstätten, einschließlich des Verhaltens mit Feuer und Licht.

7. Über die Behandlung im Falle einer Erkrankung oder eines Unglücks.

8. Über die Strafen durch Lohnabzüge und Entlassung.

9. Über Unterstützungs- und Krankenkassen, soweit solche bereits bestanden oder neu eingerichtet wurden.

Jede Fabrikordnung musste der zuständigen Obrigkeit vorgelegt werden (§ 76 Abs. 2). Diese hatte zu prüfen und die Abänderung oder Beseitigung in ihr enthaltener Bestimmungen, die den Gesetzen und Verordnungen zuwiderliefen, insbesondere auch eines etwaigen Übermaßes, anzuordnen. Die Fabrikordnung bedurfte jedoch nicht einer ausdrücklichen Genehmigung oder Bestätigung durch die Gewerbebehörde. Ergänzend dazu bestimmte die Ausführungsverordnung, dass Packstuben oder ähnliche Lokale, in denen nicht fabriziert wurde, nicht als Werkstätten im Sinne von § 76 Gewerbegesetz anzusehen waren.

Unternehmer, die bereits Fabrikordnungen eingeführt, diese aber nicht zur Kenntnis der Obrigkeit vorgelegt hatten, unterlagen der Verpflichtung, unverzüglich Anzeige zu erstatten. Neu erstellte Ordnungen mussten hingegen bis spätestens 1. Juli 1862 eingereicht werden und waren im Fall eines Versäumnisses durch Androhung von Ordnungsstrafen und Stellen angemessener Fristen dazu anzuhalten.

Bei ihrer Prüfung mussten von der Behörde die in § 76 Abs. 3 aufgestellten Gesichtspunkte unter Vermeidung jeder nicht notwendigen Einmischung in die innere Ordnung der Fabrikverhältnisse genau beachtet werden.

Ihre Bekanntmachung musste unter Androhung einer Strafe bis zu 5 Talern durch Anschlag oder Vordruck in den Lohnbüchern erfolgen. Die Gewerbepolizeibehörden hatten die Fabrikordnungen ihres Bezirks in geeigneter Weise zu sammeln, damit sie ihnen und den Gewerbegerichten bei Entscheidungen über Differenzen zur Verfügung standen.

Für den Fall einer Erkrankung oder eines Unfalls musste, wie der königliche Kommissar Weinlig in der Debatte der Zweiten Kammer über diesen Paragraphen erklärte, festgehalten sein, welcher Arzt geholt, wer sich des Erkrankten oder Verunglückten und der Abwicklung des Falles anzunehmen hatte und was sonst noch geschehen und beobachtet werden sollte. Wer danach die Kosten einer dauernden Behandlung und Pflege trug, war Angelegenheit besonderer Sozialeinrichtungen oder wurde in Ermangelung solcher nach den gültigen allgemeinen Vorschriften und Grundsätzen entschieden. Eine Verpflichtung des Fabrikherrn, solche Kosten allein zu tragen, wurde durch die obige Bestimmung nicht ausgesprochen.

Lehrlingswesen

Nach dem sächsischen Gewerbegesetz galt als Lehrling, wer bei einem selbstständigen Gewerbetreibenden zur Erlernung eines Gewerbes in ein Lehrverhältnis eintrat (§ 77). Dabei war unerheblich, ob die Erlernung gegen Lehrgeld oder gegen unentgeltliche Hilfsleistung stattfand oder für die Arbeit Lohn gezahlt wurde.

Entsprechend dem Grundsatz der Gewerbefreiheit (§ 3) gab es im Gegensatz zu früheren Gesetzen keine Einschränkungen für die Annahme von Lehrlingen (§ 78). Jedoch durfte vor der Beendigung der gesetzlichen Schulzeit – eine Ausnahmeregelung galt für die Schornsteinfeger – kein Lehrling angenommen werden. Bei der Annahme unmündiger Lehrlinge fand § 64 Abs. 1 entsprechende Anwendung. Unter den in § 62 Abs. 7 genannten Voraussetzungen konnte diese Annahme ebenfalls untersagt werden. Ebenso galten die Vorschriften über das Eingehen eines Arbeitsvertrages nach § 50 der Ausführungsverordnung.

Die Annahme eines Lehrlings erfolgte auf Grund eines die Bedingungen enthaltenen und auf die Dauer der Lehrzeit festgesetzten Vertrages (§ 79). Dieser Lehrvertrag kam durch freie Vereinbarungen zustande, durfte aber keine den Gesetzen und Verordnungen zuwiderlaufenden Bestimmungen enthalten. Lehrverträge von Minderjährigen mit gewerblichen Unternehmern, die keiner Innung angehörten, mussten vor der Obrigkeit – zur Vermeidung der in § 38 Abs. 1 angedrohten Strafe – abgeschlossen werden. Sie bedurften keiner schriftlichen Form, waren aber in einem von den Ortsobrigkeiten tabellarisch eingerichteten fortlaufenden Protokoll stempelfrei zu führen. In dieses wurden Name, Wohnort und Gewerbe des Lehrherrn, Name, Alter und Herkunft des Lehrlings, Name und Wohnort des

Vaters, der Mutter oder des Vormunds eingetragen. Dasselbe galt, wenn der Lehrherr mehrere Berufe ausübte.

Zur Registrierung des Lehrvertrages hatten der Lehrherr, der Lehrling und sein rechtlicher Vertreter vor der zuständigen Obrigkeit zu erscheinen. Dort wurde der Eintrag nach den mündlichen Angaben dieser Personen oder auf Grund des schriftlich erstellten Vertrages vollzogen. Im letzteren Fall musste die Obrigkeit die erfolgte Eintragung vermerken. Für diese Leistungen erhob die Behörde eine Gebühr von 10 Neugroschen. Die Gewerbepolizeiorgane hatten darauf zu achten, wie dem Abschluss der Lehrverträge eine die Bedeutung dieses Aktes in den Augen der Beteiligten hervorzuhebende Feierlichkeit verliehen werden könnte und ob zu diesem Zweck für die Erledigung dieses Abschlusses nur ein gewisser Tag festgesetzt wurde.

Die Lehrlinge waren ihrem Lehrherrn Achtung und Gehorsam schuldig (§ 80). Wenn sie bei ihm in Kost und Logis standen, unterwarfen sie sich überdies seiner häuslichen Zucht.

Der Lehrherr war verpflichtet, seinem Lehrling nach Vermögen in allen Arbeiten des Gewerbes, zu dessen Erlernung er ihn angenommen hatte, zu unterweisen; er konnte ihn auch durch geeignete Gehilfen unterweisen lassen und durfte ihn zu häuslichen Verrichtungen sowie anderen Dienstleistungen nur soweit benutzen, als dies ohne Beeinträchtigung der Berufsausbildung geschehen konnte. Der Lehrherr verpflichtete sich, den Lehrling überdies zu sittlichem Lebenswandel und zum Besuch der Kirche seiner Konfession anzuhalten, sowie auch – wenn sich am Ort eine gewerbliche Fortbildungs- oder Sonntagsschule befand – ihn zum Besuch derselben zu veranlassen. In diesem Fall bestand zwar eine Verpflichtung für den Lehrherrn, nicht aber für den Lehrling, auch wenn dieser Besuch in hohem Maße wünschens- und empfehlenswert war. Das galt nicht, wenn von der Regierung genehmigte Innungsbeschlüsse oder andere Verordnungen den Besuch der Sonntagsschule obligatorisch oder erzwingbar vorschrieben. Nach der Erklärung des königlichen Kommissars Weinlig während der Debatte in der Zweiten Kammer des sächsischen Landtags blieben diese Innungsmitglieder gegenüber in Kraft, solange sie nicht aus der Innung austraten.

War im Lehrvertrag eine Probezeit vereinbart, innerhalb derer beiden Teilen der Rücktritt freistand, so wurde diese – wenn nach Ablauf derselben die Lehre fortgesetzt wurde – in die Lehrzeit eingerechnet (§ 81). Abgesehen von weitergehenden vertraglichen Verabredungen konnte der Lehrvertrag vor Beendigung der Lehrzeit in folgenden Fällen einseitig aufgehoben werden (§ 82):

A. durch den Lehrherrn:

1. in den Fällen von § 66 Nr. 1, 3, 4 und 5.

2. wenn der Lehrling länger als 6 Wochen von einer nicht durch die Arbeit selbst entstandenen Krankheit an der beruflichen Tätigkeit verhindert wurde.

3. wenn der Lehrling weglief.

4. wenn der Lehrling sich beharrlich faul, ungehorsam, liederlich oder zur Erlernung eines Gewerbes unfähig zeigte. Das konnte nur geschehen, wenn der Versuch einer Besserung und einer Verständigung mit seinen Angehörigen erfolglos blieb.

B. durch den Lehrling oder seine rechtlichen Vertreter:

1. in den Fällen von § 67 Nr. 1, 5 und 6.

2. wenn der Lehrling vom Lehrmeister tätlich misshandelt oder in einer nach diesem Gewerbegesetz nicht zulässigen Weise bestraft wurde.

3. wenn der Lehrmeister seinen Wohnsitz veränderte.

4. wenn der Lehrmeister seinen Verpflichtungen nach § 80 Gewerbegesetz nicht nachkam.

5. wenn der Lehrmeister des Rechtes zur Annahme unmündiger Lehrlinge verlustig erklärt oder sein Gewerbebetrieb eingestellt wurde.

Gegen den Willen seiner rechtlichen Vertreter oder im Fall der Mündigkeit gegen seinen eigenen Willen konnte ein Lehrling, der die Lehre vor Beendigung seiner Lehrzeit verlassen hatte nicht zur Vollendung derselben gezwungen werden (§ 83). Dem Lehrherrn blieb in diesem Fall die Geltendmachung eines etwaigen Entschädigungsanspruches vorbehalten. Auf einen Lehrling, der nach § 82 eigenmächtig seine Lehre verließ, fand die Strafbestimmung des § 67 Abs. 2 entsprechende Anwendung.

Wenn ein Lehrling jedoch gegen den Willen seiner gesetzlichen Vertreter die Lehre verließ und kein gesetzlicher Grund zur Auflösung des Lehrvertrages vorlag, so war er auf den von seinen rechtlichen Vertretern gebilligten Antrag des Lehrherrn oder auf Antrag der Eltern bzw. des Vormunds in die Lehre zurückzubringen und außerdem nach § 83 Abs. 2 zu bestrafen.

Bezüglich der finanziellen Entschädigung für den Lehrherrn bestimmte § 84, dass – falls keine Sonderregelung bestand – von dem für die ganze Lehrzeit bedungenen Lehrgeld für das erste Jahr doppelt soviel berechnet wurde wie für die folgenden.

Bei Beendigung des Lehrverhältnisses konnte der Lehrling über die Dauer der Lehrzeit und die während derselben erworbenen Erkenntnisse und Fertigkeiten sowie über sein Betragen ein Lehrzeugnis fordern (§ 85).

Im Allgemeinen kann gesagt werden, dass die Bestimmungen für das Lehrlingswesen im Verhältnis zum ursprünglichen Entwurf von 1857 weitgehend liberalisiert wurden. Sie entsprachen damit dem in § 3 aufgestellten Prinzip der Gewerbefreiheit.

Das kaufmännische Hilfspersonal

Auf die kaufmännischen Lehrlinge und das kaufmännische Kontor- und Hilfspersonal, wozu auch die beim Buchhandel und in den Fabriken beschäftigten kaufmännischen Angestellten zählten, fanden, soweit durch das Handelsrecht nichts anderes bestimmt wurde, nur die Paragraphen 59, 64 – 67, 72 und 77 – 85 des Gewerbegesetzes Anwendung (§ 86).

Kranken- und Unterstützungskassen

Gewerbegehilfen und Fabrikarbeiter konnten verpflichtet werden, Beiträge zu Kassen zu entrichten, deren Zweck in der Unterstützung bei Erkrankungen und der Erstattung von Begräbniskosten lag (§ 97). Aktive Militärpersonen, die sich während ihres Urlaubs als Gewerbegehilfen oder Fabrikarbeiter betätigten, hatten nur die Hälfte der regelmäßigen Beiträge zu entrichten. Dem Gesetzgeber blieb es vorbehalten, über die Einrichtung solcher Kassen, ihre Verwaltung unter Teilnahme von Vertretern der Gehilfen und ähnliche Angelegenheiten allgemeine Vorschriften im Verwaltungsweg zu erlassen.

Eine Einwirkung der Behörden auf das Zustandekommen und die Durchführung von Einrichtungen der in § 97 genannten Art trat nur insofern ein, als die freie Tätigkeit der Beteiligten nicht ausreichte oder das allgemeine Aufsichtsrecht in Anspruch genommen wurde.

Die in § 97 Abs. 1 ausgesprochene Verpflichtung wurde für das gewerbliche Hilfspersonal und die Arbeiter bestimmter Orte und Kategorien dann als gegeben angesehen, wenn sie entweder bei einem Mitglied einer Innung, für die eine Krankenkasse bestand, oder in einer Fabrik, bei der eine solche eingerichtet war, eine Arbeit aufnahmen.

Dieselbe Bestimmung galt auch bei Fehlen von Kassen dieser Art oder für die an diesen Kassen nicht beteiligten

Gewerbegehilfen oder Fabrikarbeiter, wenn diese einer Arbeiterverpflegungskasse angehörten und das von der zuständigen Obrigkeit entworfene und von der Kreisdirektion bestätigte Regulativ im zuständigen Amtsblatt angekündigt wurde.

Ein Gewerbegehilfe oder Arbeiter kam dieser Verpflichtung nach, wenn er den Beweis erbrachte, dass er Mitglied einer Korporationskrankenkasse oder einer anderen bestätigten Krankenkasse war. Voraussetzung dafür sollte sein, dass deren Einrichtung die gesetzlichen Zwecke der Krankenpflege und die Zahlung der Begräbniskosten einschloss. Die Tätigkeit der zuständigen Obrigkeit richtete sich daher auf folgende Maßnahmen:

1. Die Unterstützung der allgemeineren Verbreitung und zweckmäßigen Einrichtung von Krankenkassen der zuvor erwähnten Art.

2. Die Gründung derartiger Kassen für die Gehilfen und Arbeiter, die noch keiner Ersatzkasse angehörten.

Die Vorschrift des § 97 Abs. 2 hatte – wie bisher – keine Gültigkeit für Privatkrankenkassen geschlossener Etablissements, sofern der Beitritt Voraussetzung des Arbeitsvertrages war.

Die bereits bestehenden Kassen dieser Art – besonders die bei den Innungen auf Grund des Mandats vom 7. Dezember 1810 errichteten Gesellenverpflegungskassen – blieben unter Vorbehalt der in § 98 Abs. 2 und 4 festgesetzten Veränderungen bezüglich der Beitragspflicht in ihrer bisherigen Verfassung und Wirksamkeit bestehen. Sie durften aber in Zukunft nicht aufgelöst werden, solange die betreffenden Innungen weiter bestanden (§ 98). Für ihre Verwaltung galten ebenfalls die Vorschriften dieses Mandats weiter, jedoch mit der Änderung, dass künftig alle Gehilfen, die bei einem Innungsmitglied arbeiteten, ohne Rücksicht auf das Gewerbe, dem sie eigentlich angehörten, an die Gesellenverpflegungskasse der betreffenden Innung zur Entrichtung von Beiträgen verpflichtet waren. Bei der Auflösung einer derartigen Kasse sollte ihr vorhandener Bestand an die Kasse oder Anstalt überwiesen werden, die in der Zukunft die Krankenverpflegung ihres früheren Mitgliederkreises übernehmen musste.

Ergänzend bestimmte die Ausführungsverordnung unter Hinweis darauf, dass die durch § 4 dieses Mandats begründete Vertretungspflicht der Innungen bei Abnahme der Mitgliederzahl Anlass zur völligen Auflösung werden konnte und überhaupt Kassen mit zu geringer Mitgliederzahl sich als unzweckmäßig erwiesen. Es sei darauf hinzuwirken, dass

sich mehrere oder alle Innungen eines Ortes oder Bezirkes zu gemeinschaftlichen und unter gemeinsamer Garantie aller Beteiligten stehenden Krankenkassen vereinigten, wo immer sich das als möglich erwies.

Auch für die unter Garantie der Fabrikinhaber stehenden Fabrikkrankenkassen wurde ein ähnliches Prinzip durch die Vereinigung einer größeren Anzahl kleinerer Betriebe zu gemeinschaftlichen Kassen empfohlen.

Für Fabrikarbeiter wurden Beiträge an die Fabrikkrankenkassen entrichtet, auch wenn die Arbeiter bisher zu einer Innungskasse beitragspflichtig waren. Mit dieser Maßnahme wurden bisher häufiger auftretende Zweifelsfälle dem Wunsch der Beteiligten entsprechend entschieden.

Wie der Deputationsbericht der Zweiten Kammer ausführte, sollte es eine Selbstverständlichkeit sein, dass die Betreffenden bei einer Innungskasse freigestellt wurden, wenn sie zu einer Fabrikkasse Pflichtbeiträge entrichteten. Das Gewerbegesetz erklärte es für weiterhin zulässig, dass alle Gesellen, Gehilfen und Fabrikarbeiter, die an keine Kasse nach §§ 97 und 98 Beiträge entrichteten, die Pflege in Krankheitsfällen durch eine Verpflichtung zu regelmäßigen Beiträgen an ein im Ort oder Bezirk bestehendes Krankenhaus zu sichern hatten (§ 99).

Im Übrigen war die Begründung von Krankenpflege- und Unterstützungskassen durch selbstständiges Zusammentreten von Gehilfen und Arbeitern nicht allein zulässig, sondern erschien auch da, wo eine wirksame Teilnahme der Arbeitgeber nicht erreicht wurde, als das geeignetste Mittel, dem Bedürfnis abzuhelfen.

Nur für solche Arbeiter, die nicht unter die Zuständigkeit einer der erwähnten Kassen fielen, hatte die Obrigkeit selbst zur Gründung einer ihren ganzen Bezirk umfassenden Krankenkasse zu schreiten oder von der Ermächtigung einer nach § 99 Gewerbegesetz zulässigen Einrichtung Gebrauch zu machen. Dies konnte aber nur in Form eines durch örtliche Statuten festgelegten Regulativs erfolgen.

Die ordnungsmäßige Führung wurde durch die Bestimmung gewährleistet, dass die Innungen (§ 88) und die Krankenkassen (§§ 97, 98) der allgemeinen Aufsicht der Obrigkeit des Ortes, an dem sie ihren Sitz hatten, unterstanden (§ 100). Diese konnte in alle die Angelegenheit der Genossenschaft betreffenden Schriften und Rechnungen jederzeit Einsicht verlangen und an deren Verhandlungen nach ihrem Ermessen teilnehmen.

Die Ausführungsverordnung erhielt sehr eingehende Vorschriften für die Krankenkassen (§§ 75 – 83), die sich durchwegs auf die §§ 97 – 100 des Gewerbegesetzes bezogen. Bei ihrer Einrichtung war zu prüfen, dass die Zweckbindung sich auf folgende Punkte beschränkte:

1. Die Unterstützung in Krankheitsfällen, die sowohl die eigentliche Krankenpflege als auch die Gewährung eines so genannten Krankenlohnes (Krankengeldes) umfasste.

2. Die Erstattung von Begräbniskosten.

Weitergehende Zwecke – die Unterstützung Arbeitsunfähiger und Pensionen für Witwen und Waisen – durften mit den auf gesetzlicher Zwangspflicht beruhender Kassen nicht verbunden werden, sondern waren nur als besondere freiwillige Institute zu verfolgen. Es blieb jedoch den Kassen überlassen, etwa sich ergebende Gewinne nach Maßgabe der von den Kassenverwaltungen in Übereinstimmung mit den Kontrollausschüssen zu fassenden Beschlüsse zur Gewährung kleiner Unterstützungen an durchreisende hilfsbedürftige Gewerbegehilfen und zur Unterhaltung von Einrichtungen für Erleichterung des Unterkommens und der Arbeitsbeschaffung zu verwenden.

Beitragspflichtig waren nur dem Kassenbereich angehörige Gewerbegehilfen und Arbeiter, soweit sie eine Verpflichtung zur Führung eines Arbeitsbuches besaßen. Es war aber zulässig, auch selbstständigen Gewerbetreibenden und Lehrlingen den Beitritt zu gestatten. An Arbeitgeber durfte die Aufforderung zu freiwilligen, entweder einmaligen oder fortlaufenden Beiträgen gerichtet werden. Ein Anrecht auf Unterstützungen besaßen nur die beitragspflichtigen Kassenmitglieder. Zugewanderte Gewerbegehilfen und Industriearbeiter kamen von dem Augenblick an in ihren Genuss, indem sie in ein die Verpflichtung zum Beitritt begründetes Arbeitsverhältnis eintraten, auch wenn noch kein Beitrag von ihnen erhoben wurde. Dagegen hatten Durchreisende und Arbeitsuchende, sofern sie nicht schon Beiträge entrichteten, keinerlei Anspruch auf die statutenmäßigen Leistungen.

Die Verwaltung der Kassen richtete sich nach der Art ihrer Gründung und Unterhaltung. Ältere nach dem Mandat vom 7. Dezember 1810 bestehende Kassen behielten ihre Verfassung, allerdings nach Möglichkeit ihrer erweiterten Mitwirkung der aus dem Kreis der gewerblichen Gehilfen gebildeten Ausschüsse. Institute, die ohne Mitwirkung und Garantie der Arbeitgeber gegründet und unterhalten wurden, standen unter der Verwaltung eines aus den Beitragspflichtigen gewählten Ausschusses. Dagegen unterlagen solche Kassen, die von den Arbeitgebern garantiert und durch deren Beiträge wesentlich mitfinanziert wurden, einer gemeinschaftlichen Verwaltung beider Seiten. Dabei

konnten die Arbeitgeber oder ihre Vertreter die eigentliche Verwaltung und die Arbeitnehmer durch einen gewählten Ausschuss die Kontrolle ausüben oder umgekehrt.

Schließlich blieben Kassen, die in Ermangelung anderer Mittel als allgemeine Krankenkassen von der zuständigen Obrigkeit selbst ins Leben gerufen wurden, unter deren Verwaltung, jedoch allenfalls unter der Kontrolle eines Ausschusses der Beitragspflichtigen. Die Bestimmungen über die Wahlen der Verwaltungs- oder Kontrollausschüsse durch die Beitragspflichtigen sollten möglichst einfach gestaltet werden. Dabei galt der Grundsatz, dass nur solche Personen gewählt werden konnten, die gegebenenfalls auch als Beisitzer eines Gewerbegerichtes das Wahlrecht besaßen.

Mit Rücksicht auf die zweckmäßige Erfüllung der Kassenverpflichtungen wurde es dem Gründungsgremium und dessen satzungsmäßiger Festlegung überlassen:

1. ob die eigentliche Krankenpflege einschließlich der Bestellung eines Arztes, Beschaffung der Arznei oder sonst nötigen Pflegematerials in der Wohnung der Kranken oder in einem geeigneten Krankenhaus gegen feste Sätze erfolgen sollte.

2. welche Anhaltspunkte für den Übergang der die Krankenpflege begründenden Krankheit in dauernde Arbeitsunfähigkeit gelten sollte, mit der sich der Anspruch an die Kasse erledigte.

3. ob die Gewährung eines zeitlich begrenzten Krankenlohns während der Zeit der Krankheit für alle gleich oder mit Abstufungen nach den Lohnverhältnissen der Versicherten und danach, ob diese eine Familie zu ernähren hatte oder nicht, festgesetzt werden sollte.

4. welcher Satz im Todesfall für die Begräbniskosten entsprechend den Ortsverhältnissen bestimmt werden sollte.

Absolute Sätze waren in den Statuten nur unter dem Vorbehalt der Revision nach den gemachten Erfahrungen aufzunehmen.

Für die Berechnung der Beiträge wurde empfohlen, diese nicht nach dem Alter der Versicherten abzustufen. Diese waren vielmehr nach den Erfahrungen über die in den einzelnen Kategorien durchschnittlich pro Arbeiter und Jahr anfallende Zahl der Krankentage und der Todesfälle innerhalb des Kassenbezirkes so zu bemessen, dass nach vollständiger Erfüllung der mutmaßlichen Leistungsverpflichtungen und unter Einschluss der Verwaltungskosten noch ein mäßiger Gewinn erwirtschaftet wurde. Dieser sollte für die nach § 75 dieser Verordnung zulässigen Nebenzwecke verwendet werden. Waren in einer solchen Institution Arbeiter verschiedener Kategorien versichert, die nach dem Krankheits- und Sterblichkeitsverhältnis wesentlich voneinander abwichen, so sollten auch die Beiträge verschieden bemessen werden.

Wenn man nach § 78 der Ausführungsverordnung die Krankenlöhne einer unterschiedlichen Regelung unterwarf, mussten auch die Beiträge entsprechend unterschiedlich bemessen werden. Die einzelnen Beiträge wurden jährlich auf Grund der gemachten Erfahrungen und Abschlüsse festgestellt und ausgeschrieben. Ihr Einzug hatte monatlich oder wöchentlich zu erfolgen.

Die korrekte Bezahlung der Beiträge musste in den Arbeitsbüchern quittiert werden, sooft der Beitragspflichtige seinen Arbeitgeber wechselte oder seinen Arbeitsort verließ. Der Arbeitgeber konnte sich nicht weigern, Restbeiträge an eine zugelassene Krankenkasse auf Verlangen der Krankenkassenverwalter dem Arbeitnehmer vom Lohn abzuziehen und an die Kasse abzuführen. Bestritt der Arbeiter diese Verbindlichkeit, so mussten das Gericht oder in den nach § 104 des Gewerbegesetzes vorgesehenen Fällen die Verwaltungsbehörde entscheiden. Die Polizeibehörden hatten sich bei Vorlage der Arbeitsbücher davon zu überzeugen, ob deren Inhaber ihre Beiträge an eine Krankenkasse entrichteten. Sie hatten ferner der zuständigen Obrigkeit, soweit die Beaufsichtigung nicht zu ihren eigenen Obliegenheiten gehörte, zu versichern, dass die Unternehmen über die mangelhafte Erfüllung dieser Verpflichtung unterrichtet würden.

Das Statut einer Krankenkasse musste, wenn es zur Bestätigung nach § 63 dieser Ausführungsverordnung geeignet sein sollte, klare Bestimmungen über folgende Punkte enthalten:

1. Über welchen Ort, welchen Bezirk oder welches Etablissement und auf welche Klasse von Arbeitern erstreckte sich der Kassenbereich?

2. Welches waren die Zwecke der Kasse, entweder nur Gewährung von Krankenpflege und Begräbniskosten oder auch andere nach § 75 Gewerbegesetz zulässige?

3. Wer war beitragspflichtig?

4. In welcher Weise sollte den Kassenzwecken entsprochen werden (§ 78)?

5. Wie wurden die Beiträge aufgebracht und nach welchem von Zeit zu Zeit der Revision unterliegenden Maßstab?

6. In welcher Höhe waren Reserven anzusammeln und wie die etwa vorhandenen Bestände anzulegen?

7. Wie waren die Organe der Kassenverwaltung zusammengesetzt, wie erfolgte die Wahl ihrer Mitglieder und welches waren ihre Befugnisse?

8. Wie wurde für die notwendige Kontrolle gesorgt?

9. Unter welchen Voraussetzungen konnte eine Auflösung erfolgen und welches formelle Verfahren war dabei einzuhalten?

Bei der Prüfung der Statuten von Fabrikkrankenkassen und ähnlichen Einrichtungen, die durch eigene Tätigkeit der Beteiligten errichtet und unterhalten wurden, musste nach den in § 65 der Verordnung zum Gewerbegesetz festgelegten Richtlinien besonders darauf geachtet werden, dass der Kassenorganisation ein das nachhaltige Bestehen derselben sicherndes ausgeglichenes Verhältnis zwischen Leistungen und Beiträgen zugrunde lag. Zu dieser Prüfung hatten sich die zuständigen Behörden geeigneter Sachverständiger zu bedienen. Das Staatsministerium des Inneren behielt sich in diesem Zusammenhang vor, soweit nicht solches schon geschehen war, dafür zu sorgen, dass die auf diesem Gebiet gemachten Erfahrungen den Beteiligten und den Behörden in geeigneter Weise zugänglich gemacht wurden.

Das Aufsichtsrecht über Verpflegungskassen, deren Verwaltung ihren Sitz in einer Stadt hatte, deren Stadtrat die Funktion einer Gewerbepolizeibehörde nach § 101 des Gewerbegesetzes und der entsprechenden Bestimmung der Ausführungsverordnung bekleidete, stand dieser städtischen Behörde zu, auch wenn die Kasse außerhalb des Stadtbezirks wohnende Mitglieder besaß.

Über Differenzen zwischen einzelnen Mitgliedern und der Verwaltung wegen der Nichterfüllung von Leistungen und sonstiger Verbindlichkeiten entschied jedoch die Obrigkeit des Wohnsitzes der Mitglieder. Zuvor musste allerdings die Frage geklärt werden, inwieweit diese Differenzen von der Verwaltungsbehörde verhandelt werden konnten.

Bei der Ausübung des Aufsichtsrechts sollte der Grundsatz möglichst ungehinderter Selbstverwaltung Berücksichtigung finden. Daher sollte sich die Obrigkeit, solange Beschwerden nicht geführt wurden oder die Verwaltung selbst ihren Beistand anrief oder notorische Gesetz- und Statutenwidrigkeiten vorkamen, der Einmischung enthalten. Dieselben Grundsätze fanden auch bei der Ausübung des Aufsichtsrechts der Innungen Anwendung.

❧ Zusammenfassung

Insgesamt lässt sich sagen, dass die bedeutendste sozialpolitische Leistung mit dem sächsischen Gewerbegesetz von 1861 und den Vorschriften zur Fürsorge des arbeitenden Menschen sowie des Krankenkassen- und Unterstützungswesens als besonderen Fortschritt durch die sächsischen Könige im 19. Jahrhundert erbracht wurde. Das geschah noch lange vor der berühmten Sozialgesetzgebung des Reichskanzlers Bismarck in den 80iger Jahren des 19. Jahrhunderts. Somit ist dieses unter der Regierungszeit König Johanns von Sachsen und unter tatkräftiger Mitwirkung des Thronfolgers Albert geschaffene Gesetz ein wesentlicher Beitrag zur Entwicklungsgeschichte der modernen deutschen Sozial- und Wirtschaftspolitik – eine Tatsache, die heute bedauerlicherweise weitestgehend in Vergessenheit geraten ist. Auch für unsere gegenwärtigen Reformmaßnahmen auf dem Gebiet der Sozial- und Wirtschaftspolitik könnte dieses Gesetz ein durchaus nachahmenswertes Vorbild sein.

❧ *Zeittafel 1854 – 1873*

— 1854 – 1873 —

König Johann der Wahrhaftige

— 1855 —

Die Einwohnerzahl ist auf 2.039.176 angewachsen. Erste Nähmaschinenfabrik Deutschlands in Dresden

— 1856 —

Neues Strafgesetzbuch; Villeroy & Boch gründen in Dresden eine Steingutfabrik

*Ferdinand
Freiherr von Beust*

— 1858 —

Friedrich Ferdinand Freiherr von Beust wird Vorsitzender des Ministeriums (bis 1866)

— 1861 —

Weitere Förderung der Wirtschaft durch Gewerbefreiheit und fortschrittliches Gewerbegesetz.

— 1862 —

Einheitliches Handelsgesetzbuch und Angleichung der Gewichte im Deutschen Zollverein; erste deutsche Zigarettenfabrik in Dresden.

— 1865 —

Inkrafttreten des Sächsischen Bürgerlichen Gesetzbuches; Gründung der Sächsischen Staatsbank in Dresden.

— 1866 —

Sachsen unterstützt im Deutschen Krieg Österreich gegen das angreifende Preußen, nach der militärischen Niederlage, Friedenschluss mit Preußen und Beitritt zum Norddeutschen Bund. Verzicht u.a. auf eigenständige Außenpolitik und Eingliederung des Heeres in das Bundesheer. Staatsminister von Beust verliert auf preußischen Druck sein Amt und wird österreichischer Außenminister. Nachfolger wird Dr. Johann Paul Freiherr von Falkenstein (bis 1871)

— 1867 —

Die Verfassung des Norddeutschen Bundes tritt in Kraft; Gesetz über die Freizügigkeit; Sachsen erhält Souveränitätsrechte in der Militärverwaltung in der Militärkonvention mit Preußen.

— 1869 —

Liberales Pressegesetz; Leipzig wird Sitz des Bundesoberhandelsgerichts; Einführung der Kettenschleppschifffahrt auf der Elbe. Eisenbahnstrecke Dresden – Zwickau durchgängig befahrbar; Dichtestes Eisenbahnnetz Deutschlands in Sachsen.

— 1870 —

Gründung des Gewerbehausorchesters in Dresden. Im Deutsch-Französischen Krieg nimmt Sachsen als Mitgliedsstaat des Norddeutschen Bundes teil. Die Sächsischen Truppen unter dem Oberbefehl von Kronprinz Albert siegen bei St. Privat; Kronprinz Albert wird Oberbefehlshaber der Maas-Armee, welche die Franzosen bei Beaumont schlagen und Paris belagern. Der Ausfall der Franzosen wird unter maßgeblicher Beteiligung der sächsischen Truppen, jetzt unter Prinz Georg, zurückgeschlagen.

— 1871 —

Kaiserproklamation am 18. Januar in Versailles, an der Kronprinz Albert und Prinz Georg teilnehmen; Eingliederung der sächsischen Post als 'Kaiserliche Post' in das Deutsche Reich; Kronprinz Albert wird Preußischer Generalfeldmarschall. Richard Reichsfreiherr von Friesen wird Vorsitzender des Ministeriums (bis 1876). Beginn der kartographischen Landaufnahme Sachsens. Gründung des Polytechnikums in Dresden. Sachsen hat 2.556.244 Einwohner.

— 1872 —

Beginn der Arbeiten am 'Fürstenzug', dem berühmten Denkmal des Hauses Wettin.

— 1873 —

König Johann stirbt, Nachfolger wird der bisherige Kronprinz Albert.

König Albert

(1828 / 1873 – 1902)

20 Mark (G) – König Albert

Als Nachfolger von König Johann bestieg dessen ältester Sohn Albert als fünfter König von Sachsen den Thron der Wettiner und regierte sein Land von 1873 – 1902.

König Albert entstammte bekanntlich der Ehe des Prinzen und späteren Königs Johann mit Amalie Augusta, einer Tochter König Max I. Joseph von Bayern und dessen zweiter Gemahlin Caroline von Baden. Die Freude in Sachsen und der königlichen Familie war groß, als am 23. April 1828 der künftige Thronerbe Albert geboren wurde.

Über die ersten Lebensjahre dieses Wettiners ist nur soviel zu sagen, dass treusorgende Hände sein Leben und seine Gesundheit überwachten. Zunächst übernahm diese Aufgabe Frau von Eberstein, die bis zum Ende der 40er Jahre des 19. Jahrhunderts dem königlichen Haus verbunden blieb. Ihr unterstand anfangs eine französische Gouvernante mit Namen Zoe de Roger. Als diese in ihre Heimat zurückkehrte, trat an ihre Stelle Frl. Sophie von Sturmfeder. Sie war trotz ihrer Energie und vielseitigen Kenntnisse ihrer Tätigkeit nicht gewachsen.

Das Leben in dieser frühen Kinderzeit des Prinzen Albert verlief ruhig und wechselte zwischen Schloss Pillnitz im Sommer und dem Taschenberg-Palais in Dresden im Winter. Interessanter erwiesen sich jedoch für Albert und seine Geschwister die kurzen Aufenthalte im stillen Landgut Jahnishausen bei Riesa und in dem von König Anton an Prinz Johann vererbten Schloss Weesenstein in unmittelbarer Nähe von Pirna. Mit dem Aufenthalt in Weesenstein verknüpften sich für Albert und seine Geschwister wohl die schönsten Jugenderinnerungen. Wer dieses Schloss und seine beherrschende Lage im Grenzbereich des Osterzgebirges und der Sächsischen Schweiz kennt, kann ermessen, wie wohl sich Albert in diesem romantischen Schloss fühlte.

Bedauerlicherweise ist nicht mehr feststellbar, wie der Schulunterricht gestaltet wurde; es darf aber angenommen werden, dass Alberts Vater König Johann die nach seiner Ansicht besten Lehrer für den Sohn und Thronerben ausgesucht hatte. Besonderes Augenmerk legte der königliche

Vater auf den Religionsunterricht, für den er den späteren katholischen Bischof und damaligen katholischen Hofprediger Dittrich gewann.

Den ersten Aufenthalt außerhalb Sachsens nahm Prinz Albert mit seinen Eltern 1813 in Wien, wo sie Kaiser Franz I. besuchten. Es darf angenommen werden, dass dieses Zusammentreffen mit Kaiser Franz I. den Prinzen deswegen beeindruckte, weil es sich bei diesem Habsburger um den letzten Kaiser des Heiligen Römischen Reiches – Deutscher Nation handelte. Über dieses Treffen erzählt König Johann in seinem Tagebuch folgendes:

„Für meine Kinder war er sehr freundlich. Sie wurden meist nach Tisch in den Salon gebracht. Der kleine Albert ging eines Tages auf den Kaiser zu und sagte ihm: ‚Du heißt Kaiser‘. Der alte Herr antwortete: ‚Nein, mein Kind, ich heiße Franz und bin der Kaiser‘.“

Wichtig für das weitere Leben Alberts wurde die Tatsache, dass er mit Geheimrat Langenn einen Erzieher erhielt, der als Angehöriger des sächsischen Beamtentums dem evangelischen Glauben angehörte, aber dem königlichen Vater gegenüber allein verantwortlich war. Trotz der unterschiedlichen Konfession erwies sich diese Wahl Johanns als durchaus glücklich, verstand es doch Langenn überraschend schnell, das Vertrauen des Prinzen zu gewinnen, zudem förderte dieser das Interesse Alberts für die Geschichte besonders Sachsens. Der Vater persönlich erweckte in ihm das Interesse für die griechisch-römische Kultur, wofür sogar ein eigener Lehrer angestellt wurde.

Bedeutungsvoll erwies sich das Jahr 1837 durch eine Reise nach Tegernsee zum Besuch der mütterlichen Großmutter Caroline von Bayern. Bei dieser Gelegenheit begegnete Albert erstmals dem späteren Kaiser Franz Joseph von Österreich, mit dem ihn eine lebenslange Freundschaft verband. Diese endete erst mit dem Tod des Königs 1902. Auch mit König Ludwig I. von Bayern ergab sich damals ein erstes Zusammentreffen.

Seit 1839 nahm Albert fast jährlich an den Manövern der sächsischen Armee teil und erlernte das Militärwesen von Grund auf. Bereits 1843 erhielt er die Ernennung zum Leutnant. Am 13. März 1845 legte der Prinz mit Erfolg die Reifeprüfung als Abschluss seiner schulischen Bildung ab. Diese Prüfung fand in Anwesenheit von König Friedrich August II. und seinem Vater Johann statt. Bei diesem Anlass schied Langenn als Erzieher des Prinzen aus; trotzdem blieb der Kontakt des nunmehr im sächsischen Justizministerium tätigen ehemaligen Erziehers mit Albert weiterhin eng und freundschaftlich.

König Albert als Prinz

Nach dem Rücktritt Langenns wählte der damalige Prinz Johann Oberstleutnant von Mangoldt zum militärischen Begleiter Alberts. Dessen Hauptaufgabe bestand darin, die Erziehung des künftigen sächsischen Herrschers zu vollenden und zugleich den notwendigen Hofdienst zu versehen. Mangoldt war lediglich dem königlichen Vater und in dessen Abwesenheit der Mutter verantwortlich. Zugleich legten die Eltern auf die religiöse Einstellung ihres ältesten Sohnes besonderen Wert, zumal Mangoldt dem evangelischen Glauben angehörte.

Neben Mangoldt befand sich in der unmittelbaren Umgebung Alberts der Rat am Appellationsgericht Dresden Dr. Robert Schneider, der später das sächsische Staatsministerium der Justiz leitete und 1871 starb. Schneider hatte die Aufgabe, den künftigen Thronerben mit juristischen Fragen vertraut zu machen und das Interesse für Recht und Gerechtigkeit zu wecken. Beides gelang dem künftigen Staatsminister in hervorragender Weise.

Dennoch blieb der militärische Dienst im Mittelpunkt des alltäglichen Lebens. Dazwischen unternahm Prinz Albert immer wieder Reisen in Sachsen und dessen Nachbarländer. So reiste er 1846 nach Helgoland und Norderney. In Hamburg traf er den Großherzog von Mecklenburg-Schwerin und den Erbprinzen von Lippe-Detmold. Aus diesem Anlass besuchte er mit beiden Freunden eine Opernaufführung in der Hansestadt mit der Sängerin Jenny Lindt. In den Briefen an den Vater nach Dresden berichtete er von Hamburg aus auch über die beginnenden kriegerischen Auseinandersetzungen mit Dänemark und Schleswig-Holstein.

Während im Familienkreis über einen möglichen Militärdienst des Thronfolgers in Österreich diskutiert wurde, entschied sich das Gesamtministerium in Dresden auf Grund einer Vorlage Johanns für das Universitätsstudium des Prinzen. Als Ort dafür wählte der königliche Vater nach kurzer Überlegung Bonn, da er seinen ältesten Sohn und Thronerben in eine katholische Universitätsstadt schicken wollte.

Nach der Teilnahme an den Feierlichkeiten aus Anlass der Silbernen Hochzeit seiner Eltern reiste Prinz Albert am 23. November 1847 mit Mangoldt und Schneider nach Bonn. Dort wohnte er zunächst im „Hotel Bellevue" und dann im Haus Koblenzer Str. 20. Am 27. November erfolgte dann die feierliche Immatrikulation an der Bonner Universität.

Auf Grund der engen Kontakte seines Vaters mit Prof. Clemens Perthes nahm sich dieser des Wettiners an und hielt ihm auch eine private Vorlesung über Staatsrecht. Albert durfte auch die reichhaltige Privatbibliothek von Perthes benutzen. Auf dessen Initiative kam er auch mit zahlreichen weiteren Professoren der Bonner Universität in persönlichen Kontakt. Während seiner Bonner Zeit hörte er Vorlesungen des Historikers Dahlmann über deutsche Geschichte und Politik. Besonders interessierte Albert auch Prof. Arndt, der damals Nestor dieser rheinischen Hochschule war.

Während seiner Bonner Studienzeit unterhielt Albert auch enge Kontakte mit Kollegen aus befreundeten Fürstenhäusern. Besonders erwähnt werden muss Prinz Friedrich von Baden, mit dem er eine lebenslange Freundschaft einging. Viel verkehrte er auch mit Prinz Friedrich Karl von Preußen, Prinz Wilhelm von Mecklenburg und dem Erbprinzen von Hessen. Interessant erscheint, dass diese Begegnungen meist im Haus von Perthes stattfanden.

Wie aus den Briefen an den Vater in Dresden entnommen werden kann, verfolgte Prinz Albert eingehend die Ereignisse, die zum Ausbruch der Februar-Revolution 1848 führten. Besonders wichtig ist die Stellungnahme bezüglich der Politik der deutschen Regierungen. Dazu äußerte sich der Prinz wie folgt:

„Unsere ganzen Erwartungen sind jetzt auf Deutschlands Regierungen gewandt. Wir hoffen, daß die einzelnen Länder auch ohne Bundesbeschluß die möglichen Anstrengungen machen werden, wohl einsehend, geht es der Allgemeinheit schlecht, es ihnen auch an den Kragen geht. Und vieles müssen wir thun, denn Österreich ist paralysiert und die erhitzten Franzosen gefährlich. Von der Revolution, hier sowohl als sogar in Belgien fürchten die wohl Unterrichteten nichts, ja man hofft sogar, daß Belgien auf unsere Seite tritt.“

Erfreulich erscheint das Eintreten Alberts für die Einheit und Größe Deutschlands. Wohl auf Grund dieser Ereignisse entschied Friedrich August II., dass Prinz Albert nach Dresden zurückkehren sollte, ein Wunsch, dem sich auch Vater Johann anschloss.

Kurz nach seiner Heimkehr am 26. März 1848 übernahm der Thronfolger das Kommando über die 4. Kompagnie des Fußartillerie-Regiments. Wie er in einem Brief an Perthes bekannte, sehnte er sich weiterhin nach seinen Studien in Bonn. Daneben verfolgte er eingehend die kriegerischen Ereignisse in Schleswig-Holstein.

In dieses Krisengebiet im Norden Deutschlands entsandte die Dresdner Regierung im Frühjahr 1849 eine Brigade, der auch Prinz Albert auf eigenem Wunsch angehörte. Diese Einheit nahm aktiv an den Kämpfen gegen Dänemark in Schleswig-Holstein teil. Erst am 13. September kehrte der Prinz nach Sachsen zurück und wurde 8 Tage später durch seinen Onkel, König Friedrich August II., zum Chef des 4. Bataillons der nach ihm benannten Infanterie-Brigade mit Sitz in der Oberlausitzer Metropole Bautzen, eine Stellung, die er am 25. Oktober übernahm. Gleichzeitig bezog er eine Wohnung in seiner neuen Garnisonstadt und erwarb dort auch bei der Bevölkerung hohes Ansehen. Immer wieder wurden diese militärischen Pflichten durch repräsentative Aufgaben als Thronfolger in Dresden bzw. durch Besuche bei Verwandten oder pflichtbedingte Reisen unterbrochen.

Wichtig wurde seine Hochzeit mit Prinzessin Carola von Wasa / Schweden am 18. Juni 1853, womit es zu einer engen Bindung des Hauses Wettin-Albertinische Linie mit dem auf König Gustav Adolph zurückgehenden schwedischen Königshaus kam. Diese Ehe mit Carola kann als äußerst glücklich bezeichnet werden. Bedauerlicherweise blieb diese Verbindung kinderlos. Dennoch ist beachtenswert, dass Carola durch ihre soziale Gesinnung beispielgebende Taten auf dem Gebiet der Frauenarbeit und der Kinderbetreuung leistete.

Am 3. Dezember 1853 ernannte König Friedrich August II. seinen Neffen Albert zum Kommandanten der sächsischen Infanterie.

✑ Die militärischen Leistungen 1866 und 1870/71

Auf militärischem Gebiet vollbrachte der nach der Thronbesteigung seines Vaters Johann 1854 nunmehr zum Kronprinzen erhobene Wettiner besonders im Schicksalsjahr 1866 und in den Kämpfen in Frankreich 1870/71 Leistungen, die noch heute allgemeine Bewunderung erregen dürften. Dabei zeichnete er sich 1866 bei Königgrätz auf österreichischer Seite besonders aus, hielt er doch damals als Kommandeur den linken Flügel der gemeinsam kämpfenden österreich-sächsischen Armee, wodurch er den österreichischen Einheiten einen geordneten Rückzug in Richtung Wien ermöglichte.

Königin Carola

In ähnlicher Weise war es dem Kronprinzen zu verdanken, dass die Schlachten im deutsch-französischen Krieg 1870/71 bei St. Privat und Gravelotte in Lothringen für Deutschland siegreich ausgingen. Damit trug Kronprinz Albert entscheidend dazu bei, dass der Krieg gegen Frankreich zugunsten der deutschen Truppen mit Erfolg beendet werden konnte. Auf diese Weise leistete Albert einen wesentlichen Beitrag zur Gründung des Deutschen Reiches 1871, an dessen Proklamation er gemeinsam mit seinem jüngeren Bruder Georg in Versailles im Auftrag von König Johann teilnahm.

König Albert als Politiker

König Albert von Sachsen erwies sich nicht nur als Militärführer bedeutungsvoll, sondern auch auf politischem Gebiet als ein hervorragender Kenner. In besonderer Weise gilt das auch für die Wirtschafts- und Sozialpolitik, wobei er in erster Linie das verpflichtende Erbe seines Vaters Johann weiter führte. Eigene Anschauungen erwarb er sich dadurch, dass er noch vor seiner Thronbesteigung 1873 Mitglied der Finanzdeputation der Ersten Kammer des Sächsischen Landtages war. Dabei handelte es sich um eine Einrichtung, die heute mit den Ausschüssen für Wirtschaft und Soziales auf der einen und Finanzen bzw. Haushalt des Bundestages und den Länderparlamenten auf der anderen Seite zu vergleichen ist. Ergänzend dazu kamen wiederholte Besuche in Städten, Gemeinden und Industrieunternehmungen, in deren Zusammenhang er Themen der Sozial- und Wirtschaftspolitik ansprach und sich auch über damit zusammenhängende Probleme eingehend unterrichten ließ.

Nach der Gründung des Deutschen Reiches als Folge des Krieges 1870/71 gegen Frankreich stand das Königreich Sachsen, um mit dem Historiker Otto Kaemmel zu sprechen, „unter dem Zeichen innigster und vielseitigster Gemeinschaft mit dem gesamtdeutschen Leben und einer auf diesem Grund ruhenden rüstigen, in mancher Beziehung eigenartigen Kulturarbeit". Die Person des Königs Albert erwies sich dafür als ein wichtiger Garant, obwohl sein Heimatland Sachsen als Folge des Krieges 1866 wesentliche Rechte der bisherigen Souveränität an Preußen und nach Gründung des Reiches an die neuen Zentralinstanzen in Berlin abtreten musste. Durch seine freundschaftlichen Kontakte zum Reichskanzler Fürst Otto von Bismarck und zum regierenden Haus der Hohenzollern in Preußen konnte er trotz der beschränkten Eigenständigkeit seines Landes neue Impulse geben.

Fürst Otto von Bismarck

Dazu kam, dass nach dem Ausscheiden der Donau-Monarchie aus dem Deutschen Bund 1866 die Freundschaft zwischen Kaiser Franz Joseph von Österreich und dem sächsischen König Albert Letzterem eine oft mühevolle, aber auch erfolgreiche Vermittlertätigkeit zwischen den beiden Großmächten Deutsches Reich und Österreich-Ungarn ermöglichte. Außerdem besaß der sächsische Monarch wertvolle persönliche Verbindungen zum russischen Zarenhaus, womit er beispielsweise in der auch heute noch aktuellen Balkan-Frage seinem österreichischen Vetter und Freund Kaiser Franz Joseph wertvolle Dienste leisten konnte. In völliger Übereinstimmung mit Bismarck sah er Erfolge in Europa nur dann, wenn ein gutes Einvernehmen mit Russland bestand. Nur auf dieser Basis hatte Bismarck seine politische Einstellung durchgesetzt, die zur Gründung des Deutschen Reiches 1871 führte. Wie wir aus vielfachen persönlichen Äußerungen wissen, befürchtete König Albert allerdings, dass Deutschland bei Außerachtlassung dieser wichtigen politischen Leitlinie in einen Zweifrontenkrieg verwickelt werden könnte. Daher unterstützte er massiv eine Politik, die das Reich aus kriegerischen Auseinandersetzungen heraushalten solle.

Die Regierungszeit König Alberts von 1873 – 1902 kann als eine Periode äußeren Friedens bezeichnet werden. Noch aber waren die Narben aus dem deutsch-deutschen Bruderkampf von 1866 nicht völlig verheilt. Die Politik des sächsischen Monarchen war daher vor allem auf die Überwindung alter Gegensätze gerichtet. Das galt besonders für das Verhältnis zu Preußen, mit dem bereits sein Vater Johann nach 1866 erste Schritte zu einer Aussöhnung angebahnt hatte. Auf diesem Fundament konnte König Albert weiterbauen. Dazu schreibt Joseph Kürschner in dem aus Anlass des 70. Geburtstages des Monarchen 1898 herausgegebenen Gedenkbuch:

„Bei einem Blick auf die Thronbesteigung König Alberts wird die Erinnerung wach, daß in dem Verhältnis zwischen dem Einzelstaat und dem Reich noch nicht die völlige Klärung und beiderseitige Hingebung die zum Gedeihen hüben und drüben sich als notwendig erwies, eingetreten war. Hie Unitarismus, hie Partikularismus, das waren die vermeintlichen Differenzpunkte, die damals die Gemüter noch nicht völlig zur Aussöhnung und Beruhigung gelangen ließen. Es ist nun vor allem dem König Albert zu danken, für die Anbahnung des vollendet herzlichen und harmonischen Verhältnisses zwischen den Häusern Wettin und Hohenzollern gewirkt zu haben. Es hat eine Zeit gegeben, in der es wohl zweifelhaft sein konnte, welches von beiden Häusern Wettin und Hohenzollern einstmals zu der Stellung der führenden Macht in Deutschland berufen sein würde. Diese Frage ist längst zu Gunsten Preußens entschieden, ohne daß deshalb je in des Königs Albert Brust ein Mißmut entstanden wäre. Der Freundschaftsbund zwischen den beiden Königshäusern ist namentlich durch sein hochherziges Entgegenkommen so innig gestaltet worden, daß jede unerquickliche Rivalität ausgeschlossen ist."

Die Freundschaft zwischen König Albert und den regierenden Hohenzollern einerseits sowie dem Reichskanzler Fürst Otto von Bismarck andererseits, führte dazu, dass der sächsische Monarch eine nicht zu unterschätzende Mittlerrolle zwischen Kaiser und Kanzler übernehmen konnte. Bedauerlicherweise war nicht zu verhindern, dass Bismarck auf Grund seiner unüberbrückbaren Differenzen mit Wilhelm II. seinen Platz als Reichskanzler räumen musste. Dennoch blieben die freundschaftlichen Kontakte zwischen Bismarck und Albert bis zum Tode des Fürsten bestehen.

Selbstverständlich führte diese freundschaftliche Verbindung mit Bismarck auch zu einem umfangreichen Briefver-

Kaiser Wilhelm II. mit Gemahlin

kehr. Leider ließ König Albert die gegenseitigen Briefe kurz vor seinem Tode 1902 verbrennen, wie der Verfasser aus Berichten seines verehrten Vaters, Prinz Friedrich Christian, weiß. Damit ging eine wertvolle Quelle zur Geschichte der Reichseinigung Deutschlands und ihrer Folgen für die wissenschaftliche Forschung verloren.

Entsprechend einer alten Tradition des Hauses Wettin-Albertinische Linie setzte sich König Albert für die Erhaltung der bundesstaatlichen Ordnung in Deutschland ein. Diese absolute Treue zum Grundprinzip des Föderalismus übertrugen die Könige Johann und Albert auf das neu entstandene Deutsche Reich von 1870/71. Diese Grundhaltung behielten die regierenden Wettiner bis zum Ende der Monarchie in Sachsen 1918 bei, obwohl sie im Grunde genommen weiterhin den Kaiser von Österreich – den Erben des Heiligen Römischen Reiches – Deutscher Nation – als den berufenen Repräsentanten deutscher Politik ansahen. Prinz Friedrich Christian – ein Großneffe König Alberts – vertrat die Meinung, dass es besser gewesen wäre, wenn österreichische Politiker den Kurs der deutschen Außenpolitik seit 1870/71 bestimmt hätten. Wenn wir uns die kleinkarierten Vertreter des Auswärtigen Amtes in Berlin nach dem Rücktritt Bismarcks näher betrachten, können wir dieser Meinung nur zustimmen.

Auf innenpolitischem Gebiet verfolgte König Albert zielstrebig eine Neugestaltung der Landesverwaltung, für die bereits unter seinem Vater Johann die wesentlichen gesetzlichen Vorschriften erlassen wurden. An die Stelle der bisherigen Kreisdirektionen traten fortan vier Kreishauptmannschaften, denen wiederum 27 Amtshauptmannschaften – wir würden heute sagen Landkreise – unterstanden. In Verbindung damit brachte die Umgestaltung der Städte- und Landgemeindeordnung eine größere Selbstständigkeit für die Kommunen. In enger Beziehung damit sollte auch der weitere Ausbau der Armenpflege sowie die Reform des Steuer- und Brandversicherungswesens gesehen werden. Von großer Bedeutung erwiesen sich ferner auch die Verwaltungsreform 1873 und die Neuordnung des Steuerwesens 1878. In der weiteren Folge trat die progressive Einkommensteuer an die Stelle der bisherigen Gewerbe- und Personalsteuer. Zur Deckung ihrer Schuldenlasten erhielten die Gemeinden als zusätzliche Einnahmequelle einen Teil der Grundsteuer.

Schließlich folgte 1896 ein neues liberalisiertes Landtagswahlgesetz, über das Otto Kaemmel folgendes schreibt:

„Einen ähnlichen Erfolg hatte das Landtagswahlgesetz vom 28. März 1896, insofern es das allgemeine Wahlrecht einführte; aber es machte auch das Maß der politischen Rechte von dem Maße der Steuerleistung dadurch abhängig, daß es darnach die Wähler in drei Klassen teilte, von denen jede 1/3 der Abgeordneten (zur Zweiten Kammer) wählte und die indirekte Wahl (Urwähler und Wahlmänner) einführte. Damit gewann in Widerspruch zu dem städtisch-industriellen Charakter des Landes die konservativ-agrarische Partei in der II. Kammer das Übergewicht, und die handarbeitenden Klassen wurden tatsächlich von der Volksvertretung ausgeschlossen."

So sehr das neue Landtagswahlgesetz von 1896 einen Erfolg im Sinne der Liberalisierung und Demokratisierung Sachsens darstellte, ist es dennoch unvollständig, weil vor allem die kleinen Handwerker und die für die soziale bzw. wirtschaftliche Entwicklung wichtigen Industriearbeiter von der Mitwirkung am parlamentarischen Leben ausgeschlossen blieben. Erst kurz vor dem Ende der Monarchie im November 1918 wurde das allgemeine Wahlrecht endgültig in Sachsen eingeführt, womit die freiheitlich-demokratische Ordnung den Sieg davontrug.

Als wichtig erwies sich ferner die Tatsache, dass das Königreich Sachsen 1873 ein neues Volksschulgesetz erhielt. Auf Grund dieses Gesetzeswerkes stellte man die Volksschulen im gesamten Land unter die fachmännische Aufsicht von königlichen Bezirksschulinspektoren. Gleichzeitig wurde die Ausbildung junger Leute durch die Einführung beruflicher Fortbildungsschulen ergänzt. Auch das höhere Schulwesen konnte 1876 auf eine gemeinsame gesetzliche Basis gestellt werden. Dazu trugen wesentlich die Vermehrung der Gymnasien, der Realschulen (ohne Latein) und der Seminare bei. Dieses Reformgesetz sah ferner den Bau zweckentsprechender Schulgebäude, die Verbesserung der Lehrergehälter und eine gewisse Modernisierung des Unterrichts vor. Noch heute finden wir in vielen Städten und Landgemeinden massive Schulgebäude, die offenbar ihren Ursprung der Regierungszeit König Alberts verdanken.

Neben diesen beispielgebenden Reformmaßnahmen auf dem Sektor der allgemeinen Schulbildung wurde unter König Albert auch ein leistungsfähiges technisches Bildungssystem aufgebaut. Dessen Spitze bildete die neu organisierte Technische Hochschule Dresden, die noch in der Gegenwart unter dem Namen „Technische Universität Dresden" einen Mittelpunkt zur Förderung des technischen Nachwuchses im Freistaat darstellt.

Auch die Landesuniversität Leipzig, zu deren wichtigsten Förderern König Albert als „Rector Magnificentissimus" zählte, entwickelte sich unter seiner Regierung zu einem weithin anerkannten Zentrum von Wissenschaftspflege und Forschung. Das zeigte sich auch darin, dass die Universität Leipzig im Rahmen der deutschen Universitäten insgesamt schon damals die dritte Stelle bezüglich der Studentenzahlen besaß. Der Monarch selbst war bei seinen häufigen Aufenthalten in der Messestadt Leipzig fast regelmäßig Besucher von Vorlesungen oder Seminaren und wohnte wiederholt wissenschaftlichen Experimenten bei.

Eine glückliche Hand besaß König Albert auch in der Auswahl seiner Minister und Mitarbeiter. Ferner galt seine besondere Fürsorge den von Seuchen oder Naturkatastrophen wiederholt heimgesuchten Landesteilen, denen er vielfach gemeinsam mit seiner Gemahlin Carola großzügige finanzielle oder materielle Hilfen angedeihen ließ.

Wirtschafts- und Sozialpolitik

Ähnlich wie sein Vater und Vorgänger König Johann war Albert auch ein bedeutsamer Sozial- und Wirtschaftspolitiker. Dies erscheint umso beachtlicher, als sein Hauptaugenmerk – wie bereits ausgeführt – auf militärischen Fähigkeiten beruhte. Bekanntlich rührte die Beschäftigung mit der Sozial- und Wirtschaftspolitik daher, dass dieser Wettiner schon vor seiner Thronbesteigung als Mitglied der Finanzdeputation der Ersten Kammer des sächsischen Landtages angehörte. Dadurch konnte er sich besonders gute Kenntnisse der aktuellen Sozial- und Wirtschaftspolitik aneignen. Wichtig erscheint, dass sich der damalige Kronprinz Albert bereits am 22. September 1858 im sächsischen Staatsrat an der Beratung des neuen Gewerbegesetzes beteiligte. Auf dieses auch sozial beachtliche Vorhaben wurde bereits im Zusammenhang mit der Sozial- und Wirtschaftspolitik König Johanns verwiesen. Beispielhaft ist, dass Johann und Albert gemeinsam an diesem grundlegenden Reformwerk arbeiteten. Das sollte deswegen Erwähnung finden, weil Vater und Sohn in einem engen und freundschaftlichen Verhältnis zueinander standen. Beide waren sich offenbar bewusst, welche Probleme das von den Wettinern regierte Sachsen als Industrie- und Gewerbeland lösen konnte und musste. Albert hatte noch zusätzlich das große Glück, dass seine Gemahlin Carola ebenfalls eine große Verantwortung auf sozialem Gebiet mitzutragen bereit war.

Umsicht und Tatkraft bewies König Albert auch bei seinen Maßnahmen zur Förderung der sächsischen Volkswirtschaft. In diesem Zusammenhang ist zunächst der Bergbau anzuführen, der bereits seit dem Mittelalter erhebliche wirtschaftliche Bedeutung für Sachsen und speziell das Erzgebirge besaß. Schon seit dem 17. und 18. Jahrhundert wurde dieser Wirtschafts- und Gewerbezweig von einem Rückgang befallen. Dennoch bemühte sich die sächsische Staatsregierung unter maßgeblicher Mitwirkung des Königs wiederholt, dieser negativen Erscheinung durch gezielte Maßnahmen entgegenzuarbeiten.

Um den seit 1871 rückläufigen Silberpreis zu stützen, gewährte die Staatsregierung erhebliche Zuschüsse. Damit hoffte man, die Erzgruben im Raum von Freiberg zu erhalten, sowie Not und Armut unter der arbeitenden Bevölkerung wenigstens lindern zu können. Trotzdem gelang es nicht, den Preisverfall infolge internationaler Entwicklung zu stoppen. Daher entschloss sich der sächsische Staat, die krisenanfälligen Erzgruben mit Zustimmung des Landtages käuflich zu erwerben und in staatlicher Regie weiter zu betreiben. Dazu schreibt wiederum Joseph Kürschner:

„Der Umstand, daß die Gänge des Freiberger Bergbaues in der letzten Zeit mehr Ertrag an Erzen ergeben haben, läßt die Hoffnung zu einem Wiederaufblühen des für das sächsische Land so wertvoll gewesenen Bergbaues noch nicht ganz erstikken, und es ist im Interesse des Landes und seiner Bevölkerung

zu wünschen, daß die Quelle des früheren Reichtums Sachsen durch Steigen der Preise des Silbers und seiner Nebenprodukte nicht zum Versiegen komme, und dies ist anzunehmen, wenn wie bisher die Regierung unter der weisen Leitung seines Herrschers die nötigen Mittel zur Verfügung stellt, den Erzbergbau über eine finanziell unglückliche Periode, wie er solche schon oft hat durchleben müssen, hinwegzuhelfen zum Wohle des Landes."

Ein günstigeres Bild bot der Steinkohlenbergbau, der seit dem Regierungsantritt König Alberts wesentlich zum Wohlergehen des Landes beigetragen hatte. Es entstanden sogar neue Unternehmungen im Raum von Zwickau, die tieferliegende Steinkohlenflöze erschließen konnten. Größeres Augenmerk wandte man auch der Mechanisierung der technischen Anlagen zu, wobei besondere Einrichtungen zur Belüftung der Gruben mit lebensnotwendigem Sauerstoff beschafft wurden. Ferner traf die Staatsregierung auch Maßnahmen zur Unfallverhütung und zur Regelung von Versicherungsfragen.

Sogar den heute so aktuellen Fragen des Umweltschutzes trugen die verantwortlichen Behörden Rechnung. Durch den Bau eines 140 m hohen Schornsteins bei Halsbrücke in unmittelbarer Nähe von Freiberg wurden technische Vorkehrungen getroffen, um den Ausstoß schädlicher Gase erheblich zu vermindern. Dieses noch heute erhaltene technische Bauwerk wurde 1889 vollendet.

Die Bedeutung der Hüttenwerke für die sächsische Volkswirtschaft ist auch darin zu sehen, dass sich der Absatz ihrer Produkte von 5 Mio. Mark im Jahre 1896 erhöhte. Das bedeutete, dass sich die Verkaufserlöse in diesem Zeitraum verdoppelten.

Der industrielle Charakter Sachsens verstärkte sich während der Regierungszeit König Alberts von 1873 bis 1902 weiter. Das drückte sich besonders im Anstieg der Bevölkerung aus, die in der Zeit zwischen 1871 und 1895 von 2,3 Mio. auf 3,8 Mio. Einwohner wuchs. Das bedeutete, dass sich die Bevölkerungszahl in 24 Jahren um 1,5 Mio. vermehrte, womit die Zunahme im gesamten Deutschen Reich erheblich übertroffen wurde. Die Schwerpunkte der Bevölkerungsvermehrung lagen nicht nur in den Großstädten Dresden, Leipzig und Chemnitz, sondern auch in zahlreichen Mittel- und Kleinstädten sowie in mehreren Fabrikdörfern. Der Raum Chemnitz-Zwickau wies in diesem Zusammenhang die größte Zuwanderung auf. Die Zahl der Mittelstädte über 20.000 Einwohner stieg von 5 auf 9, die der Kleinstädte über 5.000 Einwohner von 50 auf 91 und die der Landstädte unter 300 Einwohnern von

142 auf 185; in städtischen Bezirken verzeichnete man ein größeres Wachstum als in den Landbezirken. Das hatte vorzugsweise seinen Grund darin, dass viele Landbewohner in die Städte zogen, um dort geeignete Stellen in Industriebetrieben und im Gewerbe zu erhalten. 1895 verzeichnete Sachsen insgesamt eine Bevölkerungsdichte von 251 Einwohnern pro Quadratkilometer.

Diese Entwicklung verstärkte sich auch dadurch, dass 1895 bereits 58 % der Bevölkerung Sachsens in der Industrie, 14 % im Handel und nur noch 15 % in der Landwirtschaft tätig waren. Bis zur Jahrhundertwende verschob sich diese Zahl weiter zugunsten der Industrie und des Handels.

Die wichtigsten Industriezweige waren der Maschinenbau und die Textilindustrie, deren Zentrum im Raum Chemnitz lag. Die Stadt Chemnitz wurde nicht nur Hauptsitz des sächsischen, sondern auch des deutschen Maschinenbaus. Mit dieser Stadt verbanden sich die Namen bedeutender Industriepioniere, wie Richard Hartmann als Gründer der weltbekannten Sächsischen Maschinenfabrik, Johann Zimmermann als Pionier des Werkzeugmaschinenbaus und Luis Schönherr als Produzent von Textilmaschinen. Bereits in der Zeit König Johanns und besonders König Alberts nahmen die größeren Fabriken der Maschinenbranche die Formen von Aktiengesellschaften an.

Der sächsische Staat bemühte sich damals, durch gesetzliche Maßnahmen und Handelsverträge mit dem Ausland das Wachstum dieser Industrien zu sichern. Maßgeblich gefördert wurde der weitere Ausbau der Industrie durch den Bau von Eisenbahnen, die nicht nur die wichtigsten wirtschaftlichen Zentren Sachsens untereinander verbanden, sondern durch Schmalspurbahnen auch die entlegenen Teile des Landes. Seit 1876 war der Staat bestrebt, diese Bahnen verstärkt in öffentliches Eigentum zu überführen.

Interessant erscheint noch die Tatsache, dass König Albert sich persönlich um 1879 mit der auch heute noch aktuellen Frage befasste, ob das Reich die bisher von einzelnen Bundesstaaten betriebenen Eisenbahnen in eigene Regie übernehmen sollte. Unter dem bezeichnenden Titel „Gründe gegen Reichseisenbahnen" schrieb er in dieser Abhandlung:

„A. Allgemeines. Solange das Reich seiner Absicht nach ein Bundesstaat, kein Einheitsstaat sein wird, ist seine Sache das Verkündigen von Gesetzen über die Materien, welche zu seiner Kompetenz gehören, sowie das Recht, die richtige Ausführung derselben seitens der Einzelstaaten zu überwachen, nicht aber die Letzteren selbst in seine Hand zu nehmen, mit einem Wort,

das Reich soll nicht verwalten, wo es bis jetzt der Fall, Post, Telegraphie, Reichseisenbahnen in den Reichslanden, so sind es Ausnahmen, die sich zufällig gemacht, gar nicht im Geist der Reichsverfassung liegen. Das neue Projekt ist ein großer Eingriff der Letzteren.

B. Besonderes. Die Organisation der Reichsbehörden hindert aber noch besonders derartige Pläne. Eine Person, der Reichskanzler, ist bis jetzt für alles verantwortlich, was das Reich auszuführen hat, soll noch dazu die Verantwortlichkeit für sämtliche Eisenbahnen bekommen. Also wird sie illusorisch, eine Änderung der Organisation bei der Art des Fürsten Bismarck unmöglich, doch wird das Ganze etwas Monströses werden... und einer solchen werden die wichtigsten materiellen Interessen anheimgegeben, von ihr hängen die Begünstigung oder Benachteiligung ganzer Zweige der Industrie und des Handels ab, eine faktisch unverantwortliche Behörde. Nur die großen Unternehmungen spenden Hilfe. Vide Post und Telegraphie.

In finanzieller Beziehung ist das Project nicht minder gefährlich. Das Reich übernehme eine Schuldenlast von mehreren Milliarden für zum Theil sehr zweifelhafte Werthe. Welche neuen Schwindel werden mit dieser Sache beginnen, nachdem wir kaum über die französischen weg sind. Noch ließe sich dieser Punct beßer gestalten, hätten wir nur überhaupt Vertrauen in die jetzige Reichsbehörde. Bei der seithens derselben entwickelten Ungeschicklichkeit in allen materiellen Fragen wäre das schlimmste zu gewärtigen. Ich brauche bloß an die Bankfrage, Münzgesetz usw. zu erinnern. Die großen Banken würden binnen 10 Jahren das Reich regieren.

Das gleiche Resultat würde das finanzielle Ergebniß der Reichsverwaltung sein. Die Eisenbahnen in Elsaß-Lothringen sind auch hier ein warnendes Beispiel. Das Resultat würde binnen kurzem so schlecht sein, daß ein Wiederverkauf sich nötig machen müßte. Die Käufer würden dieselben sein, welche die Milliarden des Ankaufs an sich gebracht hätten. Deutschland würde in 10 Jahren die Domäne der Berliner Juden sein.

Aus allen diesen Gründen muß man sich dem Ankauf der preußischen Staatsbahn widersetzen, auch wenn darin nicht der geringste Schaden für die Einzelstaaten wäre. Denn sind einmal die Preußischen Bahnen in Reichshänden, so folgen alle früher oder später nach. "

Diese Ausarbeitung, deren zweiter Teil von König Albert nicht mehr fertiggestellt werden konnte, sollte einem Vortrag in einer Sitzung des sächsischen Gesamtministeriums als Grundlage dienen, wozu es aber nicht mehr kam. Dennoch ist diese wirtschaftspolitische Stellungnahme für uns von erheblichem Interesse, weil sich Albert damit als guter Kenner der Sozial- und Wirtschaftspolitik erwies und damit die große Linie seines Vaters und Vorgängers Johann fortsetzte. Des Weiteren kann aus dieser Denkschrift entnommen werden, dass Albert als Anhänger des Föderalismus die wirtschaftlichen Interessen seines Landes voll zu wahren wusste.

Was die Wirtschaftsentwicklung insgesamt betrifft, so können wir mit Dagmar Schäfer folgendes sagen:

„Die deutsche Einigung war mit einer Wirtschaftsgesetzgebung verbunden, die die noch bestehenden feudalbürokratischen Schranken beseitigte und zum Wirtschaftswachstum der ‚Gründerjahre‘ führte. In Sachsen bildete sich das für das 20. Jh. typische breit gefächerte, vor allem von Textilindustrie, Maschinenbau und Metallverarbeitung geprägte Wirtschaftsprofil aus.

Die traditionelle Textilindustrie behauptete ihre erste Stelle in der sächsischen Wirtschaft. 1895 waren mehr als ein Drittel aller deutschen Textilbetriebe in Sachsen konzentriert.“

Ebenfalls in erstaunlich rascher Weise entwickelten sich Maschinenbau und Metallverarbeitung. So erhöhten sich im Zeitraum von 1882 bis 1895 die Zahl der im Maschinenbau Beschäftigten um 75 %. Damit stand das verhältnismäßig kleine Königreich Sachsen hinter Preußen an zweiter Stelle im damaligen Deutschen Reich.

In Fortführung der sozialen Problematik unter seinem Vater Johann blieb während der Regierungszeit Alberts das Königreich Sachsen weiterhin ein Zentrum der Sozialen Bewegung, obwohl sich die wesentlichen Auseinandersetzungen zwischen Unternehmern und Arbeitern auf Reichsebene abspielten. Ihre Zentren blieben weiterhin Leipzig und Chemnitz. Bezeichnend ist, dass Sachsen nicht nur ein Mittelpunkt der sächsischen, sondern auch der deutschen Sozialbewegung insgesamt darstellte.

König Albert besuchte auch während seiner zahlreichen Reisen in alle Teile seines Landes wiederholt Industrieunternehmen. Das war beispielsweise am 4. und 5. Juli 1883 der Fall, wo er anlässlich eines Aufenthaltes im Vogtland die Textilmetropolen Reichenbach und Mylau in sein Programm einbezog. Zu bemerken ist, dass Mylau damals 16 mechanische Kammgarnwebereien zählte; diese beschäftigten über 1.400 Arbeiter. Dazu kamen eine Kammgarnspinnerei, zahlreiche Färbereien, Appreturen, eine Wollwäscherei und eine Wollkämmerei sowie eine Deckendruckerei. Durch einen zeitgenössischen Pressebericht in der „Leipziger Illustrierten Zeitung“ wissen wir, dass König Albert auch die Wollkämmerei Georgi & Co. in Mylau besuchte. Dabei ereignete sich ein tragischer Unglücksfall mit mehreren Verletzten. In besonderer Weise zeigte sich bei dieser Gelegenheit die Hilfsbereitschaft des Königspaares, die damit ihre soziale Haltung bekundeten, indem sie mit erheblichen finanziellen Mitteln versuchten, die Folgen dieses Unglücksfalles zu mildern.

König Albert als Träger des englischen Hosenbandordens

❧ Das soziale Engagement von Königin Carola

Einen besonderen Schwerpunkt der Tätigkeit von Alberts Gemahlin Carola bildete ihr soziales Engagement. Ihr Interesse galt in erster Linie den Belangen der sächsischen Frauenvereinigungen, womit sie eine Förderin der Frauenbewegung wurde. Ihr sozialer Einsatz wurde auch von Kaiserin Augusta – der Gemahlin Kaiser Wilhelms I. – hervorgehoben, als diese anlässlich des zweiten Verbandtages der Deutschen Frauen-, Hilfs- und Pflegevereine in Dresden vom 25. bis 27. April 1878 weilte. Die Kaiserin sagte damals wörtlich: „Im Namen der Frauenvereine Deutschlands, deren Vertreter hier versammelt sind, danke ich Ihrer Majestät der Königin von Sachsen für Ihre gütige Einladung nach Dresden und für das schöne Vorbild der Wohlthätigkeit, das sie uns gewährt.“

Auch nach der Thronbesteigung ihres Gemahls Albert 1873 blieb Königin Carola Präsidentin des nach ihm benannten „Albert-Vereins" und förderte dessen weitere Entwicklung. Diese Vereinigung hatte sich besonders im Krieg 1870/71 als Vorläuferin des späteren „Roten Kreuzes" bewährt. Nach der Wiederherstellung des Friedens wurde die im Krieg geschlossene Verbindung des „Albert-Vereins" mit dem Internationalen Männerverein gelöst. Bereits in der Würzburger Konferenz 1871 fand der Anschluss an den „Verband der Deutschen Frauenvereine" statt.

Diese neue Vereinigung entfaltete unter der Führung Carolas in Sachsen eine überaus segensreiche Tätigkeit. Schon 1876 konnte der Grundstein zum Carola-Haus in Dresden gelegt werden, einem kombinierten Mütter- und Krankenhaus. Im gesamten Land entwickelten sich weitere Zweigvereine, die sich vorzugsweise der Krankenpflege durch Errichtung von Krankenstationen widmeten. Der „Albert-Verein" übernahm damals eine Heilstätte in Dresden-Loschwitz. Ferner beteiligte sich diese Organisation engagiert an der Bekämpfung der Cholera 1873 und entsandte während des Krieges auf dem Balkan 1877/78 Vereinsangehörige als Pflegerinnen nach Rumänien und in die Türkei. Ein weiteres Aufgabengebiet bildete die Beaufsichtigung von Ziehkindern und die Förderung ihrer geistigen und sittlichen Bildung.

Königin Carola behielt sich selbst den Vorsitz im „Zentralausschuß der obererzgebirgischen und vogtländischen Frauenvereine" vor. Diese Entscheidung erwies sich vor allem deswegen wichtig, weil besonders das Erzgebirge häufig von Wirtschaftskrisen heimgesucht wurde; diese hatten eine beträchtliche Verarmung zur Folge.

Neben ihrer Tätigkeit in den Frauenvereinen übte Königin Carola auch das Protektorat über den Johannes-Verein in Dresden, den sächsischen Pestalozzi-Verein, den Kinderbeschäftigungs-Verein von Neu- und Anton-Stadt in Dresden und die Nähschule in Dresden-Leubnitz aus. Diese sozialen Aufgaben und Tätigkeitsgebiete beschreibt Otto von Schimpff wie folgt:

„Der Frauenverein macht sich die Speisung altersschwacher, kranker Armer, sowie die Wöchnerinnen-Pflege zur Pflicht; er unterhält 5 Kinderbewahranstalten und 3 Krippen. Der Johannes-Verein umfaßt vier früher von der Königin gegründete Vereine. Sein Nähmaschinenerwerbverein ist für den Zweck gegründet worden, hilfsbedürftige Frauen, welche einer solchen Wohltat würdig sind, die Anschaffung einer Nähmaschine zu erleichtern und sie durch Unterricht im Gebrauch derselben erwerbsfähig zu machen. Sein Daheim für Arbeiterinnen gewährt jungen Mädchen, die ein Unterkommen bei Angehörigen nicht

Königin Carola

finden, gegen ein geringes Entgelt Wohnung, Kost und Beaufsichtigung durch eine Hausmutter. Seine Vermittlungsstelle für den Verkauf weiblicher Arbeiten besorgt den kommissarischen Vertrieb weiblicher Arbeiten und die Lieferung solcher auf Bestellung. Sein Frauenverein für die zunächst der Stadt Dresden gelegenen Ortschaften bezweckt die Unterstützung der Hausarmen, die Begründung und Erhaltung von Kinderbewahranstalten, die Pflege hilfsbedürftiger, verheirateter Wöchnerinnen, die Speisung familienloser oder sonst bedürftiger Kranker. Um ein Beispiel zu geben, wie dem Mangel an kleinen Wohnungen abzuhelfen wäre, hat der Gesamt-Johannes-Verein 6 Häuser erbaut, welche von 144 Familien bewohnt werden. Der sächsische Pestalozzi-Verein macht sich die Unterstützung und Versorgung hilfsbedürftiger Witwen und Waisen vaterländischer Lehrer zur Aufgabe. Im Dienstboten-Verein wird bedürftigen und unbescholtenen weiblichen Dienstboten Dresdens, welche das 60. Lebensjahr überschritten haben, freie Wohnung, Beköstigung und Behandlung in Krankheitsfällen gewährt."

Als treues Mitglied der römisch-katholischen Kirche kümmerte sich Königin Carola auch um die beiden im sozialen Bereich damals tätigen Vereine, den Verein der Heiligen Elisabeth und den Vincentius-Verein, die sich vorzugsweise der Armenpflege und der christlichen Erziehung armer Kinder widmeten.

Carola stand auch dem Dresdner Hilfsverein mit Rat und Tat zur Seite; dieser setzte sich zum Ziel, „der Unterstützung würdigen Familien, Witwen und Waisen wieder

Königin Carola

aufzuhelfen." Zu diesem Zweck unterhielt der genannte Verein eine eigene Anstalt, deren Aufgabe darin lag, arbeitslose Näherinnen und Stickerinnen Arbeit zu verschaffen.

Die Königin ließ überdies auf ihre eigenen Kosten mehrere Volksküchen in Dresden und Umgebung errichten. Gegen ein geringes finanzielles Entgelt konnten Bedürftige ein kräftiges Mittagessen zu sich nehmen. Besonderes Augenmerk wandte sie auch der Lage behinderter Kinder zu, zu deren Entwicklung sie das sächsische Krüppelheim in Dresden – Trachenberge ins Leben rief.

Der nach der Königin benannte und von ihr geförderte „Carola-Verein" in Leipzig unterhielt eine höhere Fach- und Gewerbeschule für Frauen. Diese gliederte sich in eine höhere Fachschule, ein Seminar für Handarbeitslehrerinnen, eine Haushaltungsschule, eine Abendschule für unbemittelte Frauen sowie eine Abend-, Koch- und Haushaltungsschule. Nach dem Vorbild dieser Leipziger Bildungsanstalt gründete sie in Schwarzenberg im Erzgebirge die „Obererzgebirgische Fach- und Haushaltungsschule". Diese gliederte sich wiederum in eine Frauen-, Abend- und Haushaltungsschule. Im persönlichen Eigentum der Königin befanden sich folgende soziale Einrichtungen:

1. Das Amalienhaus mit Volksküche und Kinderbewahranstalt.

2. Das Gustav-Heim in Dresden-Niederpoyritz zur Versorgung alter gebrechlicher Personen.

3. Die Rekonvaleszentenstation in Dresden-Pillnitz. Dort ließ Carola eine Anzahl armer Frauen und Mädchen verpflegen, die nach ärztlichem Rat reine Luft und hochwertige Nahrung erhalten sollten.

Darüber hinaus unterhielt sie auch außerhalb Sachsens zahlreiche mildtätige Stiftungen, so in Guttentag und Langenwiese in Schlesien, das Luisenhaus in Morawetz bei Brünn in Mähren und eine Stiftung in Mannheim, wohin sie verwandtschaftliche Kontakte besaß.

Die Fürsorge der Königin Carola kam auch allen Werken der christlichen Nächstenliebe zugute, wofür sie einen verhältnismäßig großen Teil ihrer finanziellen Einnahmen zur Verfügung stellte. Zusätzlich förderte sie Basare, Ausstellungen, Konzerte, Theatervorstellungen, Bälle und Lotterien zu wohltätigen Zwecken, die vielfach ihre Anwesenheit und persönliche Beteiligung erforderten.

Besondere Freude bereitete ihr auch das Schenken zum Weihnachtsfest. Schon mehrere Monate vor dem Fest begann sie persönlich zu sammeln und zu arbeiten. Dabei besuchte sie auch zahlreiche Geschäfte in Dresden, um Einkäufe zu tätigen. Auch Handarbeiten standen auf ihrem Programm. Sie fertigte sogar selbst Frauenhemden an. In diesem Zusammenhang wird folgende Anekdote erzählt:

„Wie viele Frauenhemden können aus einem Ballen Leinwand hergestellt werden, fragte sie einst eine in solchen Sachen wohl erfahrene Dame, und als diese die Zahl angab, erwiderte die Königin scherzend: ‚Sehen Sie, dann bin ich doch sparsamer als Sie, ich habe reichlich eins mehr herausgeschnitten'."

Auf eine Bemerkung, dass fortwährendes Häkeln gesundheitsschädigend sei, bemerkte Carola:

„Sie glauben aber auch nicht, was alles noch bis Weihnachten fertig werden muß, Sie wissen gar nicht, wie viele meiner lieben alten Mütterchen auf eine Kleinigkeit von mir rechnen."

Königin Carola von Sachsen gab durch ihr soziales Engagement, ihr vorbildliches Familienleben, sowie durch ihr aktives Mitwirken an den Verpflichtungen ihres Gemahls König Albert, ein Beispiel, das auf die nachfolgenden Generationen nachhaltig einwirken sollte. Ihr ist es wesentlich mit zu verdanken, dass das regierende Haus Wettin-Albertinische Linie sich in weiten Kreisen der sächsischen Bevölkerung einer großen Achtung und Liebe erfreute.

König Albert mit Gemahlin Königin Carola vor Sibyllenort (Postkarte)

❧ Kunst- und Kulturleben

Der Vorliebe des Königs Albert galt auch die Förderung des Kunst- und Kulturlebens, wobei er der Musik sein besonderes Augenmerk widmete. Ein erstes Anzeichen dafür finden wir bereits 1846 in einem Brief an seinen königlichen Vater Johann aus Hamburg, wo er anlässlich eines Theaterbesuches – wie bereits erwähnt – die Opernsängerin Jenny Lindt hören konnte. Besonders bevorzugte er musikalische Schöpfungen von Wolfgang Amadeus Mozart, Ludwig van Beethoven, Carl Maria von Weber und Richard Wagner. Der König besuchte fast regelmäßig entsprechende Konzerte und verfolgte mit Interesse alle darauf bezüglichen neuen Opernpläne. Bemerkenswert erscheint, dass er in Dresden besonders das Lebenswerk Richard Wagners und italienische Komponisten durch weithin beachtete Premieren in der Dresdner Hofoper förderte.

Neben der Musik setzte sich König Albert auch für die Malerei ein. Aus diesem Grund sammelte er Werke bedeutender zeitgenössischer Künstler und unterhielt auch persönliche Kontakte zu diesen. Beispielgebend dafür ist der Maler Hermann Prell, der 1897 sogar als persönlicher Gast des Herrschers in Schloss Sibyllenort bei Breslau/Schlesien weilte. Dieser aus Thüringen stammende Künstler konnte damals auf Einladung des Königs sogar an dessen Jagdgesellschaften und Ausritten teilnehmen.

❧ Schloss Sibyllenort bei Breslau

Für die Geschichte des Hauses Wettin-Albertinische Linie erwies sich der Tod Herzog Wilhelms von Braunschweig-Oels im Herbst 1884 insofern als bedeutsam, weil nunmehr auf Grund des Testaments dieses mit den Wettinern verwandten Welfen Schloss und Herrschaft Sibyllenort bei Breslau/Schlesien an König Albert fielen. Bis zum Ende des Zweiten Weltkrieges im Jahre 1945 bildete Sibyllenort wegen der großen land- und forstwirtschaftlichen Flächen die Basis für die Existenz des sächsischen Königshauses. Zeitweise diente Schloss Sibyllenort den Königen Albert und Friedrich August III. als Wohnsitz. Letzterer lebte dort sogar nach seiner Abdankung 1918 bis zu seinem Tod 1932. Wiederholt fanden dort auch größere Jagden und ähnliche größere Veranstaltungen statt. 1945 wurde Schloss Sibyllenort durch sowjetische und deutsche Artillerie anlässlich der Belagerung Breslaus beschädigt. Die neuen Herrscher aus Polen nutzten die reichlich vorhandenen Bausteine und Inventare für ihre Zwecke; so ist vom einstigen Schloss Sibyllenort nur noch ein kleiner Teil des linken Seitenflügels erhalten. Auch der Park besteht weiterhin, ist aber stark verwildert und untersteht heute als Forstbetrieb dem polnischen Staat.

Leider wurden am Ende des Krieges fast alle Ausstattungsstücke des Inventars entweder zerstört oder durch Plünderer an unbekannte Ziele verschleppt. Erhalten blieb vor allem die bedeutsame Privatbibliothek des sächsischen Königshauses, die heute in die polnische Universität Breslau eingegliedert ist.

Das Lebensende

König Albert, der schon seit mehreren Jahren an einer schweren Krankheit zu leiden hatte, starb am 19. Juni 1902 in seinem geliebten Schloss Sibyllenort. Nach der feierlichen Einsegnung durch Kardinal Kopp wurde der Leichnam des Verstorbenen in einem Sonderzug der preußisch-sächsischen Eisenbahn nach Dresden überführt und dort am 23. Juni in der Gruft des Hauses Wettin unterhalb der katholischen Hofkirche beigesetzt.

Zusammenfassend lässt sich sagen, dass König Albert von Sachsen durch seine weitblickende Politik sowie seine wirtschaftlichen und sozialen Fördermaßnahmen die Probleme des Industrielandes Sachsen in beispielhafter Weise mit zu lösen verstand. Ergänzt wurde er in dieser Tätigkeit durch das wirtschaftlich-soziale Verständnis seiner Minister und Berater sowie durch das soziale Engagement seiner Gemahlin Carola. Gleichzeitig war er aber auch ein bedeutsamer Feldherr und Politiker. In vielen Fällen sind die dargelegten Beispiele auch für unsere gegenwärtige politische Lage, besonders der Lösung der sozialen und wirtschaftlichen Fragen, wichtig und nachahmenswert. Unsere Politiker auf Landes- und Bundesebene könnten sich aus der Geschichte dieses wettinischen Herrscherpaares entsprechend dem Sprichwort „Die Geschichte ist die Lehrmeisterin der Politik" ein Vorbild für die Lösung zahlreicher politischer, wirtschaftlicher und sozialer Probleme nehmen. Viele markante Denkmäler und noch bestehende soziale Einrichtungen mit den Namen Carola und Albert erinnern noch in der Gegenwart an die segensreiche Tätigkeit dieses Herrscherpaares.

Mit Albert verschied in der Tat ein großer und ruhmreicher Feldherr, ein weiser Staatsmann, ein gütiger Herrscher und ein äußerst liebenswerter Mensch. An ihn erinnern im Übrigen noch heute die Dresdner Albert-Stadt, sowie an der Außenfassade der ehemaligen Hofoper das große „A". Viele Besucher meinen allerdings, dass dieses Bauwerk auf August den Starken hindeutet, was aber nicht zutrifft.

Das wettinische Jagdschloss Moritzburg bei Dresden im 19. und 20. Jahrhundert

Eines der bedeutendsten Bauwerke in der Region Dresden ist das barocke Jagdschloss Moritzburg. Dieses seit Herzog Georg dem Bärtigen (1500 – 1539) eng mit dem Hause Wettin verbundene Schloss erlebte unter August dem Starken (1697 – 1733) einen Höhepunkt seiner Entwicklung. Dieser wohl wichtigste Repräsentant des Hauses Wettin – Albertinische Linie im 18. Jahrhundert setzte die unter seinem Vorfahren Kurfürst Moritz begonnene Bautätigkeit fort. Auf diesen markanten Wettiner des 16. Jahrhunderts geht übrigens der Name „Moritzburg" zurück.

Bis 1831 war Jagdschloss Moritzburg Eigentum des wettinischen Herrscherhauses und von da an bis 1925 Besitz des sächsischen Staates, wenn auch der König bis 1918 ein uneingeschränktes Wohnrecht besaß. Außer dem König weilten wiederholt Angehörige des Hauses Wettin in Moritzburg zu Besuch. So schreibt beispielsweise Prinz Friedrich Christian von Sachsen in seinen noch immer nicht veröffentlichten Lebenserinnerungen unter dem Titel „In Moritzburg" folgendes:

„Meine früheste Erinnerung an dieses unserer Familie gehörendes Wasserschloß geht in die Zeit der Jahrhundertwende zurück. Mein Bruder Georg und ich waren an einem regnerischen Oktobertag von unserem Vater gebeten worden, ihn zur Mittagstafel bei König Albert und Königin Carola zu begleiten. In Wachwitz bestiegen wir einen ‚offenen Wagen' mit herabgelassenem Verdeck. Es regnete in Strömen und da ein herbstlicher Sturm ging, wurden unsere Decken bald durchnäßt. Papa hatte den sogenannten ‚Pillnitzer-Moritzburger-Weg' gewählt, den kürzesten von Wachwitz bis zu unserem Ziel. Von Loschwitz ging es den ‚Stadtweg' hinauf zur ‚Mordgrundbrücke', im Schritt wegen des steilen Anstiegs, vorbei am Schiller-Häuschen, wo Teile des ‚Don Carlos' von Schiller entstanden, unterhalb des Wolfshügels auf die Radeberger Chaussee. In schnellerer Gangart zogen unsere braven Apfelschimmel an den Kasernen vorbei zum ‚Heller' – unserem Exerzierplatz – und durch die Dörfer. In Wilsdorf erwartete uns ein geschlossener Landauer des Königs, in den wir beglückt und ganz durchfroren umstiegen und setzten unsere Fahrt von der Nässe geschützt fort.

In der Schloßdurchfahrt begrüßte uns der Hausmarschall von Carlowitz – Hartitsch, den wir wegen seines Humors, der in keiner Lage versagte, besonders liebten. Er führte uns in wohl gewärmte Salons im 2. Stock. Mein erster Eindruck vom Inneren war eine bedrückende, kalte, dunkle etwa muse-

ale Unwohnlichkeit. Im Stil der vorbarocken Zeit gebaut, war man der Vorliebe für dunkle, schwere Möbel, Vorhänge und Tapeten gefolgt, die sich gleichfalls zu den etwas unfreudigen steifen Ahnenbildern in dunklen Farben gesellten. Man merkte dem Schloß an, daß es selten bewohnt war.

Dazu kam noch, daß wir König Albert leidend vorfanden. Er war stiller als sonst und auch die liebe Königin Carola war besorgt und schweigsam. Nur die Hofdamen und Hofrat Fiedler, sowie unser guter Humorist Carlowitz sorgten, daß die immer stockende Unterhaltung bei der Tafel im ‚Steinernen Saal' in Gang kam. Die vergoldeten Hirsch- und Elchköpfe schauten mit ihren immensen Geweihen auf uns herunter, was mir einen besonderen Eindruck machte, da ich so etwas noch nie gesehen hatte. Trotzdem wich auch hier das Unbehagen nicht. Es war ein zu großer Gegensatz zu unserem hellen, in einer ungemein freundlichen Gegend gelegenen Haus auf den Höhen von Wachwitz."

Auch König Friedrich August III. von Sachsen weilte wiederholt in Moritzburg, um sich dort von seinen anstrengenden Verpflichtungen in Dresden zu erholen. Über eine dieser Ausfahrten nach Moritzburg schreibt wiederum Prinz Friedrich Christian, mein verehrter Vater:

„Einige Jahre später kamen wir, nachdem unser Vater König geworden war, wieder an diesen Ort. Papa eröffnete uns im Schloß zu Dresden: ‚Heute fahren wir auf dem Schloßteich von Moritzburg Schlittschuh. Habe den Schnee wegfegen lassen, damit wir eine gute Bahn haben. Im Schloß habe ich das Parterre-Zimmer heizen lassen, wo es warmen Punsch und Streuselkuchen gibt'.

Mit Tante Mathilde ging es in zwei viersitzigen Schlitten aus der Stadt hinaus. Kaum erreichten wir die Boxdorfer Höhen, als uns ein unbarmherzig eisiger Wind ins Gesicht wehte. Wir versenkten uns in die dicken Pelzdecken. Auch auf dem Schloßteil pfiff es, so daß die Schneeschleier in Wellen über das Eis zogen. Papa mit seiner hohen schwarzen Pelzmütze, die Hände im Muff, fuhr mit der ihm eigenen Beharrlichkeit recht schöne Bogen, während die Tante mit gewohnter Wucht voranstürmte, wobei kleine Eisstücke um sie herumflogen, die sie aus der Seedecke lossprengte. Sie war über die von ihr erzielte beachtliche Geschwindigkeit von Herzen erfreut.

Nach der willkommenen Stärkung ging es wieder im Schlitten nach Hause. Diesmal war es erträglicher, denn wir hat-

Jagdschloss Moritzburg

ten den Wind im Rücken, so daß wir uns nicht so tief in die schwarzen Lammfell-Fußsäcke, die man bis zum Knie hinaufziehen konnte, versenken mußten."

Auf Grund der Ausgleichsverhandlungen 1922 bis 1924 zwischen dem „Verein Haus Wettin – Albertinische Linie e.V." und dem Freistaat Sachsen wurde Schloss Moritzburg einschließlich der traditionsreichen Teichwirtschaft, der Waldschänke und den umliegenden Forstrevieren den Albertinern übereignet. Dies geschah auf der Basis des „Staatsvertrages von 1924", der durch eine Volksabstimmung 1926 zusätzlich bekräftigt wurde.

Auf der Basis dieses Vertrages und eines zusätzlichen Übereinkommens zwischen Friedrich Christian Prinz von Sachsen und seinem jüngeren Bruder Ernst Heinrich Prinz von Sachsen erhielt Letzterer als Mitglied des „Vereins Haus Wettin – Albertinische Linie e.V." das Wohnrecht in Moritzburg, während Prinz Friedrich Christian den „Königsweinberg in Dresden-Wachwitz" übernahm und dort auch zwischen 1934 und 1936 sein Haus Wachwitz erbauen ließ.

Zunächst bewohnte Prinz Ernst Heinrich Schloss Moritzburg nur im Sommer, zog aber im Frühjahr 1932 – nach vorangegangenen gründlichen Renovierungsarbeiten am Schloss – jedoch für dauernd in diese traditionsreiche Residenz der Wettiner. Dort konnte er bis zu seiner Flucht 1945 schöne, erfolgreiche, aber auch arbeitsreiche Jahre zusammen mit seinen Angehörigen verbringen, wie er in seiner Biographie „Vom Königsschloß zum Bauernhof" mehrfach zum Ausdruck bringt. Die Ära dieses allgemein beliebten Wettiners führte Schloss Moritzburg viele prominente Besucher zu. Unter diesen befand sich auch die Künstlerin Käthe Kollwitz, die nach ihrer Evakuierung aus Berlin im Sommer 1944 auf gemeinsame Einladung des Prinzen Ernst Heinrich und des Grafen Münster den „Rüdenhof" in unmittelbarer Nähe des Schlosses beziehen konnte und dort am 22. April 1945 – kurz vor dem Einmarsch der Roten Armee – verstarb. Mit Recht erinnert noch heute die „Käthe-Kollwitz-Gedenkstätte" in Moritzburg an diese bedeutsame Künstlerin. Für den letzten wettinischen Bewohner des Schlosses Moritzburg Prinz Ernst Heinrich von Sachsen sucht man jedoch eine derartige Würdigung vergebens.

Nach der Besetzung durch die sowjetischen Truppen und damit verbundenen Schäden an den Parkanlagen und Verlusten an Kunstwerken, kam es durch die DDR-Behörden seit 1950 zu umfangreichen Wiederherstellungsarbeiten, in deren Folge zwischen 1968 und 1971 alle wichtigen Innenräume saniert werden konnten. Auch die Außenfassaden wurden neu gestaltet und 1992 die noch bestehenden Teichanlagen gereinigt. Erneut traten Schloss Moritzburg und die umgebenden Forstreviere Anfang 1996 in den Mittelpunkt des allgemeinen Interesses. Ursache dafür war die Wiederentdeckung der im Februar 1945 durch die Söhne von Ernst Heinrich Prinz von Sachsen Dedo und Gero vergrabenen Kunstschätze des Hauses Wettin, die nach ihrer Ausgrabung in einer sehenswerten Ausstellung im Georgentor des Dresdner Residenzschlosses gezeigt werden konnten. Bedauerlicherweise wurde die Mehrzahl dieser Kunstschätze in einer Auktion in London versteigert, damit das Haus Wettin seine finanziellen Verpflichtungen erfüllen konnte.

In München waren meine Frau, Prinzessin Elmira, und ich eng mit Frau Erika Erlacher, geb. Rosengarten befreundet. Ihr Mann war zeitweise Erzieher unserer Vettern Dedo, Timo und Gero. Durch sie erfuhren wir zahlreiche Einzelheiten über das Familienleben Ernst Heinrichs und vor allem dessen Verhältnis zu seiner ersten Gemahlin, Sophie Prinzessin von Luxemburg, die bedauerlicherweise 1941 allzu früh verstarb. Wir konnten auch viele uns unbekannte Einzelheiten über Moritzburg, die Teichwirtschaften, Forstreviere und Wildgehege erfahren. Leider ist mit dem Tod von Frau Erlacher ein großes Kapitel wettinischer Geschichte in Moritzburg ins Grab gesunken.

Um die enge Verbindung zu Moritzburg auch in der Gegenwart zu dokumentieren und die Tradition fortzuführen, haben wir uns seit mehreren Jahren bemüht, Teile der Moritzburger Forstreviere zurückzukaufen. Dies ist uns erfreulicherweise unter erheblichen finanziellen Opfern gelungen. Wir haben jedoch aus Gründen der Zukunftsentwicklung die Verwaltung und Betreuung dieser Reviere an unseren Neffen Prinz Rüdiger von Sachsen abgegeben.

Auf Grund der geschichtlichen und kulturellen Entwicklung, vor allem mit dem Hause Wettin-Albertinische Linie, ist Jagdschloss Moritzburg neben den Schöpfungen des barocken Dresden – Zwinger, Frauenkirche und katholische Hofkirche – ein Dokument sächsischer, deutscher und europäischer Bedeutung. Mit der umgebenden Kulturlandschaft ist es zudem ein geschlossenes Zentrum zur Förderung des sächsischen Tourismus.

Eine reizvolle Zukunftsperspektive wäre es, wenn dieses Schloss in Gemeinschaftsleistung des Hauses Wettin und des Freistaates Sachsen Sitz eines Wettin-Museums werden könnte.

Zeittafel 1873 – 1902

— 1873 – 1902 —

König Albert. Unter seiner Regierungszeit erlebt Sachsen großen wirtschaftlichen Aufschwung.

— 1873 —

Schaffung der Münzeinheit im Deutschen Reich. Die Mark auf Goldbasis (Goldmark) wird gesetzliches Zahlungsmittel und löst die bisherige Währung (Taler) ab.

— 1874 —

„Meyers großes Konversationslexikon" erscheint in dritter Auflage in Leipzig.

— 1875 —

Sachsen hat 2.760.586 Einwohner.

— 1876 —

Georg Friedrich Alfred von Fabrice (ab 1884 Graf von Fabrice) wird Vorsitzender des Ministeriums (bis 1891).

— 1878 —

Eröffnung des Königlichen Hoftheaters in Dresden mit „Iphigenie" von Johann Wolfgang von Goethe.

— 1879 —

Das Reichsgericht in Leipzig wird höchster Gerichtshof des Deutschen Reiches.

— 1880 —

2.972.805 Einwohner leben in Sachsen.

— 1881 —

Einweihung der Albrechtsburg in Meißen als Gedenkstätte Sächsischer Geschichte.

Medaille 800 Jahre Haus Wettin

— 1883 —

Einführung der gesetzlichen Krankenversicherung im Deutschen Reich.

— 1884 —

Einführung der gesetzlichen Unfallversicherung im Deutschen Reich.

— 1888 —

Dreikaiserjahr: Nach dem Tod von Kaiser Wilhelm I. folgt Kaiser Friedrich III. Dieser stirbt nach 99 Tagen. Wilhelm II. wird Deutscher Kaiser. Das Siemenssche Glaswerk in Dresden wird AG und besitzt weltweite Absatzmärkte.

— 1889 —

Feierlichkeiten zum 800. Herrschaftsjubiläum der Wettiner. Einführung der gesetzlichen Renten- und Invalidenversicherung im Deutschen Reich.

— 1890 —

Reichskanzler Otto Fürst von Bismarck wird von Kaiser Wilhelm II. entlassen. Die miserable Außenpolitik seiner Nachfolger ermöglicht den 1. Weltkrieg.

— 1891 —

Prof. Dr. Karl Friedrich Wilhelm von Gerber wird für neun Monate Vorsitzender des Ministeriums. Ihm folgt Julius Hans von Tümmel (bis 1895).

— 1895 —

Dr. Heinrich Rudolf Schurig wird Vorsitzender des Ministeriums (bis 1901).

— 1900 —

Inkrafttreten des BGB im Deutschen Reich. Die Bevölkerung Sachsens ist auf 4.202.216 Einwohner angestiegen.

— 1901 —

Karl Georg Levin von Metzsch-Reichenbach übernimmt bis 1902 provisorisch den Vorsitz des Ministeriums. Uraufführung des Singgedichts ‚Feuersnot' von Richard Strauss in Dresden.

— 1902 —

Karl Georg Levin von Metzsch-Reichenbach wird ordentlicher Vorsitzender des Ministeriums (bis 1906). König Albert stirbt. Nachfolger wird sein Bruder König Georg.

König Georg

(1832 / 1902 – 1904)

10 Mark (G) – König Georg

Als Nachfolger König Alberts trat sein jüngerer Bruder Georg die Thronfolge an, obwohl er schon damals das 70. Lebensjahr überschritten und eigentlich nach einer langen militärischen Laufbahn den Ruhestand verdient hatte. Seine verhältnismäßig kurze Regierungszeit von 1902 bis 1904 erwies sich trotzdem als bedeutsam.

Das rührte offenbar daher, dass König Georg ähnliche Eigenschaften besaß wie sein älterer Bruder Albert. So zeigten sich in seinem Wesen besonders Grundsatztreue und Wahrhaftigkeit. Er war aber zugleich eine verschlossene Natur, der Kontakte mit Mitmenschen nicht leicht fielen. Ähnlich wie viele seiner Vorfahren unterhielt Georg enge Beziehungen zum Musikleben. In diesem Zusammenhang ist anzuführen, dass er eine schöne Baritonstimme besaß und ein vorzüglicher Klavierspieler war. Als seine Lieblings-

komponisten bezeichnete er selbst Ludwig van Beethoven, über dessen Kompositionen er sich mehrfach anerkennend äußerte.

Georg heiratete am 11. Mai 1859 in Lissabon Prinzessin Maria Anna von Portugal, die interessanterweise ein Mitglied des Hauses Sachsen-Coburg und Gotha war; damit kam es zu einer Heirat zwischen Vertretern beider Linien des Hauses Wettin. Aus dieser Ehe entstammten acht Kinder:

1. Maria Johanna Amalie Ferdinande Antonie Luise Juliane (1860 – 1861)

2. Elisabeth Albertine Caroline Sidonie Ferdinande Leopoldine Antonie Auguste Clementine (1862 – 1863)

3. Mathilde Maria Auguste Victorie Leopoldine Caroline Luise Francisca Josepha (1863 – 1933)

4. Friedrich August Johann Ludwig Carl Gustav Gregor Philipp, König von Sachsen (1865 – 1932)

5. Maria Josepha Luise Philippine Elisabeth Pia Angela Margarethe (1867 – 1944). Sie heiratete am 2.10.1866 Erzherzog Otto von Österreich (gestorben 1906). Sie waren die Eltern von Kaiser Karl I. von Österreich und damit Großeltern von Dr. Otto Erzherzog von Österreich, der in Pöcking am Starnberger See lebt.

6. Johann Georg Pius Karl Leopold Maria Januarius (1869 – 1938). Er war zweimal verheiratet:
   a) am 5. April 1894 in Dresden mit Isabella Herzogin von Württemberg (1871 – 1904)
   b) am 30. Oktober 1906, wiederum in Dresden, mit Maria Immaculata, Prinzessin von Bourbon-Sizilien (1874 – 1947), Tochter des Prinzen Alfons von Bourbon-Sizilien Graf von Caserta.

7. Max Wilhelm August Albert Karl Gregor Odo (1870 – 1951). Seit 26. Juni 1896 war er katholischer Geistlicher, später päpstlicher Hausprälat und Professor für katholische Theologie und Philosophie in Freiburg/ Schweiz.

8. Albert Karl Anton Ludwig Wilhelm Viktor (1875 – 1900). Er fiel einem Unglücksfall beim Reinigen eines Gewehrs während des Militärdienstes zum Opfer.

❧ *Religiöse Einstellung*

König Georg war aber auch ein tief religiöser Mensch, dem der Glaube an Gott und das ewige Leben als Herzensbedürfnis galten. Diese Haltung äußerte sich vor allem in der betont religiösen Erziehung seiner Kinder. Aus diesem Grund

Prinzessin Maria Anna

Verlobung Prinz Georg und Prinzessin Maria Anna

besuchte er mit ihnen bei seinen Reisen vielfach kirchliche Bauwerke und Abteilungen mit religiösen Bildern in Museen, um die Kinder mit der Kunst des christlichen Abendlandes vertraut zu machen. Dazu kam noch die Tatsache, dass der König täglich die heilige Messe besuchte und dabei auch die heilige Kommunion empfing. Aus dieser christlichen Haltung ergab sich, dass er zeit seines Lebens eine konservative Haltung verfolgte.

❧ *Politische Einstellung*

Schon vor seiner Thronbesteigung und vor allem während seiner kurzen Regierungszeit erfüllte ihn die politische Entwicklung mit Kummer und Sorge. Dabei bekannte er sich offen für den Erhalt des Föderalismus in Deutschland; dazu schreibt sein Enkel Prinz Friedrich Christian von Sachsen:

„Wir wissen, daß er seine Gedanken über die Zukunft Deutschlands nach 1870 schriftlich niedergelegt hat, wobei er

das damalige Deutschland Bismarcks als einen ersten Schritt zum Einheitsstaat sah, der dann in der Weiterentwicklung das Ende der Monarchie und den naturnotwendigen Übergang zur Republik herbeiführen könnte. Heute müssen wir sagen, daß mein Großvater das geschichtliche Werden im deutschen Vaterland im allgemeinen richtig beurteilt hat. Wir können daher alle seine Bemühungen zur Erhaltung des bundesstaatlichen Reichscharakters zum Segen des Ganzen besonders würdigen, zumal heute das föderalistische Moment wieder näher im Blickfeld steht als früher."

Als wesentliches Anliegen betrachtete er es ferner, seine Regierungszeit dazu zu verwenden, um seinem ältesten Sohn und Thronerben Friedrich August die Wege zu ebnen. Sein wichtigstes Bestreben war es, diesem einen guten Mitarbeiterstab zu hinterlassen. In dieser Beziehung verstand er es auch, ausgezeichnete Minister für die Staatsregierung zu gewinnen. Diese verehrten den König sehr und priesen immer wieder die ausgezeichnete Zusammenarbeit mit ihm. Dazu äußerten sich in erster Linie Innenminister Graf Metzsch, Finanzminister von Rüger und Kriegsminister Frhr. von Hausen, die auch nach dem Tode Georgs 1904 weiterhin dem Kabinett angehörten.

❧ Förderer des kulturellen und wissenschaftlichen Lebens

Auch auf kulturell-wissenschaftlichem Gebiet besaß König Georg große Bedeutung. So berief ihn sein königlicher Vater Johann bereits 1855 zum Vorsitzenden des sächsischen Geschichts- und Altertumsvereins, eine Stellung, die Georg insgesamt 47 Jahre bekleidete. In dieser Eigenschaft setzte er sich besonders für die Wiederherstellung der Albrechtsburg in Meißen, der Afra- und Nikolaikirche in Meißen und der weltberühmten „Goldenen Pforte" des Freiberger Doms ein. Damit setzte sich Georg für die Erhaltung bedeutsamer Zeugen der Europäisch-christlich-abendländischen Kultur ein.

Wichtig für die Erforschung der sächsischen Landesgeschichte erwies sich der Beschluss des Geschichts- und Altertumsvereins, einen Codex der wichtigsten historischen Urkunden zu schaffen. Desgleichen gab diese historische Vereinigung auf Initiative Georgs mit den „Mitteilungen des Vereins" ein eigenes Publikationsorgan heraus, das schließlich in das „Archiv für sächsische Geschichte" Aufnahme fand. Ebenfalls auf Initiative dieser Vereinigung entstand die „Beschreibende Darstellung der älteren Bau- und Kunstdenkmäler im Königreich Sachsen", zu deren Mitarbeitern der noch heute als Kunsthistoriker weithin bekannte Cornelius Gurlitt zählte.

Schließlich verdanken die „Königliche Kommission zur Erhaltung der Kulturdenkmäler" und die „Königlich-sächsische Kommission für Geschichte" ihre Entstehung dem unermüdlichen Wirken Georgs.

Besonders enge Kontakte unterhielt der spätere König Georg bis zu seiner Thronbesteigung auch zur „Akademie der zeichnenden und bildenden Künste" in Dresden, zu deren 100-jährigen Jubiläum er zu ihrem Kurator gewählt wurde. Mit Recht können wir daher das Zeitalter des Prinzen bzw. Königs Georg von Sachsen in kultureller und wissenschaftlicher Hinsicht als äußerst fruchtbar bezeichnen.

❧ König Georg als Soldat

Ähnliches gilt ferner für die militärische Laufbahn des Herrschers. Diese lag darin begründet, dass er vor seiner Thronbesteigung 25 Jahre kommandierender General des XII. Armeecorps war. Ferner übte er bis 1902 zahlreiche verantwortungsvolle militärische Tätigkeiten auf Reichs- und Landesebene aus. Sein Hauptaugenmerk verwandte er auf die charakterliche Bildung seiner Soldaten, besonders der Offiziere, die in den letzten höchsten Bereichen verwurzelt sein sollten, um damit den inneren Halt der Armee für die Zukunft zu garantieren. Zur Hilfe kamen ihm dabei seine praktischen Erfahrungen der Kriege von 1866 und 1870/71, wo er sich als kommandierender General auszeichnete.

❧ Das Lebensende

König Georg starb am 15. Oktober 1904 im Schloss Pillnitz bei Dresden an den Folgen einer allgemeinen Altersschwäche. Er fand seine letzte Ruhestätte neben seiner Gemahlin Maria Anna, die bereits am 5. Februar 1864 an Typhus verstorben war. Beigesetzt ist dieses Königspaar in der Gruft der Wettiner unterhalb der katholischen Hofkirche in Dresden.

Zusammenfassend ist zu sagen, dass König Georg von Sachsen zu den wichtigen Vertretern des Hauses Wettin-Albertinische Linie zählte, obwohl seine Stellung als Monarch durch die Kürze seiner Regierungszeit sehr begrenzt war.

Das Haus Wettin und das Lustschloss Pillnitz

Neben Moritzburg besaßen die Wettiner bis 1918 eine weitere Residenz, in der sich die Kurfürsten und Könige, vor allem während der Sommermonate, von ihren anstrengenden Aufgaben in der Residenzstadt Dresden erholen konnten. Erst nach dem Ende des 1. Weltkrieges diente Pillnitz dem neu erstandenen Freistaat Sachsen als Museum, womit die Tradition des Hauses Wettin-Albertinische Linie auf kulturellem und künstlerischem Gebiet weitergeführt werden konnte.

℘ Die geschichtliche Entwicklung bis 1718

Die Geschichte von Pillnitz reicht bis ins 15. Jahrhundert zurück. Das Areal dieses Schlosses besaß als Rittersitz berühmter sächsischer Adelsfamilien erhebliche Bedeutung. Mit diesem Sitz sind Adelsfamilien, wie Carlowitz, Ziegler, Loß und Bühnau eng verbunden. 1693 ging die Herrschaft Pillnitz von den Herrn von Bünau durch Kauf an Kurfürst Johann-Georg IV. – dem älteren Bruder Augusts des Starken – über. Dieser schenkte das Schloss seiner Mätresse Sybille von Neitschütz. Nach beider Tod wurde August der Starke Besitzer von Schloss und Herrschaft Pillnitz und übergab das Schloss 1707 seiner Mätresse Anna von Cosel, die dort 10 Jahre lebte und wirkte. 1718 – nach der Verbannung der Gräfin Cosel nach Stolpen – fiel Pillnitz wiederum an August dem Starken zurück.

Schon im Mittelalter bestand hier ein Schloss, das im 17. Jahrhundert umgebaut wurde. Dieses „alte Schloss" mit seinen zwei Türmen und Renaissance-Giebeln machte einen stattlichen Eindruck. Es bestand noch bis in unseren Zeitraum und blieb trotz der Umbaupläne Friedrich Augusts und seiner Mitarbeiter weiter bestehen. Bedauerlicherweise fiel es 1818 einem Brand zum Opfer und wurde nicht mehr aufgebaut.

℘ Die Bautätigkeit Augusts des Starken

Mit dem Jahre 1718 begann eine neue Phase in der Geschichte von Pillnitz. Der Herrscher beauftragte seinen Generalintendanten Graf Wackerbarth mit der Planung einer neuen Schlossanlage. Mit der Ausführung betraute dieser den Oberlandbaumeister Mathäus Daniel Pöppelmann und ab 1724 den Dresdner Hofbaumeister Zacharias Longeluene. Aufgrund der von diesen Fachleuten gelieferten Entwürfe entstand 1720 der „Große Plan von Pillnitz", der als Graphitzeichnung erhalten werden konnte und wahrscheinlich von August dem Starken persönlich entworfen wurde. Daraus ist ersichtlich, dass der Kurfürst-König das gesamte Areal zwischen der Elbe und den umliegenden Anhöhen zu beiden Seiten des Stromes in seine Planungen einbeziehen wollte. 1720 wurde mit dem Wasserpalais begonnen. Dabei handelte es sich entgegen dem Wunsch des Monarchen nicht als Holz- sondern gleich als massiver Steinbau. Es wurde mit so großer Eile gearbeitet, dass dieser Teil des Schlosses bereits 1721 vollendet werden konnte. Dabei umfasste dieser Bau nur den Mittelteil des heutigen Wasserpalais. Die seitlich angebauten Teile entstanden erst 1787 zur Zeit des Kurfürsten Friedrich August III., des Gerechten, der ein Urenkel August des Starken war und 1806 erster Sächsischer König wurde.

Schon im Hochsommer des Jahres 1720 erlebte Pillnitz sein erstes Hoffest, das Stiftungsfest des Weißen Adlerordens der Polnischen Krone. Damit reihte sich dieses Schloss in den Reigen der Festplätze im Rahmen der Residenzstadt Dresden ein. Es war somit ein Teil des Schlossbauprogrammes geworden, das nicht nur den barocken Charakter der Stadt mitformte, sondern auch seinen Glanz weit in die Umgebung ausstrahlte.

Gegliedert wird das Wasserpalais durch einen siebenachsigen Mittelbau und je einem fünfachsigen Anbau zu beiden Seiten. Letzterer wurde allerdings erst später errichtet. Über dem Hauptgeschoss liegt ein mezzaninartiges Obergeschoss. Nur an der zur Elbfront gekehrten Seite des Schlosses befindet sich unter dem Hauptstockwerk noch ein niedriges Untergeschoss, das durch drei Arkadenöffnungen zugänglich ist. Während unten eine schmale Terrasse entlang führt, zieht sich über dem Mezzaningeschoss als abschließendes Gesimse eine große mit Chinoiserien bemalte Holzkehle hin. Diese Chinesenmalereien und die gebrochenen an China gemahnenden Dächer, die wir auch beim Bergpalais und anderen Barockbauten Dresdens ja oft noch in späteren Zeiten wiederfinden, sollten die besonders gestellte Aufgabe eines exotisch wirkenden Lustschlosses betonen.

Schon bei der Erbauung des Taschenbergpalais in Dresden selbst finden wir Einflüsse orientalischer Art. Dies wiederholt sich dann beim Japanischen Palais und schließlich

Lustschloss Pillnitz vom anderen Elbufer

auch in den Schlössern Moritzburg und Pillnitz. Auch bei der Gestaltung von Porzellanen sowie der Schöpfungen des „Grünen Gewölbes" sind orientalische Einflüsse festzustellen. In dieser Beziehung ist besonders der „Hofstaat des Großmoguls" anzuführen, der noch heute in den Sammlungen des „Neuen Grünen Gewölbes" bewundert werden kann. Neben der Vorliebe dieser Zeit für solche unbekannten östlichen Länder ist auch hier an die politischen Prophezeiungen über die Zukunft des Kurfürsten-Königs sowie an dessen Handelspolitik mit Ländern im fernen Osten zu denken. Deshalb kann man auch in Pillnitz geradezu von „Chinesischem Barock" sprechen.

Nur durch den Lustgarten getrennt, befindet sich dem Wasserpalais gegenüber das 1722/23 entstandene Bergpalais. Es entstand mit nur geringfügigen Veränderungen nach dem selben Plan, wie das Wasserpalais. Wiederum zeigte hier Pöppelmann sein großes Können. Dieser zweite Teil des Schlosses Pillnitz liegt in Richtung der Höhen des Borsberges. Der Lustgarten war nun von drei Seiten

umgrenzt: dem Renaissanceschloss im Osten, dem Wasserpalais im Süden und dem Bergpalais im Norden. Die bestehende Verbindung zwischen den einzelnen Teilen, wie sie der Besucher heute betrachten kann, bestand damals noch nicht.

Es muss als Verdienst des Grafen Wackerbarth angesehen werden, dass diese beiden neuen Palais von Anfang an so gebaut wurden, wie wir sie heute bewundern können. Es sollte hier etwas Dauerhaftes geschaffen werden. Damit handelte Wackerbarth entgegen dem Wunsche seines königlichen Bauherren, der hier nur ein „Indianisches Lusthaus" aus Holz errichten wollte. Damit war aber auch der „Große Plan von Pillnitz" aufgegeben, dessen Unausführbarkeit August der Starke eingesehen hatte. Es blieb aber trotzdem etwas von der großzügigen Idee erhalten. Dazu schreibt Lothar Kempe:

„Dennoch blieb von allem Gegensätzlichem etwas an beiden Palais haften: Ein Hauch von der Leidenschaft der Improvisationsgabe des Königs, der das feste Gestein seiner Bauten nicht

anders als im Regenbogenlicht von sprühenden Festen sah, neben der künstlerischen Intensität des deutschen Baumeisters Pöppelmann; es blieb ein Hauch des Verwehenden neben dem Beharrenden; man spürt noch immer die Nähe des großen Planes, aber auch die Beschränkung."

Wasser- und Bergpalais waren 1724 vollendet. An ihren Seiten wurden zunächst nur Gewächshäuser aus Holz errichtet, die später durch die erwähnten Flügelbauten ersetzt wurden. Bis 1818 befand sich anstelle der früheren Schlosskirche der so genannte Venustempel, der zusammen mit dem „Alten Schloss" abbrannte. Über dieses Bauwerk, das ebenfalls unter der Regierung Friedrich Augusts entstand, wissen wir nur, dass es einen achteckigen Speisesaal besaß. In den folgenden Räumen befanden sich Bildnisse weiblicher Schönheiten, von denen dieser Bau offenbar seinen Namen erhielt. Einen Eindruck davon erhalten wir, wenn wir beispielsweise die Schönheitsgalerie in Schloss Nymphenburg in München betrachten.

Im südöstlichen Teil war auch die katholische Schlosskapelle von Pillnitz untergebracht. Diese fiel ebenfalls dem Brand von 1818 zum Opfer.

Das Interesse Friedrich Augusts an Pillnitz scheint jedoch rasch erlahmt zu sein. Nur 1725 fand hier noch ein Hoffest anlässlich der Hochzeit seiner natürlichen Tochter aus der Verbindung mit der Gräfin Cosel statt. Das war eines der letzten Feste, die für längere Zeit in Pillnitz noch stattfanden. Auch unter seinem Sohn Friedrich August II. führte das Schloss nur ein Schattendasein.

Pillnitz im 19. und 20. Jahrhundert

Es ist uns bereits bekannt, dass der erste Sächsische König Friedrich August I. der Gerechte das Neue Palais in Pillnitz errichten ließ. Er wählte Pillnitz nicht nur zu seiner Sommerresidenz, sondern machte es auch zu einem Schwerpunkt seiner Bautätigkeit. Seit dieser Zeit lebten und wirkten alle weiteren Sächsischen Herrscher zeitweise in Pillnitz. Alle besaßen somit eine große Vorliebe für dieses Lustschloss und seine Naturschönheiten. Dazu kam noch, dass hier in Pillnitz die Könige Anton, Johann und Georg starben. Von Letzterem wissen wir durch die Erinnerungen des Prinzen Friedrich Christian von Sachsen, dass der Sarkophag mit dem Leichnam dieses Königs mit einer Hofgondel von Pillnitz nach Dresden überführt wurde. Eine dieser Gondeln ist noch heute im Park von Pillnitz zu bewundern. Bemerkenswert ist außerdem, dass Königin Amalie von Sachsen nach dem Tode ihres Gemahls Johann das Wasserpalais zu Pillnitz zu ihrem Witwensitz wählte und dort 1877 verstarb.

Seit dem Ende des 1. Weltkrieges wurde Pillnitz Eigentum des Freistaates Sachsen und diente fortan vorzugsweise musealen Zwecken. Nach dem 2. Weltkrieg wurde dort das heute noch bestehende Museum für Kunsthandwerk der Staatlichen Kunstsammlungen Dresden untergebracht.

Aus dieser geschichtlichen Betrachtung ist zu ersehen, dass Pillnitz neben Moritzburg ein beliebter Aufenthaltsort der bis 1918 regierenden Wettiner war. Die Erinnerung an diese Zeit festzuhalten, erscheint eine wichtige Aufgabe für unsere Zeit zu sein.

❧ Zeittafel 1902 – 1904

— 1902 – 1904 —

König Georg

— 1902 —

Deutsche Erstaufführung der Oper „Tosca" von Giacomo
Puccini in Dresden.

König Friedrich August III.

(1865 / 1904 – 1918 / 1932)

20 Mark (G) – König Friedrich August III.

Wohl mit Recht darf König Friedrich August III. als der „volkstümlichste König aller Zeiten" bezeichnet werden. Dies sollte für uns nach fast 75 Jahren seit seinem Tod zusätzlicher Anlass sein, uns mit seinem Leben zu befassen. In diesem Zusammenhang spielt vor allem seine Regierungszeit zwischen 1904 und 1918 eine große Rolle.

Kinder- und Jugendzeit

Geboren wurde Friedrich August am 25. Mai 1865 in Dresden als ältester Sohn des Königs Georg von Sachsen und dessen Gemahlin Maria Anna von Portugal, einer Ernestinischen Wettinerin aus dem Hause Sachsen-Coburg und Gotha. Über die Geburt dieses Wettiners berichtet sein Biograph Friedrich Kracke:

   „Sein (Friedrich Augusts) Geburtstag fiel in diesem Jahre auf den Himmelfahrtstag. Es war abends ½ 9 Uhr, als der Prinz und künftige König das Licht der Welt erblickte und zwar in dem königlichen Palais auf der Langgasse, dem späteren Zinsendorf-Palais, das die Familie des Prinzen Georg damals

Mit Schwester Prinzessin Mathilde

und später bewohnte. Die Entbindung des Neugeborenen ging ohne Schwierigkeiten vonstatten. Sie erfolgte so überraschend schnell, daß die Salve-Batterie zu spät ausrückte und deshalb die fälligen 101 Schuß erst um ½ 11 Uhr abgeben konnte. Kurios war es auch, daß die Königlichen Großeltern, die an diesem Tage außerhalb der Residenz in Jahnishausen weilten, die freudige Nachricht durch den Oberbürgermeister Pfotenhauer bei ihrer Rückkehr in der Nacht, zugleich mit der herzlichsten Gratulation zum Enkel und Thronerben erfuhren. Die zusammengelaufene Menge brachte dem Königspaar dann auf der Augustusbrücke und dem Schloßplatz begeisterte Ovationen. Am folgenden Tage nahm König Johann die Glückwünsche des Hofes entgegen, denen sich die Staatlichen Behörden und die Vertreter der Residenzstadt, sowie der Armee anschlossen."

Die feierliche Taufe vollzog der Apostolische Vikar Bischof Forwerk. Zu den Taufpaten zählten die Witwe des preußischen Königs Friedrich Wilhelm IV., Elisabeth, eine Tochter König Max I. Joseph von Bayern, die Herzogin Sophie in Bayern, Gemahlin des berühmten Münchner Augenarztes Herzog Karl Theodor in Bayern, Prinz Gustav von Wasa, der Vater der Kronprinzessin Carola und Schwiegervater des späteren Königs Albert von Sachsen. Diese festliche Handlung klang am Abend mit der Aufführung des „Barbier von Sevilla" und der Jubelouvertüre von Carl Maria von Weber in der Dresdner Hofoper aus. Am darauffolgenden Sonntag wurden in der evangelischen und der katholischen Hofkirche feierliche Dankgottesdienste abgehalten. In der katholischen Hofkirche ging dieser Dankgottesdienst mit dem in Dresden auch in der Gegenwart in regelmäßigen Abständen aufgeführten Te Deum in D-Dur von Johann Adolph Hasse zu Ende. Daran schloss sich eine feierliche Gratulationscour im Dresdner Residenzschloss an.

   1877 trat Prinz Friedrich August mit 12 Jahren als Leutnant in die königlich-sächsische Armee ein, studierte dann aber in Straßburg/Elsaß und in Leipzig Rechts- und Staatswissenschaften. Nach Beendigung seiner Studien kehrte er in die sächsische Armee zurück und wurde 1898 Generalleutnant und Kommandeur der 1. Sächsischen Division und 1902 kommandierender General des 12. Armeecorps.

Die Ehe mit Louise von Österreich-Toscana

Am 21. November 1891 vermählte sich der Prinz in Wien mit der am 2. Dezember 1870 geborenen Erzherzogin Louise Antonietta Maria von Österreich-Toscana (1870

Kronprinzessin Louise mit Tochter Anna Pia Monika

König Friedrich August von Sachsen im Kreise seiner Kinder

– 1947). Dieser Ehe entstammten drei Söhne und vier Töchter, u. zw.:

1. Friedrich August Georg Ferdinand Karl Anton Maria Paul Marcellus, Kronprinz von Sachsen und später Mitglied des Jesuitenordens (1893 – 1943)

2. Friedrich Christian Albert Leopold Anno Silvester Macarius, Prinz von Sachsen, Herzog zu Sachsen Markgraf von Meißen (1893 – 1968)

3. Ernst Heinrich Ferdinand Maria Melchiades, Prinz von Sachsen, Herzog zu Sachsen (1896 – 1971)

4. Maria Alix Carola Wilhelmine Victoria Roberta Maximiliane Petrusa Timothea (geb. und gestorben am 22.8.1898)

5. Margarethe Carola Wilhelmine Victoria Adelheid Albertine Petrusa Bertram Paula (1900 – 1962).
Verheiratet am 2. Juni 1920 in Schloss Sibyllenort bei Breslau mit Friedrich Victor Pius Alexander Leopold Karl Theodor Ferdinand, Fürst von Hohenzollern-Sigmaringen (1891 – 1965)

6. Maria Alix Luitpolda Anna Henriette Germana Agnes Damiana Michaela (1901 – 1990). Verheiratet am 25.5.1921 in Schloss Sibyllenort bei Breslau mit Franz Joseph, Prinz von Hohenzollern-Emden (1891 – 1964).

7. Anna Pia Monika (1903 – 1976), verheiratet 1) am 4.10.1924 in Schloss Sibyllenort bei Breslau mit Joseph Franz Erzherzog von Österreich (1895 – 1957), Sohn von Feldmarschall Erzherzog Joseph von Österreich. 2) am 6.9.1972 in Veyrier bei Genf mit Reginald Kasanjian (geb. 7.8.1905)

Die Ehe Friedrich Augusts mit Louise von Toscana wurde am 13. Juli 1903 in Dresden kirchlich und staatlich getrennt.

Des Volkes Klagelied!

Luise, ehem. Kronprinzessin von Sachsen.

Ach, wüsstest Du Dich so geliebt
vom ganzen Sachsenvolk,
Du hättest uns verlassen nicht,
Du hast es nicht gewollt.
Wir hofften Deine Wiederkehr,
und fluchten Deinem bösen Geist,
Zertrümmert unsere Hoffnung ist,
der Wunsch des Landes, grün und weiss!

O, liess Dich unser Eigen sein,
des Teufels Trug und List!
Ein treues Volk, die Lieben Dein,
sie haben schwer gebüsst.
Nun bist Du uns entfremdet fast
kehrst nimmermehr zurück,
Versöhnen nun, bedauern wir
Dein trauriges Geschick!

Wenn doch an Dir vorüberging
der bitt're Kelch des Herrn,
Da Du, weil Du gefehlet hast,
vom kranken Kind bist fern!
Verzage nicht, ob Deiner Tat,
uns lehrt die Reue viel!
Und tausend Herzen beten: „Herr
hilf überwinden, führ' zum Ziel"!
Albert Heinrich.

Des Volkes Klagelied

Charaktereigenschaften

Wie den Erinnerungen seines zweiten Sohnes Friedrich Christian zu entnehmen ist, erwies sich Friedrich August als eine in seinem Wesen geschlossene Natur, die ihr Innerstes höchst selten offenbarte und daher niemanden an seinen persönlichen Bereich allzu nah herankommen ließ. Es bereitete ihm immer wieder große Freude, mit guten Bekannten zusammenzutreffen. Aber auch dann wahrte er immer eine gewisse Distanz, zumal er sich im eigentlichen Sinn als nicht gesellige Natur erwies. Als er den Thron bestiegen hatte, verband sich diese angeborene Zurückhaltung mit einer königlichen Würde, die ihn in keiner Situation verließ. Er war nicht so autoritär wie seine beiden Vorgänger Albert und Georg, wusste aber dabei alle Menschen, die ihm nahten, in einen Abstand zu verweisen, der allerdings von menschlicher Gesinnung getragen war und daher nicht als Beschwerung empfunden wurde.

Seine Hauptinteressen galten seinen Kindern, seinen Sachsen – unter ihnen besonders den Soldaten – und der Liebe zur Natur. Über seine Mitmenschen urteilte er fast nie, er beobachtete sie nur. Mit der Zeit gewann er eine ausgezeichnete Menschenkenntnis, die ihm als kommandierender General und später als König besonders zugute kam.

Friedrich August war die Pünktlichkeit in Person. Den ganzen Tag teilte er genau auf die Minute ein, so dass jeder seiner Mitarbeiter und Untergebenen gerne mit ihm zusammenarbeitete. Es zeichnete ihn aber auch eine Verlässlichkeit aus, die sich darin zeigte, dass er eine einmal getroffene Vereinbarung peinlich genau einhielt. Wörtlich äußerte sich dazu Prinz Friedrich Christian, der Vater des Autors:

„Es ist mir unvergeßlich, wie treu er zu dem Abkommen mit Hamburg hielt, das sich auf die Elbschiffsabgaben bezog. Er war daher in der Hansestadt hoch willkommen und wurde dort fast wie ein Freund empfangen. Hatte er einmal mit einem anderen deutschen Staat eine gemeinsame Abstimmung im Bundesrat beschlossen, so wich er nie davon ab. Als wir größer wurden, sprach er mit uns über Gesetzesentwürfe, über Reichsgesetze, überhaupt über alle Fragen, die einen Regenten bewegten, um uns allmählich in diese wichtige Materie einzuführen.“

Die Vorliebe zur Natur

Eine besondere Neigung besaß Friedrich August zur Natur, die er besonders liebte und die ihn, vor allem seinen Kindern gegenüber, zur vertraulichen Aussprache stimmte. Als passionierter Jäger trug er stets einen Feldstecher bei

König Friedrich August III. als Jäger

sich, um das Wild genau beobachten und sehen zu können. Wiederum den Erinnerungen des Prinzen Friedrich Christian können die folgenden Zeilen entnommen werden:

„Entdeckte er auf einer Waldwiese einen starken Bock, so blieb er lange stumm vor Glück. Er war ein sehr guter Waidmann, dem die Pirsch über alles ging. Treibjagden waren nicht so sehr nach seinem Geschmack. Ich hatte die Freude, ihn oft zur Pirsch in die Heide, zur Auhahnbalz nach Oybin und zur Hirschbrunft im Rehefelder und Nassauer Revier begleiten zu dürfen. Über das von ihm erlegte Wild sprach er dann eingehend mit dem Revierförster und seinem Leibjäger. Dann aber zog er sich wieder auf sich selbst zurück.“

Diese Liebe zur Natur äußerte sich aber auch in seiner Anhänglichkeit zu den Bergen, zur Alpenwelt Tirols und Kärntens. Dazu schreibt sein ältester Sohn Pater Georg von Sachsen in seinen „Erinnerungen an meinen lieben Vater“ im Jahre 1933:

„Ja seine lieben Berge. Tirol war sein Lieblingsaufenthalt. Auf Berge zu fahren, haßte er, sie mußten erstiegen, erobert werden. Da wanderte er stundenlang, langsam und schweigend

hinauf. Dann war er aber auch überglücklich. Die herrlichen Fernsichten weiteten sein Herz, seine Seele. Den Himmel über sich, die Erde unter sich, dann fühlte er sich Gott so nahe, das hat er oft ausgesprochen."

Bevorzugte Aufenthalte im heutigen Südtirol waren vor allem die Gemeinden im Schlerngebiet mit dem Zentrum Seis, von wo er beispielsweise 1905 den Schlern bestieg, die Seiser Alm durchwanderte, den Molignonpass überschritt, in der damals der Sektion Leipzig des Deutschen Alpenvereins gehörenden Grasleitenhütte übernachtete und von dort aus die 2.889 m hohe Scalieretspitze bestieg. Sein engster Freund bei diesen Touren war der Caspar Sepp aus Kastelruth, mit dem er am 2. August 1910 von der Prager Hütte aus in einer fünfstündigen Wanderung den Großglockner, den höchsten Berg der Hohen Tauern, bestieg.

Noch vor Ausbruch des Ersten Weltkrieges hielt er sich mit seinen Familienangehörigen wiederholt in Taufers im Südtiroler Ahrntal auf, wo er das von dem aus München stammenden Adalbert von Mengershausen im Eigentum befindliche Schloss Weißenstein bewohnte. Zu erwähnen ist auch, dass er sich 1910 wiederum in Matrei/Osttirol aufhielt und von dort aus zahlreiche Bergtouren in die Gebirgswelt der Hohen Tauern unternahm.

In ähnlicher Weise dienten auch die Sommeraufenthalte in Tarvis, das bis 1918 zu Kärnten gehörte und seither zum italienischen Staatsverband zählt, neben der Jagd auch der Bewunderung der herrlichen Alpennatur. Bezeichnend ist, dass im Bereich der Südtiroler Dolomiten noch heute der „Friedrich August-Weg" und die „Friedrich August-Hütte" in der Sella-Gruppe an diesen großen Berg- und Naturfreund auf dem sächsischen Königsthron erinnern. 1987 wurde zusätzlich auf Initiative von Dr. Heinrich Weber-Unger und der „Studiengruppe für Sächsische Geschichte und Kultur e.V. München" am Rathaus der Marktgemeinde Matrei/Osttirol ein Denkmal zur Erinnerung an diesen Bergsteigerkönig errichtet. Auf dem Bild erblicken wir im Hintergrund den Gipfel des Groß-Venedigers in den Hohen Tauern. im Vordergrund den König mit den Symbolen des Bergsteigers Eispickel und Seil.

Das Verhältnis zu den Mitmenschen

Wenn König Friedrich August III. aus sich herausging, so brach sein goldenes Herz hervor, das für jeden Mitmenschen schlug. Besonders seine Kinder liebten ihn deswegen, weil er ihnen viele Worte ersetzte, die sonst Eltern an

ihre Kinder richteten, wie dies vor allem Prinz Friedrich Christian von Sachsen in einer unveröffentlichten Charakterstudie mit dem bezeichnenden Titel „Unser Vater" hervorhob. In dieser Charakterisierung wird besonders die unbedingte Wahrheitsliebe des letzten sächsischen Königs hervorgehoben. Daher kam auch nie eine Gesellschaftslüge über seine Lippen, ganz gleich, welche Folgen sich daraus ergaben. Desgleichen blieb Friedrich August auch in den schwersten Stunden seines Lebens den Geboten Gottes treu und betonte seinen Kindern gegenüber immer wieder die Notwendigkeit, dass diese sich besonders an das 4. Gebot halten sollten. Friedrich August kann auch in dieser Beziehung für unsere heutige Zeit durchaus als Vorbild betrachtet werden. Mit Recht verweist daher die bereits erwähnte Charakterstudie darauf hin, dass nicht nur die Familienangehörigen in Liebe und Bewunderung zu ihrem Familienvater emporblickten, sondern auch das gesamte sächsische Volk in ähnlicher Weise den König als liebenswerten und weithin geachteten Landesvater empfand. Diese Tatsache war auch einer der Hauptgründe dafür, dass dem am 18. Februar 1932 in Sybillenort verstorbenen König nahezu 700.000 Sachsen aus allen Bevölkerungskreisen und unterschiedlichsten Richtungen die letzte Ehre erwiesen.

Thronbesteigung

Am 15. Oktober 1904 bestieg Kronprinz Friedrich August nach dem Tod seines Vaters König Georg als König Friedrich August III. den Königsthron der Wettiner. Damit begann eine Epoche, die dem Königreich Sachsen nochmals unter einem bedeutsamen Vertreter des Hauses Wettin-Albertinische Linie eine Blütezeit bescherte. Mit Recht verweist daher Prinz Friedrich Christian in seiner Ansprache zum 100. Geburtstag seines königlichen Vaters am 25. Mai 1965 in München auf die schwere Aufgabe desselben hin, die Forderungen einer neuen Zeit mit dem Gewordenen und Erprobten – d.h. mit der heute soviel gepriesenen „guten alten Zeit" – in Einklang zu bringen. Wörtlich führt Friedrich Christian weiter aus:

„Er (der König) erstrebte daher eine Mitte von Erfahrung und Fortschritt, wobei er um diese aufrechtzuerhalten, die volle Unterstützung des norddeutschen Großstaates (Preußen) suchte, die noch viel Autoritäres und Absolutisches bewahrt hatte. 14 Jahre lang versuchte er, das Gleichgewicht der Kräfte zu bewahren. Hierin zeigte er sich als Staats-

mann von Format. Als aber die Volksernährung im letzten Kriegsjahr (1918) absank, bekamen die neuzeitlichen Strömungen der breiten Volksschichten die Überhand und jene so glückliche Mitte konnte nicht mehr weiter bestehen. Unser König hielt in großem Gottvertrauen aus bis zum bitteren Ende."

Im Jahre nach seiner Thronbesteigung 1905 besuchte Friedrich August eine Reihe von sächsischen Städten. Unter diesen befanden sich vor allem die beiden Großstädte Leipzig und Chemnitz. So traf der Monarch in den frühen Nachmittagsstunden des 14. Februar in der Messestadt Leipzig ein und wurde dort von den Spitzen der Stadt, der Universität und der stationierten Militäreinheiten feierlich begrüßt. Im Mittelpunkt des folgenden Tages stand der Besuch mehrerer Vorlesungen in der Leipziger Universität auf dem Programm, darunter bei Prof. Bücher über Finanzwissenschaft und Prof. Hauck über Kirchengeschichte. An die festliche Tafel im königlichen Palais – der Pleißenburg – schloss sich noch am Abend desselben Tages ein Fackelzug der Leipziger Studentenschaft an. Aus Anlass des festlichen Empfangs durch die Professoren und Studenten der Universität Leipzig hielt der König folgende kurze Ansprache, die uns auch heute noch aktuelle Probleme aufzeigt:

„E. w. Magnifizenz! Meine Herren!
Tiefgerührt durch die freundlichen Begrüßungsworte Sr. Magnifizenz und den ganzen großartigen und zugleich herzlichen Empfang, den Ich als Rector magnificentissimus perpetuus hier gefunden habe, spreche Ich Ihnen Meinen tief gefühltesten Dank aus. Die Fürsorge für die Universität, diese hell leuchtende Perle in Meiner Krone, habe Ich als teures Vermächtnis Meiner Vorgänger übernommen. König Johann, selbst ein hervorragender Gelehrter, und König Albert haben während ihrer langen Regierungszeit sich stets das Wohlergehen der Universität sehr angelegen sein lassen. Auch Mein in Gott ruhender, heiß geliebter Vater hat ein warmes Herz für die Universität gehabt. Während seiner kurzen, durch Krankheiten und Kummer getrübten Regierung hat er nur wenig Gelegenheit gehabt, mit unserer Alma Mater in nähere Beziehung zu treten. Aber nicht bloß als teures Vermächtnis betrachte Ich die Fürsorge für die Universität, sondern auch als Herzensbedürfnis. Unsere Geistlichen, Richter, Gelehrten und Ärzte gehen aus ihr hervor.
Ihre Aufgabe ist es, Meine Herren, unsere Jugend nicht bloß wissenschaftlich zu bilden, sondern auch ihr die wahren Gefühle der Gottesfurcht, Pflichttreue, Hingabe und Treue für König und Vaterland, Kaiser und Reich einzuflößen. Ja, Ich

2 Mark (S) – 500 Jahre Universität Leipzig

halte diese Seite der Tätigkeit von Hochschullehrern für die allerwichtigste. Und welche herrliche Aufgabe ist es, die überschäumende Jugendkraft, die ideal angelegte Natur des deutschen Jünglings in richtige Bahnen zu lenken! Ich war selber in voller Begeisterung Student und weiß es sehr gut, daß der Jüngling in seinem Freiheitsdrange keine bindenden Fesseln anerkennen will. Und Ich habe Verständnis dafür. Aber nach seiner Sturm- und Drangperiode, wird er, dank der tüchtigen Leitung der Lehrer, bald ein ernster, gereifter Mann werden, der überall seine Stelle ausführt. So, Meine Herren, ist Meine Ansicht über unsere Universität, und Ich bin völlig überzeugt, daß sie bei der allbewährten Tüchtigkeit aller Glieder derselben auch unter Meiner Regierung den alten Ruhm hochhalten wird."

Mit Recht betont Friedrich Augusts Biograph Wilhelm von Metzsch, dass gerade diese Rede ein volles Bekenntnis des Königs zur Universität Leipzig und ihrer schon damals – wie auch heute noch – wichtigsten Aufgabe der wissenschaftlichen Forschung und der dafür notwendigen Heranbildung des erforderlichen akademischen Nachwuchses enthielt. Sie ist daher, um wiederum mit Metzsch zu sprechen, „ein Lebensbekenntnis in des Wortes voll wichtiger Bedeutung".

Am 3. März traf König Friedrich August III. in einem Sonderzug von Dresden kommend gegen 13 Uhr in der Industriemetropole Chemnitz ein, in der Hochburg der Fabrikbetriebe, dem sächsischen Manchester, wie diese Stadt wegen der vorherrschenden Textilindustrie und des eng mit derselben verbundenen Maschinenbaues so treffend genannt wurde. Schon einige Tage vor der Ankunft des Monarchen verfasste Anton Ohorn ein Lobgedicht, das in der „Allgemeinen Zeitung" in Chemnitz am 1. Mai 1905 veröffentlicht wurde und ein typisches Zeugnis der Anhänglichkeit der Fabrikarbeiterschaft zum Herrscherhaus Wettin darstellte. Da es ein Zeitdokument ist, soll es an dieser Stelle zitiert werden:

„Stadt der Arbeit, laß ruhn deine Hände,
Lasse verstummen der Hämmer Schlag,
Schmücke die grauen Mauern und Wände,
Freue dich, es ist Feiertag!
Fahnen flattern von allen Türmen,
Grüßen weit in das Land hinein,
Jauchzende Glocken rufen und stürmen:
Heute zieht unser König ein!

Siehe dein Volk! In den schwieligen Händen,
Schwingt der Mann der Arbeit den Hut,
Greise und Kinder wollen dir spenden
Ihrer Begeisterung leuchtendes Gut.

Heil dir, o König, Erbe der Ahnen,
Die uns alle Zeit teuer und wert,
Der auf des Oheims, des Vaters Bahnen
Redlich wandelt, die Hand am Schwert,
Sich erfreuend der heimischen Waffen,
Die er getragen von Jugendzeit,
Schätzend und schützend auch, was geschaffen
Bürgerfleiß, Kunst und Gelehrsamkeit."

Mit einer großen Begeisterung – ähnlich wie in Leipzig – empfing die Chemnitzer Bevölkerung ihren König. Vom Hauptbahnhof aus begab sich Friedrich August unter Glockengeläut und Willkommensrufen der Menge zum Rathaus, wo er feierlich durch den Stadtrat unter Führung des Oberbürgermeisters Dr. Beck empfangen wurde. Der Oberbürgermeister hob bei seiner Begrüßungsrede besonders den Wunsch des Königs hervor, auch mit den Armen und Kranken der Stadt zusammenzutreffen. In seiner Antwort äußerte sich der Monarch wie folgt:

„Ich danke Ihnen sehr für die freundlichen Worte, welche der Herr Oberbürgermeister in Ihrer aller Namen ausgesprochen hat. Nachdem Ich vor mehreren Wochen in Leipzig unvergeßlich schöne Tage verlebt hatte, war es Mein innigster Wunsch, auch möglichst bald hier der guten Stadt Chemnitz Meinen Besuch machen zu können. Mein seliger Vater hat Mir immer bis zuletzt in Begeisterung von dem Empfang gesprochen, den er bei seinem Besuch im Herbst 1902 hier gefunden hat. Ich hatte große Erwartungen von dem heutigen Tage, von dem Empfang, den Ich hier finden würde. Aber Ich kann es Ihnen versichern, daß Meine Erwartungen nicht nur erfüllt, sondern auch übertroffen worden sind. Es freut Mich ganz besonders, hier an dieser Stelle es aussprechen zu können, daß Ich gefunden habe, daß in Unserer Fabrikbevölkerung, die ja vielen Versuchungen und Gefahren ausgesetzt ist, doch

Besuch des Maschinenbauzentrums Hartha

in reichem Maße die Begeisterung und Liebe für König und Vaterland existiert. Es gereicht Mir zur ganz besonderen Freude, dies an dieser Stelle zu betonen. Chemnitz ist Mir, wie Sie alle wissen, keine unbekannte Stadt. Ich habe noch in bester Erinnerung die rege Anteilnahme und die Opferwilligkeit, welche die Stadt einst in den schönen Tagen des Jubiläums Meines Regiments Mir bewiesen hat. Man bewundert an Chemnitz den regen Sinn für Gewerbe und Industrie, und dieser rege Sinn hat der Stadt in vielen Kreisen, auch weit über unser engeres und weiteres Vaterland hinaus, den Namen eines sächsischen Manchesters eingebracht. Ich hoffe sehr, daß die vor wenigen Tagen im Reichstag zur Verabschiedung gelangten Handelsverträge mehr Ruhe und Stetigkeit in die vielfach in den letzten Jahren aufgeregten Zeiten der Industrie bringen werden, und Ich hoffe zuversichtlich, daß diese große Tat für Unser gewerbliches Leben, welche gleich zu Anfang Meiner Regierung sich ereignet, ein günstiges Prognostikum für Meine ganze Regierung sein wird."

Bezeichnend ist, dass König Friedrich August III. auch den verschiedenen Chemnitzer Industriebetrieben großes Interesse entgegenbrachte. So besuchte er beispielsweise noch am 1. März 1905 die damals weit über Sachsen hinaus bekannte „Sächsische Maschinenfabrik AG.", eine Fabrikationsstätte, die mit der wirtschaftlichen Entwicklung der Region Chemnitz seit dem Beginn des 19. Jahrhunderts in enger Beziehung stand.

Am 21. März 1905 besuchte der Monarch Meißen und dabei auch die weltberühmte Porzellanmanufaktur. Am 29. März weilte er in Wurzen. Im April 1905 bezog er auch Freiberg in sein Programm ein. Aus diesem Anlass wurde

Besuch der Horch-Werke Zwickau

in dieser erzgebirgischen Bergbaustadt zu Ehren des Wettiners eine große Bergparade abgehalten. Im Mai desselben Jahres folgten noch Crimmitschau, Bautzen und Großenhain. Auch in diesem Zusammenhang hielt er sich wiederholt in Industriebetrieben auf, um sich mit deren wirtschaftlichen Fragen und der sozialen Lage der Arbeiterschaft vertraut zu machen. Dies geschah beispielsweise am 19. Mai 1905 durch einen Aufenthalt in der Tuchfabrik Gebr. Zschille.

Durch die während dieser Besuche in den verschiedenen Städten Sachsens geschlossenen Kontakte trug Friedrich August wesentlich zur Förderung von Wirtschaft, Handel, Gewerbe, Verkehr, Kunst und Wissenschaft bei. Immer aber blieb er seiner damals abgegebenen Versicherung treu. Diese umriss er einmal wie folgt:

„Gleich Meinen Vorfahren an dem Gedeihen von Gewerbe, Handel, Kunst und Wissenschaft, nicht weniger an der fortschreitenden Entwicklung und dem Wohle der Bürger den lebhaftesten Anteil zu nehmen, wird Mir jederzeit ein herzliches Bedürfnis sein."

✑ *Ansteigen der Volkstümlichkeit*

Schon im ersten Jahr seiner Regierung konnte ein beachtliches Ansteigen der Volkstümlichkeit des Königs verzeichnet werden. Mit Befriedigung vermerkte daher der damalige Präsident der Zweiten Kammer des Sächsischen Landtages, mit welchen Fortschritten die Kräftigung des monarchischen Gedankens in der Bevölkerung zugenommen habe. Wörtlich fährt dieser maßgebliche Repräsentant des Parlaments fort:

„Dies danken wir in erster Linie unserem Königlichen Herrn, der bei seinen vielfachen Reisen durch das Land mit seinem freundlichen und leutseligen Wesen die Herzen in vollem Maße im Sturm genommen, die Bande des Vertrauens zwischen Fürst und Volk gefestigt und neue glückverheißende Bande gleicher Art zu knüpfen verstanden hat."

Allgemein war im Volk das Gefühl lebendig, dass Friedrich August die Sorge für sein Land besonders am Herzen lag. Auch in seiner Tätigkeit als König erblickte er einen ihm von Gott und seinem Volk anvertrauten Beruf, für den er einmal seinem Schöpfer Rechenschaft abzugeben hatte. Daher fand er schnell Kontakte zu seinen Landsleuten, deren volkstümliche Sprache er selbst meisterhaft beherrschte. So konnte er bereits in seiner ersten Neujahrsbotschaft als König 1905 mit einigem Stolz sagen:

„Ich finde in dem Vertrauen, welches Mir die Bewohnerschaft des Landes entgegenbringt, eine willkommene Befriedigung."

Feierlicher Empfang Seiner Majestät vor dem Falkensteiner Rathaus (vor 1913)

Mit Recht drückt dieses freundschaftliche Wechselverhältnis zwischen König und Volk sein Biograph Friedrich Kracke wie folgt aus:

„Das innige Verhältnis zwischen Monarch und Volk beruhte auf der menschlichen Art des Königs, der jedem ebenso einfach und offen entgegentrat, wie er das von diesem erwartete. Jeder, der nur einmal mit ihm zusammengetroffen war, wußte davon zu berichten und konnte häufig auch noch ein besonderes Ereignis anführen, das ihm unvergeßlich geblieben war, mochte es eine freundliche Geste, ein aufmunterndes oder tröstendes Wort, ein humorvoller Ausspruch oder ein herzhafter Händedruck gewesen sein."

Dieser menschlichen Art Friedrich Augusts entsprangen viele uns noch heute überlieferte Erzählungen und Anekdoten, die fast 70 Jahre nach seinem Tod im sächsischen Volk noch immer lebendig sind und meist von Generation zu Generation weitergegeben werden.

℘ Politische und wirtschaftliche Verhältnisse

Sachsen entwickelte sich während der Regierungszeit Friedrich August III. weiterhin in den von seinen Vorgängern vorgezeichneten Linien. So betrug die Bevölkerung des Königsreiches im Jahre 1905 ca. 4,5 Millionen und stieg bis zu Beginn des Ersten Weltkrieges 1914 auf nahezu 5 Millionen. Von dieser Einwohnerzahl gehörten etwa 95 % der evangelischen und 4,7 % der katholischen Reli-

König Friedrich August III. als Militärführer

gion an. 1905 lebten 53,7 % der sächsischen Bevölkerung in 143 Städten und 46,9 % in 3.035 Landgemeinden und 1.225 Gutsbezirken.

Der industrielle Aufschwung äußerte sich vor allem in der weiteren Zunahme der städtischen Bevölkerung, die in erster Linie mit der Wanderungsbewegung der ländlichen Bewohner in die städtischen Ballungsräume zu erklären ist; das führte natürlich auch zu erheblichen politischen und sozialen Spannungen. Daraus ist das ständige Anwachsen der Sozialdemokratischen Partei seit 1903 zu erklären. Aus diesem Grunde entsprach auch die Zusammensetzung der Zweiten Kammer des Landtages nach den Bestimmungen der Verfassung von 1831 keinesfalls mehr den tatsächlichen Gegebenheiten. Zunächst wurden damit der SPD in Sachsen allzu große Erfolge verwehrt, weil die industrielle Arbeiterschaft und das kleine Handwerk durch das geltende Wahlrecht von der Mitwirkung in der Volksvertretung ausgeschlossen blieben. Auch in Teilen des liberal-orientierten Bürgertums breitete sich Unzufriedenheit über das nach preußischem Vorbild auch in Sachsen geltende Dreiklassen-Wahlrecht aus. So war es verständlich, dass bereits 1895 ein sozialdemokratischer Antrag in der Zweiten Kammer des Landtages eingebracht wurde. Dieser verfolgte das Ziel, ein allgemeines und direktes Wahlrecht mit geheimer Abstimmung für alle sächsischen Staatsangehörigen vom 21. Lebensjahr an einzuführen.

Unter maßgeblichem Einfluss von König Friedrich August III. konnte schließlich am 25. Januar 1909 ein neues Wahlgesetz verkündet werden und am 5. Mai durch Bekanntgabe im Sächsischen Gesetz- und Verordnungsblatt in Kraft treten. Nach diesem Wahlgesetz war jeder Sachse männlichen Geschlechts wahlberechtigt, der das 25. Lebensjahr vollendet hatte, die sächsische Staatsangehörigkeit besaß, mindestens eine direkte Staatssteuer entrichtete und am Wohnsitz, in dem die für die Wahlvorbereitung notwendige Listenaufstellung erfolgte, seit mindestens 6 Monaten lebte.

Die Mitglieder der Zweiten Kammer des Landtages wurden für 6 Jahre auf Grund des Prinzips der allgemeinen Wahlen im Zug der Mehrheitsentscheidungen gewählt. Von den 91 zu wählenden Abgeordneten dieser Kammer gehörten 48 der Land- und 43 der Stadtbevölkerung an. Von Letzterer kamen je 7 Volksvertreter aus Dresden und Leipzig und 4 aus Chemnitz. Trotz verschiedener noch bestehender Mängel bedeutete dieses neue Wahlrecht für Sachsen eine beträchtliche Liberalisierung gegenüber dem preußischen Dreiklassen-Wahlrecht. Es war speziell Friedrich August, der mit Zähigkeit dieses Ziel verfolgte und

3 Mark (S) 1917 – 400 Jahre Reformation

damit auch seine liberale Einstellung unter Beweis stellte. Das erkannte auch der liberal-konservativ orientierte „Dresdner Anzeiger", der am 19. Februar 1932 im Rückblick auf die Regierungszeit dieses Wettiners schrieb:

> *„Schon in den ersten Jahren der Regierung des Königs Friedrich August III. wurde das Wahlrecht umgestaltet, so daß nunmehr auch die Sozialdemokratie in die Zweite Kammer gelangen konnte. In der Wählerschaft war eine gewisse Beruhigung eingetreten und die parlamentarischen Kämpfe haben niemals die Heftigkeit wie anderwärts erreicht, noch wurde der König in sie hineingezogen."*

Auch die Presseorgane der bürgerlichen Linken erkannten das Entgegenkommen von König und Staatsregierung. Sie betonten besonders die fortschrittliche Einstellung, die neben den Bemühungen des Staatsministers Wilhelm von Hohenthal vor allem der Initiative Friedrich August III. zu verdanken war. Dieser hatte bereits in seiner Thronrede von 1907 vor den versammelten Landständen erklärt, dass er die unmittelbare Beteiligung aller Volksschichten am Staats-

leben wünsche. Dadurch hoffte er, seinem Volk „neue und dauernde Bürgschaften für den inneren Frieden und die äußere Wohltat zu geben".

Auf Grund des neuen Wahlrechts erlitten die Konservativen und Nationalliberalen bei den Landtagswahlen zwischen 1907 und 1909 erhebliche Stimmenverluste, konnten aber trotzdem gemeinsam ihre absolute Mehrheit bewahren. Als großer Gewinner erwies sich die Sozialdemokratie, die ihren Anteil von einem Abgeordneten im Jahre 1907 auf 25 Abgeordnete im Jahre 1909 steigern konnte.

Beispielhaft für die gegenwärtige Entwicklung ist auch die während der Regierungszeit König Friedrich August III. vertretene sächsische Finanzpolitik. Beachtlich erscheint, dass von 1903 bis 1911 bei ständig steigenden Staatseinnahmen die bisher hohen Staatsausgaben vermindert werden konnten, wodurch sich auch die Staatsschuld erheblich verringerte. Die Haushaltslage war so erfreulich, dass im Staatshaushalt von 1906 kein Defizit mehr verzeichnet wurde. Im Voranschlag für die Jahre 1906/07 konnte sogar ein Überschuss von 112 Millionen Mark erwirtschaftet werden. Diese Erfolge verdankte das Königreich Sachsen vor allem der klugen politischen Haltung und volkswirtschaftlichen Verantwortung seines seit 1902 amtierenden Finanzministers Dr. Rüger. Dieser war besonders darauf bedacht, dass seinem Land die ihm nach der Reichsverfassung allein zustehenden direkten Steuern als Haupteinnahmequelle tatsächlich erhalten blieben. Auf diese Notwendigkeit verwies auch König Friedrich August III. in seiner Thronrede von 1907 aus Anlass der Eröffnung der Landtagssitzungsperiode in eindringlicher Weise, womit er zugleich auf den föderativen Aufbau des Reiches hinwies.

Kaisermanöver 1913

❧ *Der Erste Weltkrieg und das Ende der Monarchie 1918*

König Friedrich August III. mit Federnhelm

Während des Ersten Weltkrieges nahm sich König Friedrich August III. besonders der an den Fronten stehenden sächsischen Truppeneinheiten an und suchte allgemein die Folgen der kriegerischen Auseinandersetzungen für sein Land zu mildern. In dieser Richtung ist auch sein Friedensversuch vor Eingriff der Amerikaner in die Kriegsereignisse 1916/17 zu sehen. Damals unternahm Friedrich August gemeinsam mit den Reußischen Fürstentümern und den Hansestädten Hamburg und Bremen den Versuch, einen Separatfrieden mit den Alliierten zu schließen. Es wurde sogar erwogen, das bisherige Reichsland Elsaß-Lothringen wieder an Frankreich zurückzugeben oder zumindest nach dem Vorbild der Schweiz zu einem eigenen Staatsgebilde werden zu lassen. Leider war diesem Friedensvorstoß kein Erfolg beschieden, weil die oberste Heeresleitung in Berlin

offenbar den Krieg mit allen zur Verfügung stehenden Mitteln weiterführen wollte.

Anfang November 1918 wurde als Folge der schwierigen politischen und wirtschaftlichen Verhältnisse die sächsische Staatsregierung unter aktiver Mitwirkung Friedrich Augusts

Deutsche Bundesfürsten

König Friedrich August III. als Soldat

umgebildet. Erstmals in der Geschichte Sachsens gehörten ihr auch mehrere sozialdemokratische Staatsminister an. Das Programm dieser Regierung sah eine aus allgemeinen Wahlen hervorgegangene Zweite Kammer vor. Dagegen sollte die bisher bestehende Erste Kammer in eine berufsständische Vertretung umgewandelt werden.

Noch am 8. November 1918 herrschte in Dresden vollkommene Ruhe. Als kurz darauf nach Münchner Vorbild ein Arbeiter- und Soldatenrat in der Landeshaupt- und Residenzstadt die Macht übernahm, entschloss sich Friedrich August zur Abreise aus Dresden. Er nahm zunächst Aufenthalt in Schloss Guteborn bei Ruhland in Brandenburg, wo er Gast des mit ihm befreundeten Prinzen Ulrich von Schönburg war. Hier vollzog König Friedrich August III. von Sachsen am 13. November 1918 in schriftlicher Form seinen persönlichen Thronverzicht. Diese Verzichtserklärung leitete der bisherige Innenminister Dr. Koch im Auftrag des Monarchen an den Arbeiter- und Soldatenrat als den vorläufigen Inhaber der provisorischen Staatsgewalt weiter. Mit Recht bemerkt der konservativ-liberal orientierte „Dresdner Anzeiger" aus Anlass dieses Thronverzichts:

„Der König stand in seinen Lebensanschauungen und in seinen Neigungen dem demokratischen Wesen schon nahe. Ihm war seine Stellung ein Amt, das er sicher nicht begehrt hätte, wenn es ihm nicht nach den geltenden Bestimmungen zugefallen wäre. Er hat stets die Dienstpflicht dieses Amtes nach bestem Wissen und Können erfüllt, aber die Ehrenpflicht des Königsamtes niemals stark betont – jedenfalls nicht stärker als es notwendig war. Wir möchten glauben, daß es auch seinem schlichten Wesen zu danken ist, wenn sich die Umwälzung in so glatter, fast geschäftsmäßiger Ruhe vollzogen hat. Und es ist wohl für Friedrich August das schönste persönliche Bewußtsein, daß keine gehässige oder sonst übelwollende Gesinnung erfolgt."

Bei dieser Gelegenheit ist noch zu erwähnen, dass der König seinen Thronverzicht nur für seine Person aussprach und nicht – wie oft fälschlicherweise behauptet wird – auch für seine Familie. Desgleichen trifft nicht zu, dass während seiner Regierungszeit wiederholt Unmut und Rebellionen gegen die Monarchie auftraten, wie dies beispielsweise Dietmar Sehn in der „Sächsischen Zeitung" vom 13.2.2002 behauptet.

Interessant ist, dass die Beliebtheit und Volkstümlichkeit Friedrich Augusts auch nach seiner Abdankung ungebrochen blieb. Aus vielen Erzählungen des Friedrich Christian Prinz von Sachsen weiß der Autor, dass König Friedrich August III. sogar bei den sächsischen Sozialdemokraten ein großes Ansehen besaß, weshalb diese ihn – wie bereits ausgeführt – sogar als Kandidaten für den Posten eines sächsischen Staatspräsidenten des neuen Freistaates Sachsen vorschlugen.

Als Landedelmann in Schloss Sibyllenort bei Breslau

Nach diesem für sein Leben so folgenschweren Schritt zog sich Friedrich August III. nach Schloss Sibyllenort bei Breslau in Schlesien zurück und führte fortan das Leben eines Landedelmannes. Neben der Jagd bildete er während der Zeit von 1918 bis 1932 den Mittelpunkt seiner großen Familie und seines ebenso großen Freundes- und Bekanntenkreises. In diesem Zusammenhang ist anzuführen, dass seine drei Töchter Margarethe, Maria Alix und Anna Pia Monika in Sibyllenort den Bund der Ehe eingingen. Sein ältester Sohn, Kronprinz Georg feierte in Sibyllenort 1924 sein erstes heiliges Messopfer, nachdem er durch den Bischof von Meißen am Grab der Heiligen Hedwig in der Klosterkirche von Trebnitz zum Priester geweiht worden war. Bis zu seinem Tod 1932 unterhielt Friedrich August weiterhin enge und freundschaftliche Verbindungen zu seiner angestammten sächsischen Heimat, vor allem zu den Soldaten der alten königlichen Armee, zu deren Andenken er in Sibyllenort eine wesentliche Abteilung seiner umfangreichen Privatbibliothek unterhielt. Deren Bücherbestände sollen sich heute in der Universitätsbibliothek von Breslau befinden.

Große Sorgfalt widmete der König während seiner Sibyllenorter Jahre auch den Kontakten zu bedeutenden Wissenschaftlern der Universität Breslau. So fanden meist in wöchentlichen Abständen im Schloss Vorträge über allgemein interessierende wissenschaftlich-kulturelle Themen statt. Entsprechend den persönlichen Neigungen des

Königs und seiner Familienmitglieder wurden in erster Linie die Wissensgebiete Geographie und Geschichte behandelt. In vielen Fällen hielt Friedrich August sogar persönlich Vorträge zu Themen aus diesen Fachgebieten.

Das Lebensende Friedrich Augusts

Auf Grund ausführlicher Presseberichte von 1932 sind wir in der Lage, die letzten Lebenstage und den Tod des Königs ausführlich zu verfolgen. So meldete am 19. Februar 1932 die Morgenausgabe der „Dresdner Nachrichten" in einem Bericht aus Schloss Sibyllenort vom Vortag:

„Am Donnerstagabend um 10.03 Uhr ist der ehemalige König von Sachsen Friedrich August, ohne die Besinnung wieder erlangt zu haben, sanft eingeschlafen. Der König stand im 67. Lebensjahr. Am Totenbette hatten sich die Prinzessin Mathilde und Prinz Ernst Heinrich eingefunden. Prinz Christian und Gemahlin, die Prinzessin von Thurn und Taxis, sind soeben in Breslau eingetroffen. Der sächsische Kronprinz Georg, der sich bei seiner Schwester in Budapest aufhielt, wird im Laufe der Nacht in Sibyllenort erwartet."

In ihrem Rückblick auf das Leben von König Friedrich August III. betonte die genannte Zeitung, dass sich alle Sachsen mit dem Königshaus verbunden und in Trauer versetzt fühlten. Die große Verehrung und Beliebtheit des Verstorbenen äußerte sich auch in vielen anderen Presseorganen Sachsens. So beendete beispielsweise die „Vogtländische Zeitung" in Plauen ihren Bericht aus Sibyllenort vom 18. Februar 1932 mit folgenden Worten:

„Die Befürchtungen, die man hegte, haben sich leider in der vorgerückten Abendstunde erfüllt. Der erst 67 Jahre alte König, der infolge seiner Schlichtheit, Geradheit und Natürlichkeit wohl der volkstümlichste König aller Zeiten war, ist nun heimgegangen."

Wir können auch Friedrich Christian Prinz von Sachsen zustimmen, wenn er im Rückblick auf den am 18. Februar 1932 in Sibyllenort verstorbenen letzten regierenden Wettiner auf dem sächsischen Königsthron folgendes ausführt:

„Die Erinnerung an unseren König aber lebt fort in den Herzen so vieler Sachsen, die unter seiner weitblickenden und ausgleichenden Regierung glücklich gewesen, die immer das *Bild eines gütigen und wahrhaftigen Regenten vor Augen gehabt, den sie liebten und in Generationen – so Gott will – noch lieben werden."*

In der Tat blieb bis heute das Lebenswerk Friedrich August III. unvergessen. In dieser Beziehung ist vor allem daran zu erinnern, dass am 15. November 1987 in Matrei/Osttirol auf Initiative von Herrn RA. Dr. Heinrich Weber-Unger und der „Studiengruppe für Sächsische Geschichte und Kultur e.V." ein Denkmal für den Bergsteigerkönig Friedrich August III. errichtet werden konnte. Dieses Denkmal befindet sich – wie bereits erwähnt – am Rathaus der Marktgemeinde Matrei und sollte auch von den Besuchern aus Sachsen und anderen Regionen Deutschlands unbedingt aufgesucht werden. Diese Gedenktafel enthält folgende Inschrift:

„In memoriam Friedrich August III., König von Sachsen 1865 – 1932 – dem Freund der Berge, Gast in Matrei 1910 und 1914, unvergessen von seinen Sachsen."

Über dieser Inschrift befindet sich ein Kopfbild des Monarchen, dessen Vorbild eine sächsische Münze war. Darunter ist der Großvenediger in den Hohen Tauern mit den Initialen des königlichen Bergsteigers Eispickel und Seil abgebildet. Darauf konnte bereits bei der Würdigung des Königs als Freund der Natur verwiesen werden.

Persönlich erinnern sich der Verfasser und seine Gemahlin Elmira an die eindrucksvolle Feier unter Beteiligung zahlreicher Mitglieder und Freunde der „Studiengruppe für Sächsische Geschichte und Kultur e.V." sowie der Matreier und umliegender Schützenverbände aus dem gesamten Bereich Osttirols. Interessant ist weiterhin, dass zur gleichen Zeit der Feier in Matrei am 15. November 1987 in der katholischen Hofkirche ein Gedenkgottesdienst für den König stattfand, zu dem allerdings nur mittels Flüsterpropaganda eingeladen werden konnte.

Die Albertinischen Wettiner als Förderer des Dresdner Musiklebens im 18. und 19. Jahrhundert

Wenn wir die Kulturgeschichte Dresdens betrachten, so fällt auf, dass die Entwicklung dieser Stadt besonders mit dem seit dem 9. Jahrhundert im mittleren Elberaum regierenden Herrscherhaus Wettin verbunden war. Schon in der frühen Neuzeit weisen geschichtliche Tatsachen darauf hin, dass es wettinische Regenten waren, die der Musikkultur ihr Augenmerk zuwandten.

Die Musikentwicklung unter Friedrich August dem Gerechten (1750 / 1768 – 1827)

Ein maßgeblicher Förderer des Musiklebens in Dresden war Kurfürst Friedrich August III. – der Gerechte, der seit 1806 als Friedrich August I. nach der Erhebung Kursachsens zum Königreich von Napoleons Gnaden der erste König von Sachsen wurde. Über dessen Bedeutung für die Musikentwicklung Dresdens schreibt Karl Ludwig Pölitz:

„Unter allen Künsten ward aber der Churfürst von der Tonkunst am meisten angesprochen. Er war nicht bloß Dilettant, sondern Kenner derselben, und fand in ihr die würdigste Erholung von den ernsten Regierungsgeschäften. Die Capelle des Churfürsten – bestimmt für die Kirchenmusik in der katholischen Kirche, am Hofe, in den Opern und beim Schauspiele, – war daher einer der ersten in ganz Europa, und hochgefeierte Männer im In- und Auslande standen als Capellmeister an ihrer Spitze. Die Opern wurden in den ersten Zeiträumen der Regierung Friedrich Augusts bloß in italienischer Sprache gegeben; erst in späterer Zeit behauptete sich auch die teutsche Oper neben der älteren Schwester. Der Unternehmer ward von dem Churfürsten ansehnlich unterstützt. Neben der italienischen Oper zählte auch die teutsche Hof- Schauspielergesellschaft ausgezeichnete Künstler unter ihren Mitgliedern, welche, während einer langen Reihe von Jahren in den beiden Leipziger Hauptmessen auf dem Leipziger Theater auftraten."

Interessant ist die Tatsache, dass beispielsweise zum Unterhalt der Sänger und Sängerinnen der italienischen Oper durch den Hof 24.000 Taler ausgegeben wurden. Mit den Nebenkosten für Dekoration, Garderobe und verwandten Ausgaben waren es zu diesem Zeitpunkt etwa 32.000 Taler.

Der von 1772 bis 1812 als Kirchenmusiker und als Komponist in der sächsischen Residenzstadt Dresden wirkende Josef Schuster (1748 – 1812) schrieb und komponierte für das Jagdschloss Moritzburg bei Dresden eine Orchestermesse in D-Dur. Diese auch als Jagdmesse bekannte Komposition wurde bis in die jüngste Vergangenheit herein regelmäßig zur Mitternachtsmette in der katholischen Hofkirche aufgeführt. Dazu schreibt Prinz Friedrich Christian von Sachsen:

„In die Barockwelt der Jagd gehört eine entsprechende Orchestermesse von Josef Schuster hinein, der im ausklingenden 18. Jh. Kapellmeister in Dresden gewesen und an dessen Kompositionen der Churfürst-König Friedrich August Anteil gehabt haben soll. Diese in der Mitternacht des Heiligen Abends aufgeführte Messe hatte in der mündlichen Überlieferung der Familie und der musikfreudigen Sachsen den Namen Jagdmesse, da sie wegen der schon am Morgen des ersten Feiertages in den ausgedehnten Forsten von Sitzenroda südlich von Torgau stattfindenden Sauhatzen kurzgehalten war, es war ein Jagdtempo um der Jagd willen. Friedrich August III. bestieg gleich nach dieser orchestralen Nachtmesse am Hauptportal der Hofkirche den Schlitten, um dieses Jagdrevier möglichst schnell zu erreichen. Tante Mathilde nickte uns immer zu, wenn wir die ersten freudigen Töne dieser D-Dur-Messe vernahmen, als sollte sie uns sagen: Kinder, das ist die Jagdmesse, sie hilft uns Nachkommen jener unermüdlichen Jäger früherer Zeiten, daß wir schnell ins Bett gelangen, denn meist unterdrückte sie gleich ein leichtes Gähnen. Und unser Vater hatte schon unter seiner Uniform ein Nachtgewand angezogen, um ebenfalls so rasch wie möglich zur Ruhe dann zu gelangen, was er uns Kindern immer lächelnd erzählte, wobei zugleich ein leichter Stolz auf diese sinnreich-zweckmäßige Verbindung mitschwang, die dabei aber der Mitwelt verborgen blieb."

Ein weiterer wichtiger Musiker dieses Zeitalters war Johann Gottlieb Naumann (1741 – 1801), der in Dresden zunächst als Hofkirchenkomponist angestellt wurde, aber schon 1765 auch als Kammermusiker Bekanntheit erlangte. Anlässlich der Hochzeit des Kurfürsten 1769 wurde seine Festoper „La Clemenza di Tito" im Opernhaus am Zwinger aufgeführt. 1776 wurde er schließlich Hofkapellmeister. Insgesamt komponierte Naumann 23 Opern, 12 Oratorien sowie

Katholische Hofkirche

zahlreiche Lieder und Kantaten, unter denen sich vielfach Vertonungen von Dichtungen Kloppstocks befanden.

Sein Nachfolger war der aus Parma stammende italienische Musiker Ferdinando Paer (1771 – 1839), der während seiner Dresdner Tätigkeit als Hofkapellmeister von 1802 bis 1804 seine Oper „Leonore" uraufführen konnte. Diese Oper bildete die Anregung für Ludwig van Beethoven, der im Jahre 1805 eine Oper gleichen Namens komponierte. Bei ihr handelte es sich um die Vorläuferin der berühmten Oper „Fidelio".

Die Regierungszeit Friedrich August des Gerechten ist aber noch deswegen wichtig, weil Carl Maria von Weber (1768 – 1826) von 1817 bis 1826 in Dresden als Hofkapellmeister wirkte und dort der deutschen Oper zum Durchbruch verhalf. Schon seit Oktober 1816 fanden Verhandlungen über eine Berufung Webers nach Dresden statt. Ausschlaggebend für die Erledigung dieses wichtigen Anliegens war der damalige Intendant des Dresdner Hoftheaters Graf Heinrich von Vitzthum-Eckstätt, der ein großer Liebhaber und Anhänger der deutschen Oper war. Ihm verdanken wir es, dass der König, der wiederum

ein treuer Anhänger der italienischen Musik war, für die Berufung Webers gewonnen werden konnte. Bereits am 14. Januar 1817 wurde er in sein neues Amt eingeführt. Schon am 30. Januar des gleichen Jahres konnte er eine eigene Abteilung für die Aufführung deutscher Opern innerhalb der Dresdner Hoftheater ins Leben rufen. Wenn auch seine berühmten Opernschöpfungen – Abu Hassan, Freischütz, Euryanthe und Oberon – nicht in Dresden ihre Uraufführung erlebten, so kann dennoch gesagt werden, dass Weber wertvolle Anregungen für diese Werke in seinem Dresdner Wirkungsbereich erhielt. So wurde er beispielsweise zu seiner berühmtesten Oper „Der Freischütz" entscheidend durch seine Aufenthalte in dem ihm gehörigen Winzerhäuschen von Hosterwitz und die nahegelegene bizarre Felsenwelt der „Sächsischen Schweiz" angeregt. Die festliche Uraufführung dieser Oper fand am 18. Juni 1821 im Berliner Nationaltheater statt. Dennoch ging „Der Freischütz" in Dresden von 1822 bis 1951 insgesamt 1.000-mal über die Bühne des Dresdner Opernhauses. Damit dürfte diese Oper wohl die am meisten überhaupt gespielte sein.

Auch viele kirchen- und kammermusikalische Schöpfungen Webers erlebten in der sächsischen Haupt- und Residenzstadt beachtliche Uraufführungen. Das gilt besonders für seine berühmten Messen und zwar für die Es-Dur oder Freischütz-Messe und die G-Dur oder Jubelmesse. Beide wurden aus Anlass von persönlichen Jubiläen Friedrich Augusts in der katholischen Hofkirche erstmals der Dresdner Öffentlichkeit vorgestellt. Gleiches gilt auch für die „Aufforderung zum Tanze", die bis zum Ende des Ersten Weltkrieges 1918 das traditionelle Hofkonzert am Ostermontag einleitete. Dazu schreibt Prinz Friedrich Christian von Sachsen:

„Das zweite Hofkonzert fand immer am Ostermontag statt. Obwohl der Karneval mit all den Bällen und sonstigen Lustbarkeiten längst vorüber war, ertönte immer eine verkehrte Welt, zu Beginn Carl Maria von Webers ‚Aufforderung zum Tanze'. Diese höchst reizvolle und freudige Komposition war wie eine weltliche Ergänzung zur Auferstehungsstimmung der Osterfeiertage. Bei den Klängen des Walzers bewegten sich die Füße auch der ältesten Damen im Takt. Als dann der König zum Schluß lebhaft klatschte, beteiligten sich all seine Gäste an dieser Beifallsbezeugung und Ernst von Schuch, der geniale Dirigent, verneigte sich mit allen Mitgliedern des Orchesters."

Die bekannte Jubelouvertüre wurde 1818 aus Anlass des 50-jährigen Regierungsjubiläums Friedrich August des Gerechten in Dresden uraufgeführt.

Die Vorliebe für Musik bei den Königen Friedrich August II. und Johann

Die Vorliebe für die Musik setzte sich auch bei den nachfolgenden Königen entschieden fort. Das gilt besonders für König Friedrich August II. (1797/1836 – 1854), unter dessen Regentschaft sich Sachsen zum seinerzeit druchaus modernen demokratischen Verfassungsstaat entwickelte. Dieser wettinische Herrscher zeigte sich auch dem Musikleben gegenüber als sehr aufgeschlossen. So schreibt sein Biograph Julius Schladebach:

„Ein reges Gefühl, ein feiner Sinn für Musik ist seit Jahrhunderten ein schönes Erbgut in der erlauchten sächsischen Regentenfamilie. Nicht wenige Glieder derselben haben selbsttätig in der Kunst sich versucht und dadurch sich selbst und dem hohen fürstlichen Familienkreise manche Freude, manchen Genuß bereitet. Dresdens Oper und Familie hat seit drei Jahrhunderten bis heute einen der hervorragendsten, ehrenvollsten Plätze unter allen ähnlichen Instituten eingenommen, und das verdankt sie natürlich der Munificenz der Fürsten, welche mit Vorliebe selbst unter oft rechtsschwierigen Verhältnissen dieselbe gehegt und gepflegt haben. Auch Friedrich August ist in dieser Beziehung dem Beispiel seiner edlen Vorfahren gefolgt. Vorzugsweise war es aber auch hier die ernste klassische Richtung, der sein Geist sich zuwendete. Die Opern Glucks und Mozarts, die Oratorien Händels, wie die Symphonien Beethovens namentlich gehörten zu seinen Lieblingswerken, wenn immer er auch andererseits es nicht verschmähte, an den leichteren Producten der heiteren Muse von Zeit zu Zeit sich zu ergötzen. Seinem feinen Geiste konnte und durfte keine Manifestation auf dem Gebiete der Kunst fremd oder fern bleiben.“

In anderem Zusammenhang verweist Schladebach noch auf die liberale Einstellung dieses Wettiners, die auch seiner Einstellung zum Musikleben zugute kam. Schließlich lag diesem König noch die Förderung des unter seiner Regentschaft neu gegründeten Leipziger Konservatoriums besonders am Herzen.

Auch sein jüngerer Bruder und Nachfolger Johann (1801/1854 – 1873) erwies sich den kulturellen Fragen gegenüber als sehr aufgeschlossen. Leider sind aber persönliche Äußerungen über seine Einstellung zu Fragen des Musiklebens äußerst selten. Das rührt offenbar daher, dass er sich in seinen Tagebuch-Aufzeichnungen über seine Studienreise von 1821/22 nach Italien als Nicht-Musiker bezeichnete. Er weilte damals gemeinsam mit seinem Bruder Clemens in der Musikstadt Venedig, wo er durch Vermittlung des ebenfalls dort weilenden Dresdner Hofkapellmeisters Francesco Morlacchi einer musikalischen Akademie beiwohnen konnte. Unter dem unmittelbaren Eindruck dieses Besuches schrieb er in sein Tagebuch:

„Es kam mir als Nichtkenner der Musik sonderbar vor, mich in einer Gesellschaft von lauter Musikern und Liebhabern zu sehen, wie man sie vielleicht nur in Italien findet; ich muß gestehen, daß unter allen Künstlern mir die Musiker am wenigsten liebenswürdig und gebildet erschienen.“

Während seiner langjährigen Tätigkeit als Mitglied der Ersten Kammer des Landtages äußerte sich Johann mehrfach zu Fragen der Kunst und betrachtete es beispielsweise am 26. August 1834 bei der Beratung des Budgets für das Innenministerium als Aufgabe des Staates, sich der Kunstpflege anzunehmen. Seiner Meinung nach sollte die öffentliche Hand nicht nur Künstler heranbilden, sondern auch das Interesse des Volkes für die Kunst wecken. Daher trat er für die Gründung von Kunstakademien ein. Wenn man die Reden Johanns betrachtet, so fällt auf, dass Fragen der Musik nie direkt angesprochen wurden. Daher muss aus den Äußerungen zu Fragen der Kunst indirekt auf seine Stellung zur Musik geschlossen werden.

König Albert – ein Liebhaber der Musik

Ein entschiedener Liebhaber der Musik war Johanns ältester Sohn und Nachfolger auf den Königsthron Albert (1828/1873 – 1902), unter dessen Regierungszeit am 2. Februar 1878 der Semperbau der Dresdner Öffentlichkeit übergeben werden konnte. 1978 beging die „Studiengruppe für Sächsische Geschichte und Kultur e.V." mit einem Festakt im Prinzregententheater in München diesen Gedenktag. Daran erinnert noch heute eine Festschrift, die die Bedeutung des Dresdner Opern- und Musiklebens zum Inhalt hat.

Den frühesten quellenmäßig gesicherten Nachweis für die Vorliebe Alberts zur Musik finden wir in einem Brief von 1846 aus Hamburg, wo er gemeinsam mit dem Großherzog von Mecklenburg-Schwerin und dem Erbprinzen von Lippe-Detmold einen Theaterbesuch absolvierte. Damals konnte er die weithin bekannte Opernsängerin Jenny Lind hören. In einem Brief an seinen Vater nach Dresden schreibt er dazu wörtlich:

„Du weißt, daß ich nicht leicht schwärme, aber gestern war ich wirklich exaltiert. Eine solche Fülle der Stimme, verbunden mit einer außerordentlichen Feinheit und Grazie und namentlich im pianissimo hatte ich noch nie gehört.“

Leider ist uns nicht bekannt, welche Opernaufführung er während seines Hamburger Aufenthaltes besuchte.

Alberts Vorliebe zur Musik äußerte sich vor allem darin, dass er das Dresdner Opern- und Konzertleben aufmerksam verfolgte und sich zu diesem Zweck eine spezielle Musikbibliothek zulegte. Dazu schreibt sein Neffe und Biograph Prinz Johann Georg von Sachsen:

„Aber jeder, der den König gekannt hat, wird es mir bestätigen, wie groß dessen Freude an der Musik war. Er hatte vielleicht auch nicht ganz das feine musikalische Empfinden wie mein Vater. Dafür war es ihm aber gegeben, sich leichter in neuere Richtungen hineinzufinden. Wie mancher Komponist hat bei ihm volles Verständnis gefunden, wenn es vielleicht andere nicht oder nur zögernd taten.

Sehr gewählt ist die musikalische Bibliothek, die er hinterlassen hat. Freilich hat er nicht nur alles selbst gesammelt, sondern manches davon geerbt. Aber das letztere wurde bei ihm zu lebendigerem Besitz. In der Bibliothek befinden sich auch zahlreiche Manuskripte von Mozart, Beethoven, Weber und anderen Komponisten. Regelmäßig besuchte er die zahlreichen Konzerte, die sich im Winter in Dresden häufen. Mit lebhaftem Interesse verfolgte er alle neuen Opern. Ich besinne mich noch, welche Freude er an der Cavalleria Rusticana hatte. Be-

sonders schwärmte er für Beethoven oder Mozart. Aber auch Richard Wagner, der bekanntlich in den 40er Jahren Kapellmeister am Hoftheater war, ist er von Anfang an mit Verständnis nähergetreten. "

In diesem Zusammenhang ist von Interesse, dass Richard Wagner sich am 20. Februar 1858 von Zürich aus an Kronprinz Albert wandte, um diesen für seine Rückkehr nach Dresden zu gewinnen. Wagner war bekanntlich aktiver Teilnehmer des Dresdner Mai-Aufstandes von 1849 und musste deshalb in der Schweiz im Exil leben. Er bat Albert, sich mit „dem Gesuch um allergnädigste Niederschlagung der gegen mich eingeleiteten Untersuchung wegen Teilnahme an den unglücklichen Ereignissen von 1849" bei König Johann zu verwenden, aber erst vier Jahre später erließ dieser eine politische Amnestie, die auch Wagner zugute kam. Die auf diese Weise geknüpften Beziehungen zwischen Albert und Richard Wagner setzten sich weiter fort und führten 1889 sogar zu einem Besuch des sächsischen Monarchen in Bayreuth. Dort besuchte er die Premiere von Parsifal und traf bei dieser Gelegenheit mit Cosima Wagner zusammen, wie der Biographie des Prinzen Johann Georg von Sachsen über König Albert zu entnehmen ist.

Dresdner Hofoper

König Friedrich August III. und das Musikleben

Auch die beiden letzten regierenden sächsischen Könige Georg und Friedrich August III. waren der Musik gegenüber sehr aufgeschlossen. Für König Georg, der Sachsen von 1902 bis 1904 regierte, bestätigt dies ausdrücklich sein Sohn Johann Georg in der bereits angeführten Biographie über König Albert. Dort bezeichnete der Prinz seinen Vater als fundierten Kenner des Musiklebens.

Auch Sachsens letzter König Friedrich August III. (1865 – 1932) war ein großer Freund und Anhänger der Musik. Paul Adolph, der in den letzten Jahrzehnten der Monarchie und dann von 1918 bis zu seinem Rücktritt 1920 als Generalintendant der sächsischen Theater maßgeblich Staatsoper und Staatskapelle beeinflusste, schreibt in seinen 1932 veröffentlichten Lebenserinnerungen „Vom Hof- zum Staatstheater":

„Wie großes Verständnis übrigens auch der letzte König von Sachsen – und zwar ohne daß ihn, wie bekannt, ein besonders tiefes persönliches Interesse mit der Kunst und vor allem mit der Musik verband – für die Pflege der Künste und deren Wert hatte, erhält am besten aus seinem Ausspruch, den er bei Beratungen über Sparmaßnahmen an den Theatern tat, und uns dann auch noch schriftlich zukommen ließ: ‚Er wünsche keineswegs, daß durch solche Sparmaßnahmen das Niveau der von seinen Vorfahren zu so hoher Blüte gebrachten Theater sowie der königlichen musikalischen Kapelle sinken solle'."

Auch Prinz Ernst Heinrich von Sachsen schließt sich in seiner 1968 veröffentlichten Selbstbiographie „Vom Königsschloß zum Bauernhof" dieser Auffassung von Paul Adolph an:

„Für die Erfordernisse seiner Hoftheater, die in großer Konkurrenz mit Berlin standen, hatte er immer eine offene Hand. Ohne selbst ein musischer Mensch zu sein, war er durchdrungen von der Verpflichtung, die künstlerischen Traditionen seiner Residenzstadt fortzusetzen, und während seiner Regierung herrschte in Dresden eine hohe kulturelle Blüte. Die wichtigsten Ereignisse waren wohl die Aufführungen der Strauss'schen Opern, die zu internationalen Ereignissen wurden."

Neben Richard Strauss fanden auch die Werke italienischer Komponisten unter Friedrich August III. durch beachtliche Premieren im Semperbau eine beispielhafte Förderung. Damit entwickelte sich die Haupt- und Residenzstadt Dresden in den letzten Jahren vor dem Ausbruch des Ersten Weltkrieges zu einem Mittelpunkt der Pflege italienischer Musikkultur. Bei der engen Verbindung der Oper zum Hofleben und damit zum Hause Wettin, dessen verwandtschaftliche Bindungen zu Italien in allen Jahrhunderten der Geschichte sehr eng waren, ist dies kein Wunder.

Dieses Erbe führte vor allem der zweite Sohn des letzten Königs Friedrich Christian Prinz von Sachsen weiter, obwohl er auf Grund der Ereignisse des Jahres 1918 nicht mehr als König den Thron seiner Vorfahren besteigen konnte. Die Einzelheiten seiner Fördermaßnahmen zugunsten des Musiklebens sind uns bereits bekannt.

Die finanziellen Leistungen des sächsischen Königshauses für das Musikleben

Die Förderung des Theater- und Musiklebens durch das Haus Wettin wäre nicht möglich gewesen, wenn nicht die sächsischen Monarchen erhebliche finanzielle Zuwendungen geleistet hätten. Durch die Einführung der ersten demokratischen Verfassung vom 4. September 1831 erhielt der König eine staatliche Abfindung in Form der „Civilliste". Die darauf bezügliche Bestimmung des § 22 Absatz 1 lautet wie folgt:

„Der König bezieht eine mit den Ständen auf die Dauer seiner Regierung verabschiedete Summe aus den Staatscassen zu seiner freien Disposition in monatlichen Raten im voraus zahlbar."

Diese Rente wurde als Äquivalent für die dem Fiskus zugewiesenen Nutzungen königlichen Domänengutes gewährt (§ 22 Absatz 2). Neben den Kosten der Hofhaltung wurde in dieser Bestimmung die Unterhaltung von Hofkapelle und Hoftheater durch den jeweiligen König als Verpflichtung geregelt (§ 22 Abs. 5). Die Höhe der Civilliste wurde mit 500.000 Talern festgesetzt, wobei die Regelung zwischen den beiden Kammern des Landtages und dem König für dessen gesamte Regierungszeit bestimmt wurde (§ 22 Abs. 4).

Während der Regierungszeit von König Friedrich August III. betrug die Civilliste etwa 3 ¼ Millionen Mark, wovon durchschnittlich 1 ¼ bis 1 ½ Millionen an Hofoper, Schauspiel und Hofkapelle gegeben wurden. Darüber hinaus brachte der König von Fall zu Fall noch höhere Mittel auf, um einzelne Projekte zu fördern. Daraus kann geschlossen werden, dass Kunst und Kultur unter der Regierung des letzten Königs großzügig gefördert wurden. Die Höhe der

Zuschüsse aus der „Civilliste" beruhte nach Ansicht von Paul Adolph in dem traditionellen Aufbau der Hoftheater, der für die damaligen Verhältnisse selbst unter der Berücksichtigung des ansteigenden Fremdenverkehrs und der steigenden Beliebtheit der sächsischen Residenzstadt als neue Heimat für ausländische Siedlungswillige zu groß angelegt war. Dazu muss noch die Frage, ob die steigende Bevölkerungszahl und die Aussichten für den Fremdenverkehr so günstig waren, dass ein tägliches Bespielen von Oper und Schauspielhaus gerechtfertigt und vom künstlerischen Standpunkt aus wünschenswert erschien, geprüft werden. Schließlich wurde bei den diskutierten Sparmaßnahmen das Problem der stets anwachsenden Verwaltungskosten ernsthaft diskutiert und entsprechende Vorschläge unterbreitet. Es kann somit gesagt werden, dass König Friedrich August III. diese Verpflichtung entsprechend der kulturellen Tradition seines Hauses bis zum Ende der Monarchie in Sachsen 1918 getreulich eingehalten hatte.

Das Residenzschloss der Wettiner in Dresden

Das Dresdner Schloss, dessen Anfänge in das Mittelalter zurückreichen, ist nicht nur mit dem Herrscherhaus Wettin, sondern auch mit der Geschichte Sachsens und Dresdens eng verbunden.

Bemerkenswert erscheint, dass die sächsischen Könige von 1806 bis 1918 diese Tradition fortsetzten. Bedeutsam ist, dass der Kurfürst und spätere König Friedrich August der Gerechte das Schloss bereits in den 80er Jahren des 18. Jahrhundert umfassend erweitern ließ, um es für seine Pflichten als Herrscher auszustatten. Erwähnenswert ist auch, dass Friedrich August den Schwerpunkt der Bautätigkeit von Dresden nach Pillnitz verlagerte; dort ließ er das uns bereits bekannte neue Palais errichten.

Baumaßnahmen unter König Anton

Ähnliches gilt auch für König Augusts jüngeren Bruder Anton, der allerdings auf Grund der Verfassung von 1831 finanzielle Beschränkungen auch im Bauwesen auf sich nehmen musste. Trotzdem ließ er durch Otto von Wolframsdorf 1833/34 das Georgentor um eine Etage erhöhen. Desgleichen ließ er auch die Mansarde des Nordflügels durch ein Vollgeschoss ersetzen. Dieses wurde damals durch ein flaches Satteldach abgeschlossen.

Friedrich August II. als Bauherr

Für die Geschichte des Schlosses ist auch König Friedrich August II. bedeutsam. Dazu schreibt Janek Müller:

„Aus Mangel an repräsentativen Sälen beauftragte er Otto von Wolframsdorf, den Großen Ballsaal, das Turmzimmer und den Propositionssaal neu zu gestalten. Diese Arbeiten erfolgten von 1837 bis 1855, durch die Mai-Aufstände 1849 zeitweise unterbrochen. Durch den Tod des Königs wurde aber das Turmzimmer nicht mehr in die Umbauten einbezogen und blieb in seiner aus dem Barock und der Renaissance stammenden Ausgestaltung erhalten."

Die Regierungszeit König Johanns

Auch unter der Regierung König Johanns kam es vor allem in den letzten Jahren seiner Zeit als König zu bedeutsamen Baumaßnahmen. So entstand nach dem Entwurf des Hofbaumeisters Krüger im zweiten Obergeschoss des Georgenbaues der Kleine Ballsaal und anschließend daran ein Audienzzimmer. Dabei erhielten diese Räume bedeutsame Innengestaltungen im historischen Stil, wobei sich Elemente des sächsischen Neubarock und des Neorokoko vereinigten. Trotzdem kann auf dem Sektor des Bauwesens in dieser Zeit eine verstärkte Abhängigkeit Sachsens von seinem nördlichen Nachbarland Preußen festgestellt werden.

Aktive Baumaßnahmen unter König Albert

Die letzten großen Baumaßnahmen vor der 1945 erfolgten Zerstörung des Dresdner Schlosses wurden in der Epoche von König Albert durchgeführt. So beantragte der Monarch 1889 beim Landtag 3 Millionen Mark zur Neugestaltung der Schlossfassaden und einzelner Innenräume. Dabei überarbeiteten Hofbaurat Dunger und Hofarchitekt Frölich für

Residenzschloss

die Fassadengestaltung Elemente der deutschen Renaissance und des Barock. Ferner wurden neue Giebel errichtet. Außerdem ließ der Herrscher die Änderungen des 19. Jahrhunderts wieder rückgängig machen. Zwischen 1899 und 1901 erfolgten überdies Bauarbeiten am Georgentor.

Unter der Regierung Alberts wurde der noch heute so prächtige Fürstenzug geschaffen. Damit sollte offenbar „die vaterländische Identität Sachsens" gestärkt werden, wie Dirk Syndram und Peter Ufer in ihrem neuesten Werk über das Dresdner Schloss mit Recht betonen. Wörtlich äußern sich beide Autoren zu diesem bedeutsamen Kunstwerk:

„In diesem Geist schuf Wilhelm Walther zwischen 1872 und 1876 ein unübersehbar ‚sächsisches' Kunstwerk, das sehr bald schon große Popularität gewann: Den Fürstenzug an der Außenwand des Langen Ganges entlang der Augustusstraße. Der Akademieprofessor griff zunächst auf eine traditionelle Technik zurück und fertigte die Abfolge sächsischer Herrscher von Heinrich I. von Eilenburg, dem ersten wettinischen Markgrafen von Meißen bis zum regierenden König Albert und seinem Bruder Georg als schwarz-weißes Sgrafitto. Es sei daran erinnert, daß dieses Wandbild in der Nachfolge eines an gleicher Stelle vorhandenen Reiterzuges des späten 16. Jahrhunderts stand, mit

dem Christian I. die Straßenfassade des Langen Ganges hatte schmücken lassen. Als das durch die Witterung geschädigte Gemälde im Jahre 1907 durch farbige Fliesen aus Meißner Porzellan ersetzt wurde, war das angrenzende Residenzschloß bereits zu einem Monument sächsischer Geschichte umgestaltet worden."

Dieser Fürstenzug repräsentiert noch in der Gegenwart neben der oben erwähnten vaterländischen Identität die Geschichte des bis 1918 regierenden Hauses Wettin, eines der ältesten, deutschen und europäischen Herrscherhäuser überhaupt. Man kann dieses Kunstwerk folglich mit Recht als eine Art Glorifizierung des genannten Fürstenhauses und seiner fast 900-jährigen Verbundenheit zwischen Land und Volk betrachten. Es kann daher als ein Wunder angesehen werden, dass der Fürstenzug auch die schrecklichen Ereignisse des Jahres 1945 beinahe unversehrt überdauern konnte. Die Fliesen waren nur mit Ruß bedeckt und konnten mit einem einfachen technischen Verfahren gereinigt werden. So können die Besucher Dresdens dieses wohl einmalige Kunstwerk als ein bedeutsames Zeugnis sächsischer, deutscher und europäischer Geschichte bewundern.

Das Jubiläumsjahr des Hauses Wettin 1889 war offenbar ein Anlass, für 3 Millionen Reichstaler das Schloss in seinen Fassaden zu erneuern. Die Neukonzeption der Außenfassaden begann 1889 – 1892 mit der bisher als störend wirkenden Westfassade. Gleichzeitig wurde ein neuer Schlossflügel errichtet. Dieser erhielt den Namen „Bärengartenflügel". Interessant ist jedoch, dass trotz dieses Namens in diesem Bereich nie Bären gehalten wurden.

1892/93 wurde als zweite Baumaßnahme ein neuer Flügel für die Unterbringung der Hofverwaltung erbaut. Schließlich konnte 1901 der Georgenbau erheblich erhöht und mit einem kupferbedeckten turmartigen, weithin sichtbaren Dachreiter bekrönt werden.

⁓ *Das Dresdner Schloss in der Gegenwart*

Auf diese Weise besaß Dresden zu Beginn des 20. Jahrhunderts ein Residenzschloss im Stil des späteren Historismus. Dabei handelt es sich um ein beachtliches Monument sächsischer Geschichte und Kultur und um einen Gebäudekomplex, der in unserer Gegenwart vorzugsweise musealen Zwecken dient. Hier sind nach der Fertigstellung des Wiederaufbaues nach dem Zweiten Weltkrieg das Kupferstichkabinett, das Neue Grüne Gewölbe und das Historische Grüne Gewölbe untergebracht. Bei diesen Sammlungen handelt es sich vorzugsweise um Zeugnisse von Erwerbungen des Hauses Wettin vom Beginn der Neuzeit bis 1918. Damit wird wenigstens dem Namen nach die Tradition des Hauses Wettin-Albertinische Linie fortgesetzt. Auf diese Weise hat der heutige Freistaat Sachsen, in dessen Eigentum das Dresdner Schloss sich befindet, auch einen wichtigen Beitrag zur Identitätsfindung und Förderung des Tourismus geleistet. Dadurch reiht sich die Landeshauptstadt Dresden in würdiger Weise in den Rahmen europäischer Kulturstädte. Auch das Haus Wettin könnte dafür einen Beitrag leisten, wenn beispielsweise das von Mitgliedern dieses Hauses schon lange geplante „Wettin-Museum" verwirklicht werden könnte. In Zusammenarbeit mit dem Freistaat Sachsen ließe sich dieses Projekt in kürzester Zeit verwirklichen.

ℰ Zeittafel 1904 – 1918

— 1904 – 1918 —

König Friedrich August III., Sachsens volkstümlichster König

— 1905 —

Uraufführung der Oper „Salome" von Richard Strauss in Dresden. Uraufführung des Musikspiels „Tiefland" von Eugen d'Albert in Magdeburg. Gründung der Künstlergemeinschaft „Brücke" in Dresden. Sie erlangt internationale Anerkennung. Ihr gehören u.a. Erich Heckel und Emil Nolde an. Dresden ist mit 515.000 Einwohner die drittgrößte Stadt des Deutschen Reichs, hinter Berlin und Hamburg.

— 1906 —

Dr. Conrad Wilhelm von Rüger wird Vorsitzender des Ministeriums (bis 1910). Frauen können in Sachsen ein Universitätsstudium aufnehmen.

— 1907 —

Sachsen hat 4.582.000 Einwohner. In Riesa, das zum wichtigsten Standort für Walzstahlproduktion in Sachsen wird, wird die Produktion nahtloser Stahlrohre begonnen.

— 1908 —

Gründung des Landesvereins Sächsischer Heimatschutz, der sich auf dem Gebiet der Denkmalpflege, der Volkskunde und des Naturschutzes engagiert.

— 1909 —

Gesetz gegen die Verunstaltung von Stadt und Land. Uraufführung der Oper ‚Elektra' von Richard Strauss in Dresden.

— 1910 —

Dr. Viktor Alexander von Otto wird Vorsitzender des Ministeriums (bis 1912).

— 1911 —

Uraufführung der Komödie für Musik „Der Rosenkavalier" von Richard Strauss in Dresden.

— 1912 —

Max Clemens Lothar von Hausen wird Vorsitzender des Ministeriums (bis 1914). Gründung der Deutschen Bücherei in Leipzig. Der Schriftsteller Karl May stirbt in Radebeul.

— 1914 —

Dr. Heinrich Gustav Beck wird Vorsitzender des Ministeriums (bis 1918). Nach dem Attentat auf den Österreichischen Kronprinzen Franz Ferdinand von Österreich bricht der 1. Weltkrieg aus. Die Sächsische Armee wird unter Gen.-Oberst von Hausen als 3. Armee eingesetzt. Im Verlauf des Krieges werden die Sächsischen Verbände mit denen anderer Bundesländer gemischt. Im Verlauf des Krieges fallen 210.000 Sachsen und 71.000 bleiben vermisst.

— 1916 —

Uraufführung der Bühnendichtung „Die toten Augen" von Eugen d'Albert in Dresden

— 1917 —

Uraufführung der Spieloper „Das Christ-Elflein" von Hans Pfitzner in Dresden.

— 1918 —

Revolution in Deutschland mit Bildung von Arbeiter- und Soldatenräten. Diesen folgt am 9. November der Waffenstillstand und die bedingungslose Kapitulation. König Friedrich August III. dankt ab.

Familienbild, Dresden 1997

Obere Reihe von links: Markgraf Maria Emanuel von Meißen, Prinz Dedo von Sachsen, Dr. Prinz Albert von Sachsen Herzog zu Sachsen, Prinz Alexander von Sachsen

Untere Reihe von links: Prinzessin Elmira von Sachsen, Dr. Mathilde Prinzessin von Sachsen, Prinzessin Maria Anna von Sachsen, Prinzessin Anastasia Louise von Sachsen, Prinzessin Maria Josepha von Sachsen, Prinzessin Erina von Sachsen

Die Albertinischen Wettiner

von 1918 bis zur Gegenwart

Auch wenn das Haus Wettin seit 1918 nicht mehr regiert, so mussten die Angehörigen dieses Fürstenhauses jedoch nicht wie später 1945 ihre angestammte Heimat Sachsen verlassen, sondern behielten als Privatleute viele Möglichkeiten, besonders auf wirtschaftlichem und kulturellem Gebiet, um im neu entstandenen Freistaat Sachsen eine den Traditionen entsprechende Rolle zu spielen.

Die Bedeutung wurde noch dadurch erhöht, dass es 1923/24 zu Verhandlungen mit dem ersten Freistaat Sachsen kam. Das Ziel dabei war die Wiederherstellung bzw. Restitution von Teilen des bis 1918 vorhandenen Privateigentums an Ländereien und Kunstwerken. Der darauf abgeschlossene „Staatsvertrag" trat 1924 in Kraft und wurde 1926 durch eine Volksabstimmung bekräftigt. In dieser Vereinbarung sagten die staatlichen Stellen zu, dass keine weiteren Forderungen oder Enteignungen in Zukunft stattfinden sollten.

Zu den wichtigsten Besitztümern zählten Schloss Moritzburg bei Dresden mit allen dazugehörenden Ländereien sowie zahlreiche Kunstwerke, die kurz danach in einem von Ernst Heinrich Prinz von Sachsen gestalteten Museum des Hauses Wettin-Albertinische Linie in Schloss Moritzburg der Öffentlichkeit präsentiert wurden. Die damals lebenden Familienmitglieder bildeten den „Verein Haus Wettin – Albertinische Linie e.V." mit Sitz in Dresden. Diese Vereinigung blieb bis 1947 bestehen und wurde damals

durch eine Verordnung des Polizeipräsidiums Dresden auf Geheiß der sowjetischen Besatzungsmacht aufgehoben. Alle vorhandenen Besitztümer des Hauses fielen nach 1945 der demokratischen Bodenreform zum Opfer. Viele Kunstwerke wurden damals auch vielfach gegen den Willen der Sowjetischen Militärbefehlshaber in die Sowjetunion transportiert und dort bis vor einigen Jahren der Öffentlichkeit vorenthalten. Noch heute befinden sich erhebliche Bestandteile von Kunstwerken und die Privatbibliothek in der Russischen Föderation und wurden noch immer nicht an die wettinischen Eigentümer zurückgegeben, obwohl die russische Regierung eindeutig erklärte, dass sie Privatgegenstände an die ursprünglichen Eigentümer zurückgeben würde. Auch die Restitution von Grundeigentum ist noch immer ungeklärt; die zuständigen Behörden in Sachsen verweigern nach 17 Jahren noch immer die Rückgaben.

Georg Kronprinz von Sachsen (1893 – 1943)

Mit dem Tod König Friedrich Augusts III. ging eine bedeutsame Epoche sächsischer und wettinischer Geschichte zu Ende. Die Albertinischen Wettiner mussten nun im privaten und öffentlichen Leben ohne Rückendeckung durch einen regierenden Monarchen ihre Stellung behaupten. Das

Letzte Fahrt von Friedrich August III.

gelang in der Generation der unmittelbaren Nachkommen des Königs verhältnismäßig reibungslos, da diese ebenfalls sehr volkstümlich und beliebt waren. In erster Linie galt dies für Georg Kronprinz von Sachsen, der sich trotz seines geistigen Standes im sächsischen Volk große Achtung und Liebe erfreute.

Kronprinz Georg wurde am 15. Januar 1893 als Sohn des damaligen Prinzen Friedrich August von Sachsen und dessen Gemahlin Erzherzogin Luise von Österreich-Toscana (1870 – 1947) im Taschenbergpalais zu Dresden geboren. Zu bemerken ist, dass dieses historische Bauwerk der Barockzeit – heute Hotel – bis 1918 dem jeweiligen Thronfolger als Wohnsitz diente.

Als der Salut von 101 Kanonenschüssen – zu dieser Zeit üblich bei Geburt eines Prinzen – das freudige Ereignis ankündigte, steigerte sich in der Residenzstadt Dresden die Begeisterung für das regierende Haus Wettin-Albertinische Linie, war nun doch der Bestand des Herrscherhauses für die weitere Zukunft gesichert. Als Folge dieses freudigen Ereignisses wurde Kronprinzessin Luise reichlich mit Geschenken bedacht; darunter befanden sich viele praktische Kleidungsstücke oder Spielsachen für den neu geborenen Thronfolger.

24 Stunden nach der Geburt wurde Georg getauft. Alle Königskinder trugen aus diesem Anlass wundervolle Spitzenkleidchen und Häubchen. Der Kronprinz selbst wurde mit einem von Spitzen überzogenen Kissen in die Rokokokapelle des Taschenbergpalais getragen. Damals wurde auch – ähnlich auch bei späteren Gelegenheiten – ein Taufbecken aus der Zeit August des Starken verwendet; dieses befand sich bis 1945 im Privateigentum des Königshauses und gelangte nach der Besetzung Dresdens 1945 in die Hände der siegreichen Sowjetarmee. Nach neueren Aussagen befindet sich dieses Taufgeschirr in der Eremitage von St. Petersburg.

Georg, der zunächst gemäß seiner Stellung als Kronprinz eine militärische Ausbildung genoss, nahm während der Regierung seines königlichen Vaters Friedrich August bis 1918 lebhaften Anteil an allen wichtigen Ereignissen und Entscheidungen. So beschäftigte er sich ausführlich mit den Lehren und Theorien des Sozialismus und abonnierte zu diesem Zweck das Parteiorgan der SPD „Vorwärts". Damit strebte er wohl dem Vorbild von König Johann von Sachsen nach, der sich während seiner Regierungszeit von 1854 bis 1873 als hervorragender Kenner der Wirtschaft und der sozialen Verhältnisse in Sachsen erwies.

Währen des Ersten Weltkrieges entsandte Friedrich August seine beiden älteren Söhne Georg und Friedrich

Pater Georg

Christian an die Westfront in Belgien und Frankreich. Kronprinz Georg wurde als Oberleutnant dem Oberkommando der 3. (Sächsischen) Armee unter Generaloberst Freiherr von Hausen und Friedrich Christian als Leutnant dem Generalkommando des II. (1.) Königlich-Sächsischen Armeekorps zugeteilt. Bereits am 26. August 1914 erhielten beide Prinzen die Feuertaufe. Damit entsprachen sie durchaus den militärischen Idealen der Familien, vor allem ihres Großonkels König Albert und ihres Großvaters König Georg, deren Lebensweg entscheidend durch die militärische Tradition der königlichen Armee geprägt war. Zu bemerken ist noch, dass König Friedrich August III. dem Soldatentum durchaus aufgeschlossen gegenüber stand; dieses Erbe übernahmen seine Söhne Georg, Friedrich Christian und Ernst Heinrich, der bis 1945 wettinischer Schlossherr von Moritzburg war.

Nach dem Ende des Ersten Weltkrieges 1918 entschloss sich Kronprinz Georg die geistliche Laufbahn zu wählen. Bereits am 15. Juli wurde er durch den katholischen Bischof von Meißen, Dr. Christian Schreiber, in Trebnitz bei Breslau zum Priester geweiht. Am folgenden Tag feierte er in der Schlosskapelle von Sibyllenort sein erstes Messopfer (Primiz). Diesem feierlichen Gottesdienst wohnten neben seinem königlichen Vater zahlreiche Angehörige des sächsischen Königshauses bei. Danach wirkte Georg zunächst als Seelsorger im Gebiet von Glatz in Schlesien.

Am 15. Dezember 1925 erfolgte sein Eintritt in den Jesuitenorden in Pullach bei München. Als Mitglied dieses auf Ignatius von Loyola zurückgehenden katholischen Ordens der Jesuiten wirkte Pater Georg, wie er nun genannt wurde, nach seiner Priesterweihe aktiv in der Seelsorge, zuletzt in der Reichshauptstadt Berlin. Dort fand er am 14. Mai 1943 unter mysteriösen Umständen beim Baden den Tod durch Ertrinken, obwohl er als vorzüglicher Schwimmer bekannt war. Ob wirklich ein Herztod als Folge dieses Badeunfalls erfolgte oder vielleicht Mord – wie viele Zeitgenossen vermuten – die Ursache war, lässt sich bis heute nicht eindeutig beweisen. Doch darf nach Aussagen von Augenzeugen der Schluss gezogen werden, dass Pater Georg einem Mordanschlag zum Opfer fiel. Es steht heute fest, dass er während seiner Berliner Zeit als Großstadtseelsorger Oppositionelle – besonders Juden – vor den Verfolgungen des Naziregimes versteckte und diese damit vor den Zugriffen der Machthaber schützte. Wie der Autor aus mehreren persönlichen Unterhaltungen weiß, steht heute ziemlich eindeutig fest, dass die allmächtige „SS" die Hand im Spiele hatte. Auf einen gewaltsamen Tod deutet auch die Tatsache, dass bei der Obduktion der Leiche in der Lunge kein Wasser gefunden wurde, was bei einem Ertrinkungstod durchaus der Fall gewesen wäre. Damit kann möglicherweise auf einen Mord außerhalb des Wassers geschlossen werden, wobei die Leiche nach dem Tod in den Berliner Wannsee geworfen wurde.

1943 fand Kronprinz Georg von Sachsen als vorläufig letzter Vertreter des ehemaligen Königshauses in der wettinischen Gruft unterhalb der katholischen Hofkirche zu Dresden seine letzte Ruhestätte.

Noch in der Gegenwart ist Kronprinz (Pater) Georg von Sachsen für die Geschichte der Wettiner wichtig, weil er trotz seiner geistigen Laufbahn seine Popularität bis zu seinem allzu frühen Tod im Alter von 50 Jahren voll aufrechterhalten konnte. Auch als Ratgeber und Beichtvater war er bei seinen zahlreichen Bekannten und Freunden sehr beliebt. Desgleichen erscheint auch seine Stellung gegenüber den Machthabern des Dritten Reiches bedeutsam.

Vielleicht könnten der Staat Israel sowie die Jüdischen Gemeinden Sachsens und Berlins mithelfen, diese in der Tat herausragende Rolle des sächsischen Kronprinzen Georg zwischen 1933 und 1943 weiter aufzuhellen. Auch wäre es wünschenswert, dass das Archiv des Jesuitenordens in München weitere Nachforschungen durchführt. Ein erster Ansatz dazu wurde in Form einer Publikation durch die Jesuitenprovinz München ermöglicht mit dem bezeichnenden Titel „Georg von Sachsen – Kronprinz – Priester – Jesuit", erschienen 2004 in Heiligenstadt/Thüringen.

Friedrich Christian Prinz von Sachsen (1893 – 1968)

Nach dem Eintritt des Kronprinzen Georg in den Jesuitenorden und dem Tod von König Friedrich August III. wurde Friedrich Christian Prinz von Sachsen 1932 als zweiter Sohn des verstorbenen Monarchen Chef des Hauses Wettin-Albertinische Linie. Aus diesem Grund nannte er sich zusätzlich zu seinen ererbten Titeln „Markgraf von Meißen". Damit griff er bewusst auf den ältesten Namensbestandteil seiner wettinischen Vorfahren im Mittelalter zurück. Wie Christoph Jestaedt mit Recht zitiert, sind alle Mitglieder des sächsischen Königshauses Wettin berechtigt, diesen Titel zu tragen.

Prinz Friedrich Christian wurde am 31. Dezember 1893 als zweiter Sohn König Friedrich August III. von Sachsen und dessen Gemahlin Erzherzogin Luise von Österreich-Toscana im traditionsreichen Taschenbergpalais Dresden geboren. Entsprechend den militärischen Gepflogenheiten der königlich-sächsischen Armee und einer alten Familientradition wurde der Prinz mit 10 Jahren Leutnant. Gleichzeitig zeichnete er sich auch als guter Schüler und später Student aus. Schon von früher Jugend an nahm er regen Anteil am Kulturleben seiner Heimatstadt Dresden. Hier lernte er den aus München stammenden Musiker und Dirigenten Richard Strauss kennen, mit dem er fast bis zu seinem Lebensende 1943 freundschaftlich verbunden blieb und dessen bedeutsame Uraufführungen er fast vollzählig miterleben konnte.

Zur gleichen Zeit erhielt Friedrich Christian Schauspielunterricht bei Lothar Mehnert und besaß die Möglichkeit, bei Geheimrat Justi Graphiken zu studieren. Auf Grund seiner künstlerisch-kulturellen Aufgeschlossenheit und einer ausgesprochenen Liebe zur Musik nahm er an zahlreichen Premieren der Dresdner Oper, dem Schauspielhaus, an Ausstellungen und Konzerten teil. Besonders nach dem

*Prinz
Friedrich Christian
von Sachsen*

Zweiten Weltkrieg, als alle Werte europäisch-christlich-abendländischer Kultur in Frage gestellt wurden, setzte er sich aktiv für kulturelle und künstlerische Fragen durch Vorträge oder fachlich bedeutsame Publikationen ein. Die Neigung zur Kunst- und Kulturgeschichte ging sogar so weit, dass er sich ernsthaft mit dem Gedanken trug, nach Abschluss seines juristischen Studiums in Köln als Privatdozent für Kunstgeschichte an dieser ehrwürdigen rheinischen Universität zu habilitieren. Durch den Ruf seines Vaters, Friedrich August, in die Verwaltung des umfangreichen sächsisch-schlesischen Besitzes einzutreten, musste er aus Gehorsam diese für ihn erfolgversprechende wissenschaftliche Laufbahn gegenüber dem König als Chef des Hauses aufgeben. Aus zahlreichen Äußerungen und Gesprächen mit meinem verehrten Vater kann ich nur bestätigen, wie schwer ihm dieser Entschluss fiel.

Dazu kam noch, dass für Friedrich Christian in der Verwaltung des Hauses Wettin trotz fester Zusage keine geeignete Stelle geschaffen werden konnte. Umso höher ist noch heute einzuschätzen, dass er immer Zeit und Muße fand, sich mit kulturellen oder künstlerischen Problemen zu beschäftigen.

Wer sich einen Überblick über das umfangreiche wissenschaftliche Lebenswerk Friedrich Christians verschaffen will, sei auf die in meinem im Frühjahr 1995 in 3. Auflage erschienenen Buch „Die Albertinischen Wettiner – Geschichte des Sächsischen Königshauses 1763 – 1932" angeführte Bibliographie verwiesen.

Wiederum entsprechend einer alten Tradition des Hauses Wettin folgte Prinz Friedrich Christian dem Ruf seines Vaters und trat in die ruhmreiche sächsische Armee ein. 1914 erhielt er eine verantwortungsvolle Generalstabsaufgabe in einer Einheit der III. Armee an der Westfront. Noch in seinen späteren Lebensjahren erzählte er oder schrieb über diese militärischen Einsätze in Belgien oder Nordfrankreich.

Nachdem die Bewegungen des Krieges in den Schützengräben 1917/18 erstarrt waren, wurde Prinz Friedrich Christian an die Ostfront gegen Russland zur Heeresgruppe Eichhorn-Linsingen versetzt. Hier erkannten seine Vorgesetzten, dass in dem jungen Offizier noch zusätzliche Fähigkeiten steckten. Sein Verhandlungstalent, die Gabe im

unbeirrten Verfolgen eines einmal gesteckten Zieles, ließen ihn für die diplomatische Laufbahn geeignet erscheinen. Dazu kam ein ausgesprochenes Talent für das Erlernen von Fremdsprachen, besonders die italienische, französische und englische Sprache. Aus eigenem Erleben kann ich bestätigen, dass mein Vater besonders gut die französische Sprache beherrschte, erlernte er doch diese bereits in seiner Jugendzeit am Hof zu Dresden, wo diese neben der deutschen Muttersprache vor allem auf Grund der verwandtschaftlichen Kontakte mit den romanischen Ländern Europas und den weltweiten Beziehungen Sachsens in besonderer Weise gepflegt wurde. Erwähnenswert ist außerdem, dass Französisch damals in Europa die bedeutsamste Diplomatensprache war.

Auf Grund dieser diplomatischen Erfahrungen wurde Friedrich Christian mit hohen Auszeichnungen dekoriert und gleichzeitig zu König Alfons von Spanien, zum türkischen Sultan nach Istanbul und schließlich zu seinem Vetter Kaiser Karl I. nach Österreich entsandt. Auch mit Zar Ferdinand von Bulgarien und mit dem Vatikan bestanden enge und freundschaftliche Bindungen.

Persönlich kann ich mich noch sehr gut an unseren gemeinsamen Besuch bei Papst Pius XII. während des Heiligen Jahres 1950 in Rom erinnern. Damals suchten wir auch den späteren Papst Paul VI. auf, der damals noch als Pro-Staatssekretär an der Kurie arbeitete und damit die Außenpolitik des Kirchenstaates maßgeblich beeinflusste. Beide Kirchenfürsten ließen in mir einen hervorragenden Eindruck zurück. Überhaupt ist zu sagen, dass dieser Rom-Besuch 1950 mir noch deswegen gegenwärtig ist, weil mein Vater mich in der ihm eigenen lebendigen Weise mit den Kulturdenkmälern der Ewigen Stadt von der Antike bis zur Gegenwart vertraut machte. Diese Weihnachtstage 1950 bedeuteten für mich durch den Besuch des Forums und des Palatins noch heute unvergessliche Eindrücke der Vergangenheit und bewiesen mir, wie stark unsere Bindungen zu der von Rom maßgeblich beeinflussten europäisch-christlich-abendländischen Kultur noch in der Gegenwart sind.

Bezeichnend ist, dass Friedrich Christian – ähnlich wie seine regierenden Vorfahren – stets für ein enges und vertrauensvolles Verhältnis zu Österreich eintrat, auch wenn er die 1870/71 auf Grund der Reichsgründung entstandene Neuordnung der politischen Verhältnisse keinesfalls außer Acht ließ. Von größter Aktualität ist seine mir gegenüber mehrfach bezeugte Äußerung, dass Deutschland von 1871 bis 1918 besser gefahren wäre, wenn ein aus dem Donau-Raum stammender Politiker die Geschicke der deutschen Außenpolitik geleitet hätte. Damit vertrat er eine Grundtendenz, die die Albertiner bereits seit Beginn der Neuzeit mit wenigen Unterbrechungen bis zum Ende der Monarchie in Sachsen verfolgten. Gegen Ende des Ersten Weltkrieges trat der Prinz mit den ihm anvertrauten Truppen den Rückzug aus Belgien und Frankreich an. Bei Koblenz wollten ihnen die Revolutionäre an der Rheinbrücke die Kriegsauszeichnungen abreißen, was aber erfreulicherweise durch die Geschlossenheit der Sachsen misslang. So kehrte er mit seinen Einheiten nach Deutschland zurück und konnte das ihm unterstehende Regiment bei Fulda demobilisieren.

Nach der Beendigung des Ersten Weltkrieges wandte sich Friedrich Christian dem Studium der Rechtswissenschaften in Köln, Freiburg im Breisgau und Breslau zu und schloss dasselbe mit der Promotion zum Dr. der Rechte ab. Als Thema seiner Doktorarbeit wählte er die Persönlichkeit des Theologen und Kirchenrechtlers Nicolaus Cusanus, der für die Entwicklung des katholischen Kirchenrechtes im ausgehenden Mittelalter erhebliche Bedeutung besaß. Noch heute liegt das Original dieser wissenschaftlichen Arbeit in der Universitätsbibliothek in Köln und kann dort von Interessenten eingesehen werden.

Am 16. Juni 1923 heiratete Friedrich Christian Elisabeth Helene, die einzige Tochter des Fürsten Albert von Thurn und Taxis und dessen Gemahlin Margarethe Erzherzogin von Österreich aus der ungarischen Linie des Hauses Habsburg. Aus dieser als äußerst glücklich zu bezeichnenden Ehe zwischen dem Hause Wettin und der fürstlichen Familie Thurn und Taxis gingen zwei Söhne und 3 Töchter hervor:

1. Maria Emanuel Prinz von Sachsen, Herzog zu Sachsen, geb. 31.1.1926 in Schloss Prüfening bei Regensburg

2. Maria Josepha Prinzessin von Sachsen, Herzogin zu Sachsen, geb. 20.9.1928 in Bad Wörishofen

3. Maria Anna Prinzessin von Sachsen, Herzogin zu Sachsen, geb. 13.12.1929 in Bad Wörishofen

4. Dr. phil Albert Josef Prinz von Sachsen, Herzog zu Sachsen, geb. 30.11.1934 in Bamberg

5. Dr. med. Mathilde Maria Prinzessin von Sachsen, Herzogin zu Sachsen, geb. 17.1.1936 in Bamberg

Bis zur Übernahme des väterlichen Besitzes in Sachsen und Schlesien 1932 führte Friedrich Christian in Bamberg, wo er bis 1937 mit seiner Familie wohnte, den katholischen Marienorden, der als Laienverband damals ca. 5.000 Mitglieder zählte. Nachdem Kronprinz Georg von Sachsen – wie bereits erwähnt – den geistlichen Stand gewählt hatte

Haus Wachwitz

– übernahm Friedrich Christian die väterliche Verwaltung von Sibyllenort bei Breslau und schloss mit seinem jüngeren Bruder Ernst Heinrich ein Abkommen über das Privatvermögen des verstorbenen Königs, das zwischen beiden Brüdern aufgeteilt wurde.

Im Januar 1937 zog Friedrich Christian von Bamberg nach Schloss Wachwitz im Stadtteil Dresden-Loschwitz um. Dort ließ er nach dem Vorbild sächsischer Barockschlösser, darunter Lichtenwalde bei Chemnitz, ein Bauwerk errichten, das noch heute erhalten ist, sich aber in einem desolaten Zustand befindet. Zu bewundern ist vor allem die herrliche Berglage inmitten von Buchen- und Eichenwäldern oberhalb des Dresdner Elbtales. Wer Haus Wachwitz vor 1945 noch kannte, dürfte sich mit vollem Recht an die künstle-

Ausschnitt aus der Gloriole in Wachwitz – Schlosskapelle

rische Gestaltung der Innenräume mit den heute vorzugsweise im Barockmuseum Schloss Moritzburg befindlichen Gemälden Louis de Silvestres und damit der Zeit August des Starken erinnern. Erbaut wurde Wachwitz als Herrensitz vom Herbst 1934 – Ende des Jahres 1936; die Innenausstattung blieb bis 1947, wie Zeitzeugen berichten, weitestgehend erhalten. Erst als die FDJ dieses Haus übernahm, wurde es der barocken Innenausstattung weitestgehend beraubt. Teilweise wurden die Innenräume umgebaut, so z.B. der einmalige rote Salon, der zum Kinosaal degradiert wurde. Der Fußboden aus dem 18. Jahrhundert wurde damals mit einem Belag bedeckt, so dass der Parkettboden verfaulte. Wesentliche Teile der Innenausstattung gelangte in den Besitz der Staatl. Kunstsammlungen oder wurden verschleudert. Heute besteht nur noch die ehemalige Hauskapelle mit dem Deckengemälde des aus Garmisch-Partenkirchen stammenden Lüftl-Malers Heinrich Bickel, darstellend die Gloriole des Hauses Wettin mit Szenen aus der Familien- und Kulturgeschichte. Interessant ist, dass bis 1945 in dieser Kapelle regelmäßig katholische Gottesdienste durch einen engagierten Hausgeistlichen gefeiert wurden. Diese waren auch für die Bewohner der umliegenden Häuser sowohl für evangelische als auch katholische Christen zugänglich. An die wettinische Zeit erinnern auch noch die beiden Turmglocken, die allerdings nicht mehr in Betrieb sind.

Ähnliches galt auch für die Schlösser Sibyllenort und Peuke in Schlesien bei Breslau, aber auch für Jagdschloss Rehefeld im östlichen Teil des Erzgebirges, das Prinz Fried-

Prinz Albert mit Prinzessin Mathilde als Kleinkinder in Wachwitz

rich Christian nach dem Ersten Weltkrieg völlig umgestalten ließ. Nach Vorbildern ländlicher Bauwerke in Süddeutschland, Böhmen und Österreich ließ er die Rehefelder Gästezimmer neu einrichten und gab diesen auch entsprechende Namen. Leider ist von diesen wertvollen volkskünstlerischen Arbeiten (Möbel) und Geweihen fast nichts

Schloss Sybillenort vor 1945

Prinz Albert mit Prinzessin Mathilde

mehr erhalten; vielfach wurden die Kunstwerke im Innern in den unmittelbaren Nachkriegsjahren von der Bevölkerung gestohlen. Viele dieser Gegenstände befinden sich heute in Privathäusern. Seit dem Auszug der sächsischen Polizeischule aus Bautzen steht Schloss Rehefeld leer und wird – trotz unserer Restitutionsansprüche – durch den Freistaat Sachsen zum Verkauf angeboten, doch fand sich bisher kein geeigneter Investor.

Von 1937 bis 1945 entwickelte sich Wachwitz zu einem wichtigen geistigen und kulturellen Mittelpunkt. Das war wiederum vorzugsweise das Verdienst Friedrich Christians.

Bei dieser Gelegenheit ist noch anzufügen, dass dieser Wettiner ein Förderer und Liebhaber der Dresdner Hof- und Staatsoper war. So unterhielt er beispielsweise eine persönliche Freundschaft zum unvergessenen österreichischen Musiker und Dirigenten Karl Böhm, der von 1934 bis 1943 das Dresdner Opernhaus leitete und regelmäßig als Pianist in Wachwitz auftrat. Er besuchte auch immer wieder bedeutsame Aufführungen in der Dresdner Oper. Bis 31. August 1944 war er regelmäßig Gast bei allen wichtigen Premieren.

Besonders in der Ära des Nationalsozialismus war Haus Wachwitz ein Zentrum zur Erörterung von Problemen menschlicher oder politischer Art. Rat und Trost suchten vor allem viele Regiments- oder Armee-Kameraden aus der Zeit des Ersten Weltkrieges. Das galt auch für die Generäle Oster und Olbricht, die der oppositionellen Richtung gegen den Diktator Adolf Hitler zuzurechnen sind.

Auch viele einfache Soldaten folgten ihrem Vorbild. Friedrich Christian machte ihnen klar, sie sollten sich nicht im Alleingang gegen das herrschende NS-Regime stellen, bevor eine geschlossene und diskret arbeitende Widerstandsgruppe geschaffen war. Die Ereignisse des 20. Juli 1944 gaben ihm Recht. Wenn man diese Vorgänge betrachtet, ist es verständlich, dass die Markgräfliche Familie fortlaufend Schikanen durch das Dritte Reich ausgesetzt war. Den Höhepunkt erreichte diese Konfrontation, als Maria Emanuel Prinz von Sachsen unter nichtigen Vorwürfen verhaftet wurde und 1945 nur mit knapper Not in Potsdam der Todesstrafe entging.

Schloss Wachwitz stand während der Zeit Friedrich Christians und seiner Gemahlin Elisabeth Helene fast regelmäßig Mitgliedern regierender Fürstenhäuser oder naher Verwandter offen. So weilten beispielsweise König Carol von Rumänien, dessen Sohn Michael und der spätere König Paul von Griechenland mit Gemahlin Friederike mehrfach zu Besuch.

Aber auch Repräsentanten aus allen Kreisen der Bevölkerung, vor allem aus dem Kultur- und Geistesleben, waren immer gern gesehene Gäste. Dazu zählten auch Verwandte, wie z.B. Angehörige der Häuser Thurn und Taxis und Hannover. Zu ihnen gehörte Ernst August Prinz von Hannover, der vor mehreren Jahren verstorbene Chef des Welfenhauses und Vater des gleichnamigen Prinz August, der nach einer schweren Kriegsverletzung einen längeren Genesungsaufenthalt im Haus am Königsweinberg verbrachte.

Als Folge der englisch-amerikanischen Bombenangriffe vom 13./14. Februar von 1945 sank Dresden in Schutt und Asche. Friedrich Christian und seine Gemahlin Elisabeth Helene nahmen in Wachwitz zahlreiche Bombenopfer auf, womit sie ihre betont soziale Einstellung bewiesen.

Meine jüngste Schwester Mathilde und ich erlebten diese schwere Zeit in Bregenz am Bodensee, wo wir gemeinsam mit unserer einstigen Kinderschwester, Maria Schwimmer, seit 1940 in einer kleinen Mietwohnung lebten. Dort vernahmen wir durch den damals durch das NS-Regime verbotenen Schweizer Rundfunk die Nachrichten von den schweren alliierten Bombenangriffen auf Dresden und bangten um das Leben der Eltern und Geschwister. Die damals rote Überlebenskarte aus Dresden traf erst ein, als wir im September 1945 alle bereits in Bregenz vereint waren.

Kurz nach den verheerenden Angriffen des Februar 1945 verließen Friedrich Christian und Elisabeth Helene mit ihren Töchtern Dresden und damit ihre seit Jahrhunderten angestammte Heimat Sachsen. Mit Unterstützung der Deutschen Wehrmacht, die Haus Wachwitz besetzt hatte, wurde die Familie mit Militärlastwagen zum Vorort-Bahnhof Dresden-Plauen gebracht; von dort konnten sie mit dem letzten durchgehenden Zug der Reichsbahn nach Hof und von da nach Regensburg gelangen.

Die Markgräfliche Familie kam vorübergehend bei den Thurn und Taxis'schen Verwandten in Regensburg unter, zog aber dann weiter nach Bregenz in Vorarlberg. Dort belegten sie die bereits erwähnte Mietwohnung, wodurch eine drangvolle Enge herrschte.

In Bregenz erlebten wir alle den Einmarsch der Franzosen am 1. Mai 1945 und damit das Ende des Zweiten Weltkrieges. Auf Grund seiner engen Verbindungen zur französischen Besatzungsmacht in Bregenz und seiner ausgezeichneten Sprachkenntnisse gelang es Friedrich Christian, dem Musiker und Dirigenten Richard Strauss auf der Durchreise durch Vorarlberg nicht nur die beschlagnahmten Partituren und die umfangreiche Briefmarkensammlung zu übergeben, sondern auch die Einreise in die neutrale Schweiz zu ermöglichen. Als Dank für diese Unterstützung verehrte Meister Strauss meinem verehrten Vater ein Original-Taschenbuch mit den Anfangstakten der 1911 uraufgeführten Oper „Der Rosenkavalier". Dieses Taschenbuch befindet sich noch heute im Privatbesitz und ist – was den Wert besonders steigert – handschriftlich verfasst.

Während dieses Aufenthaltes in Vorarlberg und später in Württemberg bei seinem Vetter Herzog Philipp in Schloss Altshausen, wo Friedrich Christian gemeinsam mit seinem ältesten Sohn Maria Emanuel Gastrecht genoss, entstanden aus seiner Feder zahlreiche Aufsätze kultureller, theologischer und philosophischer Art. Diese bewiesen einmal die geistige Vielseitigkeit seiner Person, zum anderen auch die feste Verwurzelung mit seiner angestammten sächsischen Heimat, mit der er trotz Flucht und Exil in Treue verbunden blieb.

Damals entstand auch ein umfangreicher brieflicher und persönlicher Kontakt mit zahlreichen Freunden und Verwandten. Er verstand es vor allem, jedem Partner ein passendes Wort zu schreiben. Beachtlich erscheint die Tatsache, dass er alle Briefe eigenhändig verfasste und ihm keine Hilfskraft zur Seite stand.

Kurz nach Kriegsende erkannte Friedrich Christian bereits die Wichtigkeit, den zahlreichen im Westen Deutschlands lebenden Sachsen und Freunden dieses Landes eine neue geistige Heimat zu bieten. So organisierte er den

Prinz Friedrich Christian mit Prinzessin Elisabeth Helene

Zusammenschluss der sächsischen-mitteldeutschen Landsmannschaften im Jahre 1953; gleichzeitig bemühte er sich um den Zusammenschluss der sächsischen und deutschen Adelsverbände sowie um die Wiederbegründung des königlich-sächsischen Militär-St.-Heinrichs-Ordens, in dem damals alle noch lebenden Träger dieser höchsten Militärauszeichnung des ehemaligen Königreiches Sachsen zusammengefasst waren.

Nachdem 1955 die Markgräfliche Familie mit Hilfe des Fürstlichen Hauses Thurn und Taxis in München-Harlaching, Wolkensteinstr. 10, eine neue Heimstatt gefunden hatte, gründete Friedrich Christian am 31. Januar 1961 mit seinen beiden Söhnen Maria Emanuel die noch heute bestehende „Studiengruppe für Sächsische Geschichte und Kultur e.V. München-Dresden". Diese zählt heute zu den größten sächsischen Vereinigungen in Deutschland und feierte zu Beginn des Jahres 2006 ihr 45-jähriges Bestehen. Zu den weiteren Gründern dieser historischen Vereinigung gehörten die im Raum München damals aktiv tätigen sächsischen Organisationen – Sächsischer Adel, Kapitel des St.-Heinrichs-Ordens, Landsmannschaft Sachsen-Kreisgruppe München, Verein der Dresdner München, Erzgebirgszweigverein München und Erzgebirgs-Singgruppe Otto Nösel, ebenfalls München.

Im Rahmen dieser erwähnten Vereinigungen und verwandter Organisationen im In- und Ausland hielt Friedrich Christian zahlreiche Vorträge, meist mit Lichtbildern, und trug damit wesentlich zur Erhaltung des sächsisch-thüringischen Heimatbewusstseins bei. Auf Grund seiner großen Verdienste um Wissenschaft und Kultur bekleidete er von der Gründung der „Studiengruppe" 1961 bis zu seinem Tode 1968 das Amt eines Ehrenvorsitzenden. Persönlich kann ich mich noch gut daran erinnern, als er kurz nach der Gründung einen Vortrag über den Dresdner Zwinger im Zentrum der Landeshauptstadt München hielt; dieser war so stark besucht, dass die Polizei das Vortragslokal wegen Überfüllung schließen musste.

Neben diesen wissenschaftlich-kulturellen Betätigungen erwies sich Markgraf Friedrich Christian auch als ein großer Freund der Natur. Offenbar als Erbe seiner wettinischen Ahnen hielt er sich daher vielfach in der Alpenwelt Österreichs, Italiens und der Schweiz auf. Besonders in seinen letzten Lebensjahren weilte er regelmäßig zusammen mit seiner Gemahlin Elisabeth Helene und seinen Kindern wiederholt in Samedan im Oberengadin (Kanton Graubünden). Von dort unternahm er mit seinen Familienmitgliedern umfangreiche Bergwanderungen und Ausflüge zu bekannten oder weniger bekannten Aussichtspunkten und Sehenswürdigkeiten.

Auch in dem von ihm damals während der Sommermonate regelmäßig bewohnten „Hotel Bernina" in Samedan waren Friedrich Christian und seine Gemahlin nicht nur gern gesehene Gäste, sondern auch Mittelpunkte eines großen Bekannten- und Freundeskreises. Vielfach kam es dabei zwischen meinem Vater und Angehörigen dieses Freundeskreises zu anregenden und oft bis tief in die Nacht hinein dauernden Gesprächen oder Diskussionen, bei denen ich selbst in vielen Fällen als Zeuge zugegen war.

Bezeichnend für diese Vorliebe zu den Graubündner Bergen ist die Tatsache, dass Friedrich Christian während eines Sommerurlaubs am 9. August 1968 inmitten der von ihm so geliebten Berge sein Leben in die Hand seines Schöpfers zurückgab. Wenige Tage später fand er seine letzte Ruhestätte in unmittelbarer Nähe der Königskapelle von Imst/Brennbichl in Nordtirol, der Gedenkstätte, an der bereits am 9. August 1854 König Friedrich August II. einem tragischen Unfall zum Opfer fiel. Noch heute ist die Grabstätte des Prinzen Friedrich Christian und seiner Gemahlin Elisabeth Helene das Ziel von ungezählten Besuchern aus Sachsen und den übrigen deutschen Bundesländern. Das in der Königskapelle ausliegende Gästebuch liefert dafür den besten Beweis.

✑ Die Nachkommen des Prinzen Friedrich Christian

Der älteste Sohn des Markgrafenpaares Maria Emanuel Prinz von Sachsen Herzog zu Sachsen heiratete am 23. Juni 1962 in Vevey am Genfer See Anastasia Louise Prinzessin von Anhalt-Dessau, geb. am 22.12.1940 in Straubing/Niederbayern als Tochter von Eugen Prinz von Anhalt und dessen Gemahlin Dr. rer. pol. Anastasia Jungmeier. Heute lebt das Markgrafenpaar in La Tour de Peilz/Schweiz. Mein Bruder Maria Emanuel wurde am 31. Januar 1926 in Schloss Prüfening bei Regensburg geboren und wohnte zunächst mit seinen Eltern in Bad Wörishofen, Bamberg und Dresden-Wachwitz. Während des Zweiten Weltkrieges wurde er von den Machthabern des Dritten Reiches verhaftet und kam erst nach Kriegsende wieder frei. In den Nachkriegsjahren arbeitete er einige Semester an der Kunstakademie Düsseldorf, wo er sich zum Kunstmaler ausbilden lassen wollte. Danach betätigte er sich vorübergehend im väterlichen Industriebetrieb in Westfalen. Schließlich siedelte er nach Schloss Altshausen über, wo bereits sein Vater bei Herzog Philipp wohnte. 1950 zog mein Bruder nach München; später verlegte er seinen Wohnsitz in die Schweiz – zunächst nach Wettingen, dann Baden bei Zürich und schließlich an den Genfer See. Als Familienchef betreut er ehemalige Traditionsvereinigungen sächsischer Regimenter; dabei war für ihn die Geschichte der königlich-sächsischen Armee vor 1918 ein besonderes Anliegen. Beispielgebend wurde die 1968 unter dem Titel „Mäzenatentum in Sachsen" herausgegebene Publikation, in der er die Rolle des „Sächsischen Adels" im Laufe der geschichtlichen und kulturellen Entwicklung Sachsens darstellte. Er unterstützt auch Vorhaben, die sich mit der Geschichte Sachsens und des Hauses Wettin beschäftigen.

Meine beiden älteren Schwestern Maria Josepha und Maria Anna leben in München. Maria Josepha betätigt sich als Journalistin und unterstützt soziale Vorhaben in Sachsen. Ihre Tochter Maria Christina (geb. am 15.10.1956) lebt in Passau und arbeitet dort für die „Europäischen Wochen".

Meine zweite Schwester Maria Anna, die sich zur Kindergärtnerin ausbilden ließ, heiratete am 1. Mai 1952 in Paris Roberto Prinz von Gessaphe (1916 – 1978); aus dieser Verbindung stammen drei Söhne, und zwar:

1. Alexander geb. am 12.2.1950 in München; verheiratet am 29.8.1987 in Andechs mit Gisela Prinzessin von Bayern, geb. 10.9.1964 in Leutstetten/bei Starnberg in Oberbayern. Alexander wurde am 26.5.1999 durch

Maria Emanuel Prinz von Sachsen Herzog zu Sachsen adoptiert. Aus dieser Ehe mit Gisela gingen drei Söhne und eine Tochter hervor:

a) Georg, geb. am 24.5.1988 in Mexico/City

b) Mauricio, geb. am 14.9.1989 in Mexico/City

c) Paul Clemens, geb. am 23.3.1993 in Mexico/City (mein Patenkind)

d) Maria Teresita, geb. 7.7.1999 in Dresden
1999 wählte das Paar Dresden zum Hauptwohnsitz. Alexander übte seit 1.3.2003 das Amt eines Ansiedlungsbeauftragten des Freistaates Sachsen für Wirtschaft und Industrie aus. Seit 2005 ist er beratend in der Staatskanzlei tätig.

2. Friedrich Wilhelm, geb. am 5.10.1955 in Mexico/City. Er arbeitet als Innenarchitekt in München und ist unverheiratet.

3. Karl August, geb. am 1.1.1958 in Mexico/City. Er promovierte als Dr. jur. und arbeitet als Dozent an der Fernuniversität in Hagen/Westfalen. Er ist verheiratet mit Karin Kurth, geb. 1962; aus dieser Ehe stammen zwei Töchter: a) Maria Antonia geb. 1994; b) Maria Fernanda geb. 1999 – beide sind in München geboren.

Meine jüngste Schwester Mathilde war mit Johannes Prinz von Sachsen-Coburg und Gotha verheiratet; diese Ehe wurde bedauerlicherweise getrennt. Aus dieser Verbindung stammte als einziger Sohn Johannes Albert (1969 – 1987) – mein Patenkind. Er stürzte mit 17 Jahren im Sommer 1987 am Ortler/Südtirol beim Bergsteigen tödlich ab.

Bis vor kurzem betätigte sich meine Schwester Mathilde als Kinderärztin in München, Regensburg, Zürich und Davos. Sie lebt heute in Sistrans/bei Innsbruck in Tirol.

Ich bin seit über 26 Jahren mit Elmira Carlen Henke, geb. 25.12.1930 in Lodz, der Tochter des Textilkaufmannes Emil Henke und dessen Gemahlin Lydia Henke, verheiratet. Als Historiker beschäftige ich mich vorzugsweise mit Themen der Geschichte und Kultur Sachsens, Bayerns und des Hauses Wettin. Bei dieser Tätigkeit ist meine Frau – dank ihrer Ausbildung – meine beste Assistentin. Aus unserer gemeinsamen Arbeit entstanden mehrere wissenschaftliche Publikationen zur Geschichte des Hauses Wettin, der Thematik „Bayern und Sachsen" (2004) sowie die volkskundliche Publikation „Weihnacht in Sachsen" (1992).

Hochzeit von Prinz Albert und Prinzessin Elmira am 12.4.1980, Theatinerkirche München

Ernst Heinrich Prinz von Sachsen (1896 – 1971)

Der jüngste Sohn von König Friedrich August III. und seiner Gemahlin Luise von Toscana war Ernst Heinrich Prinz von Sachsen, der sich nach dem Ende der Monarchie in seiner Heimat vor allem der Land- und Forstwirtschaft zuwandte. Nach dem Tode seines königlichen Vaters Friedrich August 1932 teilte er – wie bereits erwähnt – das vorhandene Privatvermögen mit seinem Bruder Friedrich Christian.

Zunächst ließ sich Ernst Heinrich in München nieder, siedelte aber später nach Moritzburg über, einem Schloss, das er als Bevollmächtigter des „Vereins Haus Wettin-Albertinische Linie e.V." bewohnte und mit Kunstwerken, die den Wettinern insgesamt gehörten, als bedeutsames Museum einrichtete. Gleichzeitig beherbergte Schloss Moritz-

Prinz Ernst Heinrich

burg die ansehnliche Privatbibliothek der Wettiner, darunter die bis 1945 fast vollkommen erhaltene Büchersammlung des Königs Johann von Sachsen; dazu zählte auch dessen weithin berühmte „Dante-Bibliothek", deren größter Teil von den sowjetischen Militärbehörden nach Russland verbracht wurde und sich heute in Moskau befindet. Deren Rückführung nach Sachsen an die Wettiner wäre dringend erforderlich, weil damit ein bedeutsamer Anstoß zur wissenschaftlichen Forschung gegeben wäre.

Ernst Heinrich Prinz von Sachsen ließ gemeinsam mit seinen Söhnen Dedo und Gero vor seiner Flucht 1945 bedeutsame Kunstwerke vergraben. Leider blieb nur ein Teil unberührt, während der größere Bestand in die Hände der sowjetischen Besatzungstruppen fiel. Noch heute heißt diese ehemalige Fundstelle in Moritzburg „Russen-Grube".

Ernst Heinrich heiratete am 12. April 1921 in der kleinen Schlosskapelle von Schloss Hohenburg bei Lenggries in Oberbayern Prinzessin Sophie von Luxemburg (1902 – 1941). Sie war eine Tochter des Großherzogs Wilhelm von Luxemburg und der Infantin Maria von Portugal; deren Schwester war Kronprinzessin Antonie, die Gemahlin des bayerischen Kronprinzen Ruprecht. Aus der Ehe von Ernst Heinrich mit Sophie von Luxemburg gingen drei Söhne hervor, und zwar:

1. Dedo Prinz von Sachsen, Herzog zu Sachsen, geb. 9. Mai 1922
2. Timo Prinz von Sachsen, Herzog zu Sachsen (1923 – 1982)
3. Gero Prinz von Sachsen Herzog zu Sachsen (1925 – 2003)

Alle drei Söhne aus dieser Ehe zwischen Ernst Heinrich und Sophie wurden in München geboren.

Dedo und der am 10. April 2003 verstorbene jüngere Bruder Gero leben bzw. lebten als ehemalige Landwirte zunächst in Irland und später wechselweise in Kanada und Florida/USA. Dagegen verstarb Timo am 25. April 1982 in Emden/Niedersachsen, bis zuletzt treu umsorgt von seiner dritten Gemahlin Erna Emilie. Seine Grabstätte befindet sich im Ortsfriedhof von Emden.

Zu erwähnen ist noch, dass Ernst Heinrich mit seiner zweiten Gemahlin, der Dresdner Schauspielerin Virginia Dulon, von Moritzburg über Sigmaringen nach Irland flüchtete. Seine beiden Söhne Dedo und Gero wanderten später von Irland nach Kanada aus, während Timo – der mittlere Sohn – in Deutschland blieb.

Ernst Heinrich besaß von 1947 bis zu seinem Tod 1971 ein von ihm persönlich bewirtschaftetes Bauerngut in der Republik Irland und widmete sich dort entsprechend seiner Ausbildung der Landwirtschaft. Sein Erbe führte bis zu ihrem Tode seine zweite Gemahlin, die ehemalige Dresdner Staatsschauspielerin Virginia Dulon weiter. Inzwischen wurde dieser reizvolle Besitz durch deren Erben verkauft.

Die Nachkommen des Prinzen Ernst Heinrich

Mein Vetter Dedo, geb. am 9.5.1922 in München, lebt heute als Landwirt in Kanada und Florida.

Sein mittlerer Bruder Timo wurde am 22.12.1923 in München geboren und starb am 22.4.1982 in Emden/Niedersachsen. Er war dreimal verheiratet:

a) in 1. Ehe am 7.8.1952 in Mühlheim/Ruhr mit Margit Lukas (1932 – 1957)

b) in 2. Ehe am 5.2.1966 in Marburg/Lahn mit Charlotte Schwindack, geb. 1919, geschieden 1974

c) in 3. Ehe am 26.3.1974 in Emden mit Erna Emilie (Erina) Eilts, geb. 1921

Der jüngste Bruder Gero (1925 – 2003) wurde am 12.9.1925 in München geboren und lebte bis zu seinem Tod als Landwirt in Kanada und Florida.

Von den Nachkommen Ernst Heinrichs ist noch zu erwähnen, dass gegenwärtig mein Neffe Rüdiger, geb. am 23.12.1953 in Mühlheim/Ruhr, und dessen Schwester Iris, geb. am 21.9.1955 in Mühlheim/Ruhr, aus der 1. Ehe des Prinzen Timo mit Margit Lukas stammen.

Aus der Ehe des Prinzen Rüdiger von Sachsen mit Astrid Linke (1949, geb. in Halle/Saale – 1989) gingen drei Söhne hervor, und zwar:

1. Daniel, geb. 23.6.1975 in Duisburg
2. Arne, geb. 7.3.1977 in Duisburg
3. Nils, geb. 6.11.1978 in Duisburg

Damit ist die Nachfolge der Albertiner im Mannesstamm gesichert.

Rüdiger und sein ältester Sohn Daniel – Betriebswirt – leben heute in Moritzburg bei Dresden und betätigen sich in der Land- und Forstwirtschaft.

Die beiden jüngeren Brüder Arne und Nils wollen ebenfalls nach Beendigung ihres betriebswirtschaftlichen Studiums nach Sachsen ziehen.

Das Verhältnis zum Nationalsozialismus

Die Albertinischen Wettiner verhielten sich nach der Machtergreifung der NSDAP 1933 dem Regime Adolf Hitlers gegenüber stets ablehnend. Das führte so weit, dass beispielsweise Ernst Heinrich kurz nach der Machtergreifung des NS-Regimes als Folge des Röhm-Putsches verhaftet wurde, aber erfreulicherweise wieder freikam. Ein ähnliches Schicksal hatte auch Georg Kronprinz von Sachsen, da er nachweislich – wie bereits erwähnt – „Juden und andere Oppositionelle" versteckte, fiel er den Machenschaften der SS zum Opfer.

Einen ähnlichen Weg verzeichnete der älteste Sohn des Prinzen Friedrich Christian – mein älterer Bruder Maria Emanuel –, der ein Opfer des herrschenden Regimes wurde und nur durch einen glücklichen Zufall dem Tode entging. Ich kann mich noch gut daran erinnern, dass mein Bruder 1946 nach seiner Übersiedelung von Potsdam in die damalige britische Zone zu uns jüngsten Geschwistern nach Bregenz gebracht und mit den Eltern und uns wiedervereint wurde. Das geschah in Bezau im Bregenzer Wald, wo meine Eltern Friedrich Christian und Elisabeth Helene damals einen kurzen Urlaub verlebten.

Schlussfolgerung

Seit der Einigung Deutschlands 1990 und der Gründung des Freistaates Sachsen besteht auch für die Albertiner wiederum die Möglichkeit, in ihrer angestammten Heimat Sachsen zu leben und dort entsprechend der Tradition des Gesamthauses Wettin auf dem Gebiet der Geschichte, Kultur, Wirtschaft und des sozialen Lebens Leistungen zur Identitätsfindung der sächsischen Bevölkerung nach langen Jahren der braunen Diktatur und der DDR-Herrschaft zu erbringen. In diesem Zusammenhang soll auch die Partnerschaft zwischen dem Hause Wettin-Albertinische Linie und dem am 3. Oktober 1990 wieder entstandenen Freistaat Sachsen mit neuem Leben erfüllt werden.

Im Dienst der Tradition des Hauses Wettin und der angestammten Heimat Sachsen

Als Angehöriger des Hauses Wettin-Albertinische Linie wurde ich bereits in meiner Jugendzeit durch meinen hochverehrten Vater Friedrich Christian Prinz von Sachsen Herzog zu Sachsen Markgraf von Meißen (1893 – 1968) mit der Geschichte meiner Familie und deren engen Verbindungen zu Sachsen, Thüringen und Sachsen-Anhalt vertraut gemacht. Darüber hinaus weckte er in mir durch zahlreiche Ferienfahrten und Exkursionen die Liebe zur deutschen Geschichte und Kultur insgesamt. Das bewährte sich in besonderer Weise, als ich nach meinem Abitur in Bregenz 1954 die Idee aufnahm, zunächst Nationalökonomie und dann Geschichte und Volkskunde zu studieren. Dabei möchte ich noch bemerken, dass in meiner Gymnasialzeit Geschichte und Geographie meine Lieblingsfächer waren. Beide Wissensgebiete wählte ich auch für die mündliche Reifeprüfung am Bundesgymnasium in Bregenz im Sommer 1954.

Unmittelbar vor Beginn meines Universitätsstudiums seit 1955 in München zogen meine Eltern und Geschwister mit uns von Bregenz in die bayerische Landeshauptstadt München, wo wir durch Unterstützung unserer Thurn- und Taxis'schen Verwandten in Regensburg nach über 10-jähriger Trennung als Folge des Zweiten Weltkrieges eine neue Heimat fanden. Gerne erinnere ich mich noch an die vielfältigen Anregungen, die ich in diversen Vorlesungen, Übungen und Seminaren an der Ludwig-Maximilian-Universität zu unterschiedlichsten Perioden der bayerischen, deutschen und europäischen Geschichte erhielt. Da aber an fast keiner dieser akademischen Veranstaltungen Sachsen direkt behandelt wurde, bemühte ich mich vor allem in Seminaren Themen zu bearbeiten, die mir profunde Kenntnisse sächsisch-mitteldeutscher und wettinischer Geschichte vermitteln konnten. In diesem Zusammenhang möchte ich besonders an Seminare meiner Lehrer Prof. Dr. Hans Rall und Prof. Dr. Karl Bosl erinnern.

Bei beiden Dozenten bearbeitete ich Seminarthemen aus dem Bereich der neueren sächsischen Geschichte unter besonderer Berücksichtigung der Verbindungen von Bayern und Sachsen. So wählte ich beispielsweise bei Prof. Rall die beiden großen Revolutionen des 19. Jahrhunderts 1830/31 und 1848/49 in Sachsen. Das gewährte mir die Möglichkeit, mich auch in die Problematik der damaligen sozialen und wirtschaftlichen Entwicklung zu vertiefen. Daraus ent-

stand für mich auch die entscheidende Anregung, mich in meiner Doktor-Arbeit mit der ereignisreichen Epoche meines Ur-Ur-Großvaters König Johann von Sachsen zwischen 1854 und 1873 zu beschäftigen. Dieser war wohl einer der bedeutendsten Vertreter der Albertinischen Wettiner im 19. Jahrhundert überhaupt. Schnell begriff ich dessen überragende Bedeutung als Kenner der Sozial- und Wirtschaftspolitik, weswegen ich mich vorwiegend mit diesem Abschnitt seines bedeutsamen Lebenswerkes auseinandersetze. Dabei stieß ich auf das bis dahin nur wenig bekannte Thema der sächsischen Gewerbegesetzgebung, das schließlich 1861 zum ersten modernen Gesetzgebungswerk dieser Art in Deutschland überhaupt führte. Dieses Reformgesetz beinhaltete nicht nur Vorschriften zur gewerblichen Neuorientierung, sondern auch grundlegende wirtschaftliche und soziale Fragen, die auf Grund der verstärkten Industrialisierung Sachsens und des gesamten mitteldeutschen Raumes seit Beginn des 18. Jahrhunderts einer dringenden Lösung bedurften. Zum Verständnis dieses Gewerbegesetzes war natürlich eine genaue Kenntnis des Werdegangs der „Industriellen Revolution" in Sachsen notwendig, weshalb ich die mir zur Verfügung stehenden Quellen und Publikationen eingehend studierte. Deswegen erschien es mir wichtig, die entstehende „Soziale Bewegung" in Sachsen zu bearbeiten. Damit näherte ich mich einem Thema, das während der gesamten Zeit der DDR für die Ideologie der SED eine große Rolle spielte, aber bisher nur in theoretischer Hinsicht behandelt wurde. Da aber diese „Soziale Bewegung" maßgeblich zur Reform der Gewerbegesetzgebung beitrug, wurde sie mit Ausnahme einer Dissertation von 1914 nur wenig beachtet. Sie trug aber grundlegend zur Entstehung des Gewerbegesetzes von 1861 bei.

Unter dem Thema „Die Reform der sächsischen Gewerbegesetzgebung (1840 – 1861)" wurde diese Arbeit bei Prof. Dr. Karl Bosl durch die philosophische Fakultät der Universität München angenommen. Nach Ablegung einer zusätzlichen mündlichen Prüfung aus den Gebieten „Landesgeschichte", „Neue Geschichte" und „Volkskunde" konnte ich nach der Promotion meines verehrten Vaters in Köln als einziger männlicher Wettiner der Albertinischen Linie am 13. Februar 1961 den Titel eines Dr. phil. erwerben; auf diesen akademischen Grad bin ich noch heute stolz und achte denselben höher als meinen ererbten Familiennamen, obwohl ich auch die damit verbundene Tradition gleichsam als enges Bindeglied zwischen Vergangenheit und Gegenwart verstehen möchte. Damit ist für mich mein Familienname „Prinz von Sachsen Herzog zu Sachsen" mit neuem Inhalt und Leben versehen. Aus dieser wissenschaftlichen Betätigung entstand ferner eine enge persönliche – ich möchte fast sagen – Freundschaft zu meinem hochverehrten Doktorvater Prof. Dr. Karl Bosl, die bis zu dessen Tod andauerte.

Schon während meiner Studienzeit versuchte ich, meine neu erworbenen wissenschaftlichen Kenntnisse auch in der Praxis anzuwenden. Zu diesem Zweck gründete ich gemeinsam mit meinem hochverehrten Vater Friedrich Christian und meinem ältesten Bruder Maria Emanuel am 30. Januar 1961 im Wirtschaftsgeschichtlichen Institut der Universität München die noch heute bestehende „STUDIENGRUPPE FÜR SÄCHSISCHE GESCHICHTE UND KULTUR e.V." An der Gründungsversammlung nahmen auch Vertreter der sächsischen Landsmannschaften und anderer Traditionsverbände teil. Seit diesem Zeitpunkt konnte ich meine an der Universität gewonnenen Erfahrungen an Landsleute aus Sachsen, Thüringen und Sachsen-Anhalt, die in der Region München lebten, weitergeben. Das geschah in zahllosen Einzelvorträgen, Wochenend-Tagungen, Seminaren oder Führungen zu Kunstdenkmälern, die ich zunächst in Bayern begann und später auch vielfach auf das übrige Bundesgebiet ausdehnen konnte. Wiederholt wurde ich auch als Referent verpflichtet.

Daneben boten mir zusätzlich die Volkshochschulen in Bayern und Österreich Möglichkeiten, zusätzliche Kennt-

25-Jahrfeier im Herkulessaal der Münchner Residenz 1986
von links: Prinz zur Lippe, Prinzessin Maria Christina von Sachsen, Prinzessin Maria Josepha von Sachsen, Prinzessin Elmira von Sachsen, Dr. Prinz Albert von Sachsen, Prinzessin Maria Anna von Sachsen-Gessaphe

nisse über das damals noch geteilte Deutschland zu vermitteln. Dazu kamen aktive Mitarbeiten in der ehemaligen Bundeslandsmannschaft Sachsen und dem einstigen Bund der Mitteldeutschen, dessen Kulturreferent und zeitweiliger stellv. Vorsitzender ich bis zur Auflösung 1990/91 als Folge der deutschen Wiedervereinigung war. Mein Bestreben ging in erster Linie dahin, den vielen aus Sachsen-Thüringen und dem übrigen Mitteldeutschland als Folge des Zweiten Weltkrieges im alten Bundesgebiet ansässig gewordenen Landsleuten eine Brückenstellung zwischen alter und neuer Heimat zu vermitteln, d. h. das Gefühl zu geben, sie könnten sich auch im freien Teil Deutschlands zu Hause fühlen.

Auf diese Weise begann ich mich auch mit den damals nur unzureichend wissenschaftlich behandelten Verbindungen zwischen Bayern und Sachsen zu beschäftigen. Mit Hilfe von Einzelvorträgen, Seminaren und Publikationen in Form von Aufsätzen konnte ich Themen aus dem Gebiet der vergleichenden Landesgeschichte zwischen dem südlichen Teil Mitteldeutschlands und Bayerns vorzugsweise im Rahmen der Münchner Volkshochschule aufgreifen. Dabei dienten Diapositive und musikalische Einlagen zur Aufmunterung des gesprochenen Wortes. Im Einzelnen handelte es sich um folgende geschichtlich, kulturell, künstlerisch, wirtschaftlich und musikalisch orientierte Themenbereiche:

1. Die Beziehungen zwischen Altbayern, Schwaben und Franken zu Sachsen, Thüringen in mehreren Einzelvorträgen und Führungen.

2. Die Wettiner und die Wittelsbacher in ihren wechselseitigen Kontakten.

3. Die Weltbedeutung des Meißner Porzellans.

4. Die Barockkultur in Bayern und Sachsen.

5. Die Musikstädte Dresden, Leipzig, Berlin und München in vergleichender Betrachtungsweise.

6. Die Sehenswürdigkeiten kultureller Art in München und der Region in ihren Verbindungen zur gesamtdeutschen Kultur mit Einführungsvorträgen und Führungen.

7. Volksbrauchtum und Volkskunst in Bayern und Sachsen.

Bis zu seinem Tode am 9. August 1968 wurde ich durch meinen Vater und später durch meine hochgeschätzte Mutter – beide waren Ehrenvorsitzende der STUDIENGRUPPE – aktiv unterstützt. Wenige Monate vor seinem plötzlichen Hinscheiden in Sameden/Oberengadin sagte mir mein Vater nach einer Vortragsfahrt zu den Ammerseer Heimatfreunden wörtlich:

„Jetzt kann ich ruhig sterben, weil ich weiß, daß es weitergeht." In ähnlicher Weise äußerte sich auch mein Onkel, Ernst Heinrich Prinz von Sachsen, der letzte Bewohner von Schloss Moritzburg bei Dresden. Das war für mich ein Auftrag, den ich noch immer in ihrem Sinn zu erfüllen trachte.

Von meiner Mutter Elisabeth Helene weiß ich noch zu berichten, dass sie mich nach dem Tode ihres Mannes, meines Vaters, in Liebe und Anhänglichkeit zu fast allen wichtigen Vortragsveranstaltungen und Seminaren begleitete. Ich hatte sie nämlich gebeten, sich nach dem 9. August 1968 nicht in ihre vier Wände einzuschließen, sondern mit mir gemeinsam alle öffentlichen Verpflichtungen wahrzunehmen. Das erfüllte sie fast bis zu ihrem Lebensende am 22. Oktober 1976. Persönlich nahm ich die ehrende Aufgabe wahr, meiner Mutter in der Trauerveranstaltung der STUDIENGRUPPE für ihre Aufgabe als Ehrenvorsitzende und darüber hinaus für alle Aktivitäten in und für Sachsen zu danken. Dies tat ich auch, als ich 1995 mein zweites Buch „Die Wettiner in Lebensbildern" schrieb und ihrem Wirken ein eigenes Kapitel widmete.

Seit unserer Verlobung und vor allem seit unserer Hochzeit am 12.4.1980 in der Theatinerkirche München ist mir auch meine liebe Ehefrau Elmira eine wichtige wissenschaftliche Assistentin und Hilfe bei der großen Zahl von Verpflichtungen, der Beantwortung von einschlägigen Briefen, der Ausarbeitung von wissenschaftlichen Aufsätzen und der Verfassung von Büchern zur Geschichte des Hauses Wettin, der Länder Sachsen und Thüringen sowie volkskundlicher Arbeiten wie z. B. die Publikation zum Thema „Weihnacht in Sachsen". Auch die neueste Publikation „BAYERN & SACHSEN" – gemeinsame Geschichte, Kunst, Kultur und Wirtschaft – wurde durch sie wesentlich mitgestaltet, wofür ich ihr neben meinem Mitautor Prof. Dr. Walter Beck und dessen Familie großen Dank schulde. Bei dieser Gelegenheit ist noch zu erwähnen, dass in dieses umfangreiche Werk fast alle Vorarbeiten zum Themenbereich „Bayern und Sachsen" Eingang fanden.

Dasselbe gilt auch für die aufopfernde Unterstützung meiner vielfältigen Aufgaben in Sachsen, Thüringen und Sachsen-Anhalt sowie bei der Bewältigung der zahlreichen Probleme mit unseren Restitutionsforderungen in Sachsen seit der politischen Wende 1989/90.

Schon vor der Wiedervereinigung unseres Vaterlandes bestand bei mir der Wunsch, nach langen Jahren des Exils im Westen Deutschlands endlich meine Stammheimat Sachsen wenigstens zu besuchen und historische Stätten der Geschichte meiner Familie in Dresden und Umgebung kennen zu lernen. Anlässlich des Aufenthaltes von Bischof Gerhard Schaffran aus Dresden in München zum Benno-Fest kam es zu einem ersten Kontakt mit diesem bedeutsamen Kirchenvertreter, der auch am Festgottesdienst im Münchner Liebfrauendom am 16. Juni 1982 mitwirkte. Meine Frau Elmira und ich suchten ihn nach Ende der Festmesse zu einem kurzen Gespräch in der Domsakristei auf. Dabei betonte Bischof Schaffran: „Es sei jetzt für uns notwendig, endlich Kontakt mit unserer angestammten Heimat Sachsen aufzunehmen." Wir nahmen diese Anregung positiv auf und besuchten noch im Sommer 1982 erstmals nach Kriegsende in Begleitung eines sächsischen Bekannten unsere sächsische Heimat, die mit einem Besuch in Dresden einen Höhepunkt fand. Trotz schikanöser Kontrollen durch DDR-Grenzbeamte in Rudolstein/Hirschberg freuten wir uns, endlich thüringisches Gebiet erreicht zu haben. Nach fast 40-jähriger Unterbrechung überquerten wir mit dem Auto bei Crimmitschau die Grenze zu Sachsen. Mich befiel dabei ein Gefühl, das nicht zu schildern ist, weil ich erstmals seit meiner Jugendzeit das Land meiner Vorfahren aufsuchen konnte. In Dresden, Meißen und Bautzen sowie den Abteien St. Marienthal und Marienstern beschränkten wir uns ausdrücklich auf Kontakte mit kirchlichen und kulturellen Einrichtungen.

1983 und 1985 folgten weitere Besuche in unserer sächsischen Heimat. Im letztgenannten Jahr 1985 nahmen meine Gemahlin und ich an einer Studienfahrt mit der Volkshochschule Coburg durch ehemals wettinische Territorien in Thüringen, Sachsen und Sachsen-Anhalt teil. Auf diese Weise konnten wir Kunstdenkmäler kennen lernen, die uns bisher nur aus Bildbänden, Postkarten, Diapositiven und historischen Veröffentlichungen bekannt waren. Besonders beeindruckt waren wir, als wir während unseres Dresden-Aufenthaltes erstmals die Dresdner Staatsoper mit einer Aufführung von „Cosi fan tutte" von Wolfgang Amadeus Mozart erleben konnten. Aus uns nicht genau bekannten Gründen, die wahrscheinlich politischen Ursprungs waren, erhielten wir 1985 bis zur Wende 1989/90 ein Einreiseverbot in die DDR. Jedenfalls konnten wir vor einiger Zeit auch unsere Stasi-Akte einsehen, die mit vielen Fotos versehen war. Leider hatten wir daraus keine Rückschlüsse auf unsere Ablehnung zur Reise in die DDR entnehmen können.

Nach der Wiedervereinigung 1990 konnten wir unsere gemeinsamen Interessen und gewonnenen Erkenntnisse auch in unsere sächsisch-mitteldeutsche Heimat tragen.

Gerne denken wir noch daran, dass wir am 2./3. Januar 1990 noch vor der offiziellen Wiedervereinigung erstmals wieder in Dresden weilen durften. Dabei begleiteten uns mehrere Freunde aus München und Würzburg. Neben der Besichtigung der einstigen wettinischen Residenzstadt Dresden nahmen wir an einem unvergesslichen Treffen mit den neu entstandenen politischen Parteien teil. Dabei kam es zu einem lebhaften Gedankenaustausch und zu persönlichen Bekanntschaften, die auch später weiterwirkten.

Wenige Wochen später am 22. Januar 1990 konnten wir an einer der markanten „Montagsdemonstrationen" in Dresden teilnehmen. Es war uns unvergesslich, als Tausende von Menschen mit Fackeln und Fahnen von der katholischen Hofkirche zum Fucikplatz zogen. Dabei ertönten Parolen wie: „Wir sind das Volk!" „Nieder mit der SED-PDS!"

Plötzlich wurde ich per Lautsprecher aufgefordert, zu der in großer Anzahl versammelten Menschenmenge zu sprechen. Nach kurzer Beratung mit bayerischen Freunden entschloss ich mich, dieser Aufforderung Folge zu leisten, sprach allerdings nur wenige Sätze. Ich musste mich gemeinsam mit meiner Frau und unseren Begleitern durch die Menschenmassen hindurchzwängen und hörte dabei wiederholt die Worte: „Wird er es wagen, zu uns zu sprechen?" Die Woge der Begeisterung bewog mich zu folgenden Sätzen:

„Hoch lebe Sachsen, Deutschland, Europa und die christlich-abendländische Kultur."

Ich wies noch auf meine Aufgabe hin, dem neu entstandenen Land Sachsen zu helfen. Brausender Beifall schwoll uns entgegen. Vielfach sang die Menschenmenge: „So ein Tag, so wunderschön wie heute".

Anschließend daran wollten zahlreiche Teilnehmer dieser Montagsdemo Autogramme von uns haben. Wir drängten uns zur Trambahnstation durch und setzten uns auf eine der Bänke. Da ein großes Gedränge herrschte, baten wir einige junge Leute – offenbar Studenten – um Mithilfe bei der Herstellung der Ordnung. Einer reichte uns die entsprechenden Unterlagen, der andere gab sie an die Interessenten zurück. Ein weiterer Jugendlicher half uns mit Durchsagen mittels Megaphon. Die Anwesenden waren in Ekstase und wurden fast von den vorbeifahrenden Trambahnen überrollt. Daher waren wir mehr als froh, dass wir solch' aktive Helfer hatten.

Wenn ich heute auf dieses Ereignis zurückblicke, darf ich sagen, dass es sich in der Tat um einen Ausdruck des Volkswillens, zugleich aber auch um eine Willensäußerung in Richtung demokratischer Freiheit handelte. Es wäre schön,

Prinz Albert und Prinzessin Elmira beim Tag der Sachsen in Torgau 1996

wenn sich auch heute noch das souveräne Volk in ähnlicher Weise zu Worte meldete.

Diese Ereignisse und meine folgende leider nicht erfolgreiche Kandidatur bei der DSU (Schwesterpartei der CSU) für ein Mandat im Landtag bzw. in beratender Stellung in der Regierung des neuen Freistaates Sachsen werden mir zeit meines Lebens unvergessen bleiben. Sie bedeuteten auch für das Haus Wettin insgesamt einen Höhepunkt, auf dem auch jüngere Mitglieder weiterbauen könnten.

Neben den angeführten Initiativen wurde ich 1972 auch Mitglied des „Mitteldeutschen Kulturrates e. V." in Bonn, heute „Stiftung Mitteldeutscher Kulturrat". Ich gehörte von Anfang an dem Beirat an und vertrat dort zeitweise die Interessen des Landes Sachsen. Wichtiger aber wurde für mich die Tatsache, dass ich bis zur Auflösung der Schriftenreihe „Gedenktage des Mitteldeutschen Raumes" mit Kurzbeiträgen über die Wettiner in Sachsen und Thüringen mitwirken konnte. Darüber hinaus bearbeitete ich wiederholt Beiträge aus anderen Territorien Mitteldeutschlands, die teilweise bis nach Mecklenburg oder Brandenburg reichten, oft sogar in damals ehemalige Gebiete jenseits der heutigen deutschen Ostgrenze, soweit sie in Verbindungen zu Mitteldeutschland standen. Zu erwähnen ist noch, dass vor allem meine Beiträge über das Haus Wettin die Grundlage für meine beiden umfangreichen wissenschaftlichen Publikationen:

„Die Albertinischen Wettiner – Geschichte des Sächsischen Königshauses (1763 – 1932)" – bisher in 3 Auflagen erschienen – und

„Die Wettiner in Lebensbildern"

darstellten. Für das letztgenannte Werk erhielt ich auch wertvolle Unterstützung bei der Auswahl von Bildern, die mir das Archiv in Bonn zur Verfügung stellte.

Im Rahmen des Mitteldeutschen Kulturrates konnte ich auch an der Publikationsreihe „Historische Landeskunde Mitteldeutschlands" aktiv mitwirken. Für die Einzelbände „Sachsen" und „Thüringen" erhielt ich den ehrenden Auftrag, die Beiträge über die Fürstenhäuser zu übernehmen und wissenschaftlich zu bearbeiten. Schließlich unterstützte die Stiftung MKR in einzelnen Fällen Publikationen unserer „STUDIENGRUPPE", vor allem der „Blätter für sächsische Heimatkunde" mit finanziellen Zuschüssen. Das galt beispielsweise für die Jubiläumsausgabe der erwähnten „Blätter für sächsische Heimatkunde" zum 30-jährigen Bestehen 1961 – 1991; diese Publikation erschien im November 1991.

Diese Ausführungen zeigen, dass ich praktisch schon als junger Mensch entsprechend der Tradition des Hauses Wettin mit geschichtlichen, sozialen, wirtschaftlichen und politischen Problemen Mitteldeutschlands vertraut wurde.

Auch in Zukunft wird es mein Bestreben sein, mich für die Erhaltung der gewonnenen Erkenntnisse – vor allem durch deren Vermittlung an die jüngere Generation – einzusetzen. Durch vielfältige Kontakte mit Schulen, Studentenverbindungen und ähnlichen Bildungseinrichtungen sollte es gelingen, mein seit Jahrzehnten erworbenes Wissen an die jüngere Generation und die Einrichtungen der Erwachsenenbildung weiterzugeben. Aus meiner Erfahrung kann ich sagen, dass die jungen Menschen durchaus für die Ideale der europäisch-christlich-abendländischen Kultur zu begeistern sind. Wenn ich in der Vergangenheit und hoffentlich auch in der Zukunft gemeinsam mit meiner Frau einen Beitrag dazu leisten kann und darf, ist der Sinn unseres Lebens als Angehörige eines der ältesten deutschen und europäischen Fürstenhäuser erfüllt. Jedenfalls bin ich meinen verehrten Eltern, meinen Lehrern und vor allem allen Freunden, die mir mit Rat und Tat zur Verfügung standen, zu großem Dank verpflichtet. Sie haben mir hilfreich bei der Bewältigung aller damit zusammenhängenden Probleme eine wertvolle Unterstützung zuteil werden lassen.

1. Wachwitzer Gespräch mit dem polnischen Botschafter Wieczorek 8.10.1990

Beitrag des Verfassers für die Festschrift: „50 Jahre Stiftung Mitteldeutscher Kulturrat", Bonn 2005

Abschließende Gedanken einer Zusammenarbeit der Wettiner mit dem Freistaat Sachsen und den Kirchen

Eine geschichtliche Betrachtung über die Albertinischen Wettiner von 1806 bis 1918 wäre unvollständig, wenn sich der Autor nicht abschließend Gedanken über das Zusammenwirken der Wettiner mit dem Freistaat Sachsen und den Kirchen machen würde.

Grundsätzlich erscheint es notwendig, dass die jahrhundertealte Partnerschaft der Wettiner mit dem Königreich bzw. Freistaat Sachsen wieder erneuert würde. Beide Seiten sind in ihrer Zusammenarbeit im Laufe der geschichtlichen Entwicklung gut verfahren; noch heute profitieren sie von den bis 1918 geschaffenen Grundlagen, vor allem auf wirtschaftlichem, sozialem und kulturellem Gebiet.

Auch in der Zukunft gibt es zahlreiche Jubiläen und Gedenktage, die Anlass dafür sein könnten, diese Partnerschaft mit neuem Leben zu erfüllen.

Eine wesentliche Aufgabe besteht auch in einer engen Zusammenarbeit mit den beiden großen christlichen Kirchen. Das erfuhren der Autor und seine Gemahlin, als wir gemeinsam am 8. Februar 2007 aus Anlass einer Privataudienz bei Papst Benedikt XVI. in Rom weilen durften. Der Heilige Vater war unseren Problemen und unserer Tätigkeit auf geschichtlichem Gebiet sehr aufgeschlossen. Wir berichteten ihm von der Arbeit und der Stellung des Hauses Wettin-Albertinische Linie im modernen Sachsen und betonten dabei unseren Beitrag zur Identitätsfindung nach langen Jahren der Diktaturen. Im Papst fanden wir einen durchaus verständnisvollen Partner, der auf Grund seiner eigenen wissenschaftlichen Laufbahn als Theologe sich für unsere Leistungen sehr aufgeschlossen zeigte. Wir überreichten ihm auch unsere Publikationen, die er mit großem Interesse entgegennahm. Wir werden zeit unseres Lebens dieses Zusammentreffen mit dem Papst in Rom nicht vergessen.

Auch mit der Evangelischen Landeskirche haben wir bereits vor der Wende persönliche Kontakte aufgenommen. Wir waren beispielsweise Gast beim evangelischen Landesbischof und seinem katholischen Kollegen. Der Autor erinnert sich noch gern daran, dass ihm das Evangelische Landeskirchenamt vor einigen Jahren bereitwillig Unterlagen über die Lage der Kirche für einen Vortrag vor dem Katholischen Bildungswerk in München zur Verfügung stellte.

Besonders wichtig erscheint uns, dass wir eine enge Verbindung mit der Jüdischen Gemeinde in Dresden eingehen. Der Verfasser kann sich noch genau daran erinnern, dass ein ehemaliger Träger des St. Heinrichs-Ordens jüdischer Volkszugehörigkeit in München wörtlich folgendes sagte:

„Wir Juden vergessen nicht, was das Haus Wettin für uns getan hat."

Insgesamt ist davon auszugehen, dass ein Zusammenwirken mit dem Freistaat Sachsen und den Kirchen weiterhin als vordringliche Aufgabe erscheint. Daher wollen wir als Wettiner entsprechend unserem verpflichtenden Wahlspruch:

„PROVIDENTIAE MEMOR – Der Vorsehung eingedenk" handeln, wofür wir den Segen Gottes erbitten.

Privataudienz im Vatikan bei Papst Benedikt XVI. am 8. Februar 2007

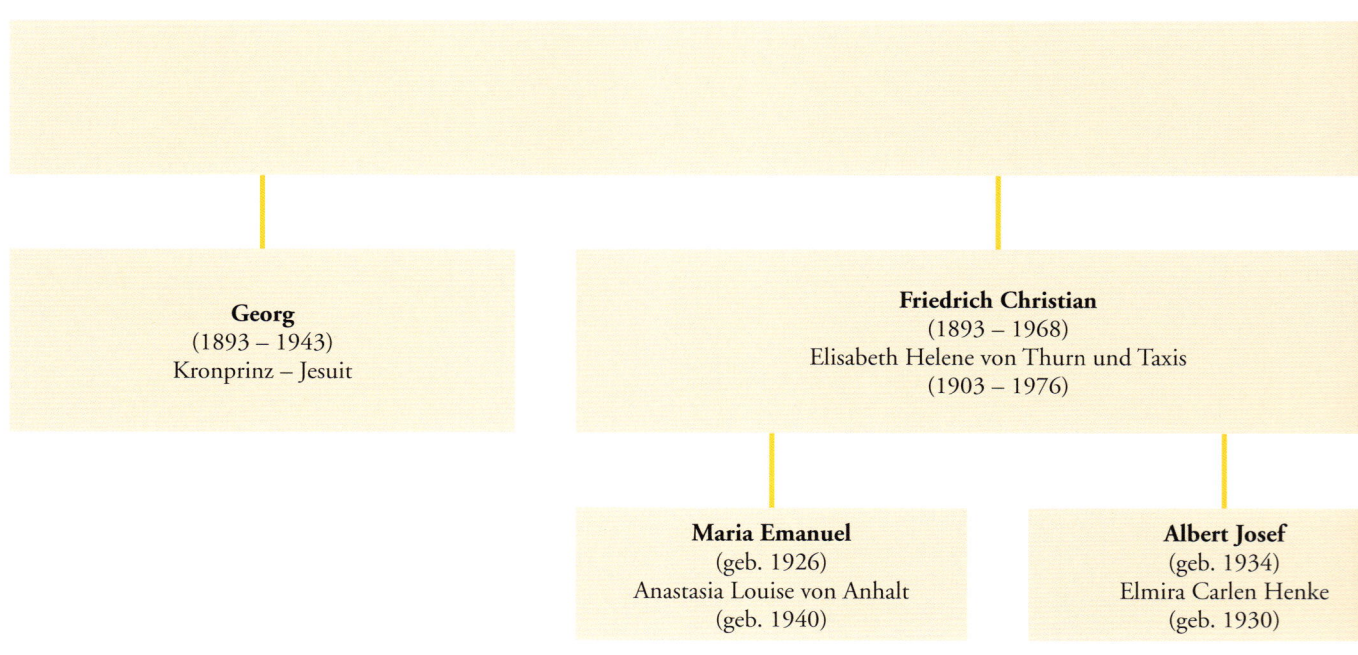

Kurfürst Friedrich Christian von Sachsen
(1722 / 1763 – 1763)
Maria Antonia von Bayern
(1724 – 1780)

Friedrich August III. (I.)
(1750 / 1768 – 1827)
seit 20.12.1806 König von Sachsen
1806 – 1815 Herzog / Großherzog von Warschau
Amalia von Pfalz-Zweibrücken
(1752 – 1828)

Anton I. der Gütige
(1755 / 1827 – 1836)
1. Ehe: Charlotte von Sardinien
(1764 – 1782)
2. Ehe: Maria Theresia von Österreich
(1767 – 1826)

Friedrich August II.
(1797 / 1836 – 1854)
Mitregent 1830 – 1836
1. Ehe: Carolina von Österrei‹
(1801 – 1832)
2. Ehe: Maria Leopoldine von B‹
(1805 – 1877)

Georg
(1893 – 1943)
Kronprinz – Jesuit

Friedrich Christian
(1893 – 1968)
Elisabeth Helene von Thurn und Taxis
(1903 – 1976)

Maria Emanuel
(geb. 1926)
Anastasia Louise von Anhalt
(geb. 1940)

Albert Josef
(geb. 1934)
Elmira Carlen Henke
(geb. 1930)

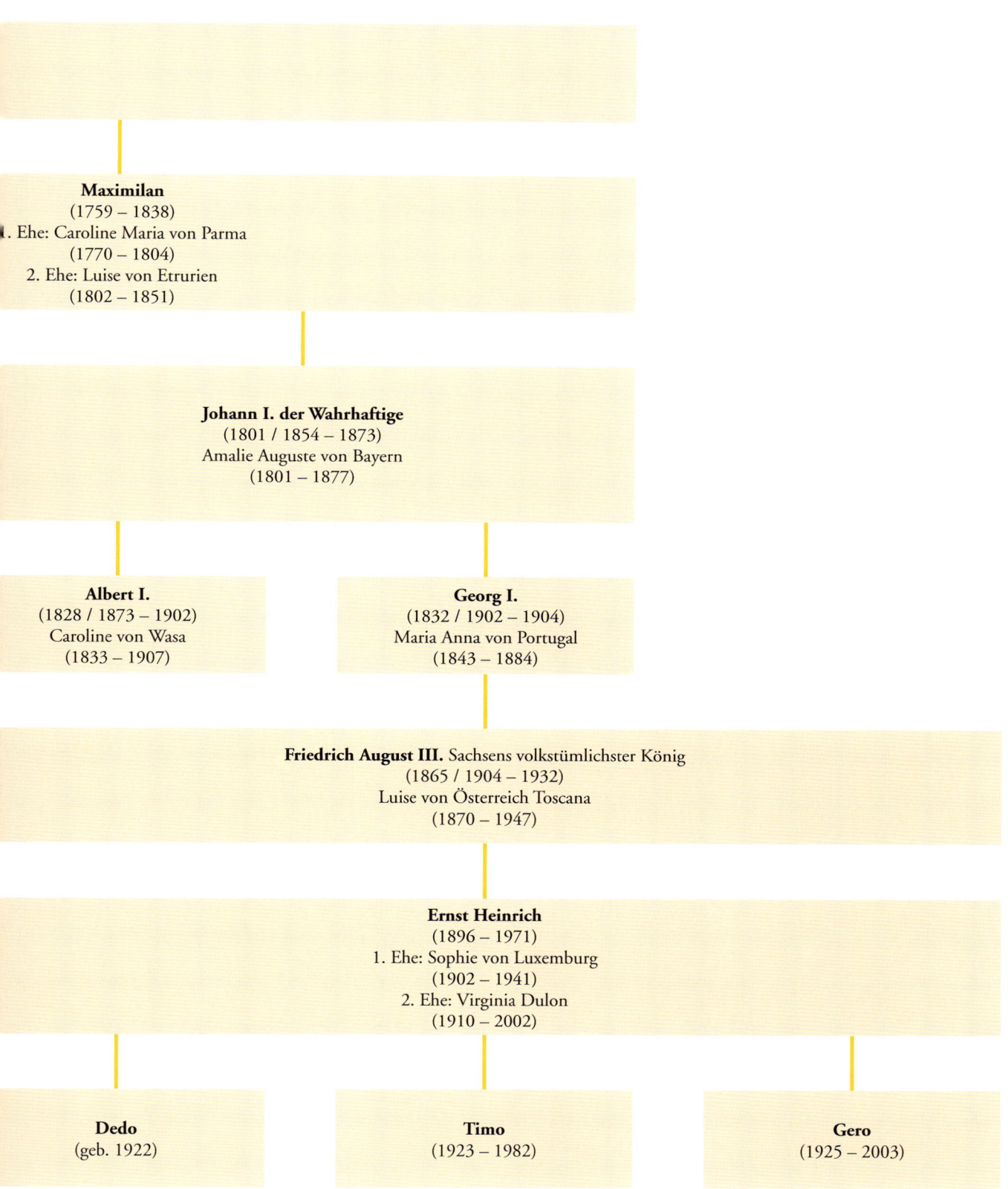

Maximilan
(1759 – 1838)
1. Ehe: Caroline Maria von Parma
(1770 – 1804)
2. Ehe: Luise von Etrurien
(1802 – 1851)

Johann I. der Wahrhaftige
(1801 / 1854 – 1873)
Amalie Auguste von Bayern
(1801 – 1877)

Albert I.
(1828 / 1873 – 1902)
Caroline von Wasa
(1833 – 1907)

Georg I.
(1832 / 1902 – 1904)
Maria Anna von Portugal
(1843 – 1884)

Friedrich August III. Sachsens volkstümlichster König
(1865 / 1904 – 1932)
Luise von Österreich Toscana
(1870 – 1947)

Ernst Heinrich
(1896 – 1971)
1. Ehe: Sophie von Luxemburg
(1902 – 1941)
2. Ehe: Virginia Dulon
(1910 – 2002)

Dedo
(geb. 1922)

Timo
(1923 – 1982)

Gero
(1925 – 2003)

ANHANG

- 100 Jahre Westsachsenschau
- Zwischen Monarchie
  und Demokratie

100 Jahre Westsachsenschau

✑ *Begeben wir uns nun in das Jahr 1906*

König Friedrich August III. unterstützte in seiner Rolle als Staatsoberhaupt die Entwicklung einer modernen Industriegesellschaft in Sachsen. Er versäumte es nicht, Industriebetriebe aufzusuchen, um mit deren Inhabern und Angestellten über aktuelle wirtschaftliche und soziale Probleme sowie deren Lösungsmöglichkeiten zu sprechen.

Als Rektor der Landesuniversität Leipzig pflegte er in Diskussionen mit Studenten den engen Kontakt zur akademischen Jugend, deren Förderung er als Garant für wissenschaftlichen Fortschritt und ein leistungsfähiges, wirtschaftlich starkes Sachsen ansah.

Er setzte damit die Tradition der Albertinischen Wettiner im Bemühen um wirtschafts- und sozialpolitische Erneuerungen im Staate fort. Dabei sei besonders an seinen Großvater, König Johann von Sachsen erinnert, der maßgeblich an der Schaffung des sächsischen Gewerbegesetzes von 1861 beteiligt war, in dessen Ergebnis die Vorrechte der Innungen und alte Bannrechte abgeschafft und die Gewerbefreiheit in Sachsen eingeführt wurden. Mit diesem modernen Gesetz nahm Sachsen eine Vorreiterrolle in Deutschland ein.

Die Demonstration verschiedener Industriezweige und Gewerbe auf einer Ausstellung, sollte nicht nur die Bevölkerung der westsächsischen Region begeistern, sondern auch über die Landesgrenzen hinaus, das Interesse an sächsischen Produkten wecken.

So wurde unter der Schirmherrschaft Seiner Majestät König Friedrich August von Sachsen, im Mai 1906 eine Gewerbeausstellung eröffnet, die bis zum heutigen Tag unübertroffen blieb. Die Vorbereitungen für dieses einmalige Event begannen schon ein Jahr im Voraus.

Um die Ziegelwiese am Schwanenteich als Ausstellungsgelände nutzen zu können, mussten für den stark grundwasserhaltigen Boden Drainagen und Schleusen angelegt werden.

Ein ständiges Ausstellungsbüro, unter Leitung Friedrich Ibsens sowie der aus sieben stadtbekannten Persönlichkeiten bestehende Ausstellungsvorstand, achtzig Ehrenmitglieder, verschiedene Ausschüsse sowie ein Damenkomitee mit den Ehefrauen bekannter Persönlichkeiten beschäftigte sich mit Vorbereitung, Finanzierung und Durchführung der gigantischen Schau.

König Friedrich August III., Oberbürgermeister Karl Keil und weitere Honoratioren zur Eröffnung der Gewerbe- und Industrieausstellung Zwickau 1906 am 31. Mai

Nach den Plänen des Königlichen Hoflieferanten und Landschaftsgärtners Stadtrat Paul Lorenz, wurden auf dem Gelände 60 Objekte wirkungsvoll angeordnet, die Platz für 912 Aussteller boten. So entstand zum Beispiel eine Maschinenhalle, in welcher Strumpfwirk- und Schiffchenstickmaschinen, Setzmaschinen der Druckindustrie, Dampf- und Dynamomaschinen sowie Gasmotoren untergebracht waren. Für die eigene Energieversorgung wurde ein Kesselhaus angebaut. In der Bergbauhalle konnte man die Darstellung einer unterirdischen Strecke sehen, während in der Haupthalle, welche mit einem Jugendstil-Portal geschmückt war, zum Beispiel Konfektion, Küchen, Glas und Porzellan zu besichtigen waren.

Als besondere Attraktion und Publikumsmagnet galt das preisgekrönte Horch-Auto des Rechtsanwalts Dr. Stoß – dem Sieger im Herkomer-Rennen.

Für das leibliche Wohl der Besucher wurde ebenfalls bestens gesorgt. Im Hauptrestaurant, das von Bruno Beyer, dem Besitzer des „Lindenhofes" betrieben wurde, gab es ein Würstchenbuffet und als kulturelle Zugabe, mittags und abends Variete-Vorstellungen. Weiterhin gehörten eine Likörstube, die Konditorei des Königlichen Hoflieferanten Robert Pflugbeil, das „Schweizerhaus", ein „Teich-Cafe" mit Aussichtsturm sowie das, einem Münchener Bierhaus nachgestaltete, „Bräustübl zum Echten" zu den Lokalitäten, die zum Einkehren einluden.

Auch außerhalb der Ausstellungshallen erwartete die Besucher eine Vielzahl kultureller Höhepunkte. So war beispielsweise ein abessinisches Dorf aufgebaut, in dessen strohgedeckten Hütten, 65 „schokoladenbraune" Menschen wohnten, die mit der Aufführung verschiedener Stammestänze und dem Nachgehen häuslicher sowie gewerblicher Tätigkeiten, einen Eindruck vom afrikanischen Leben vermittelten.

In einer Zeit, als es das Fernsehen noch nicht gab, war dies sicher eine besondere Attraktion für die hiesige Bevölkerung.

Wenn um 19.00 Uhr die Ausstellungshallen schlossen, blieben den Besuchern noch vier Stunden Zeit, durch das traumhaft beleuchtete Außengelände zu lustwandeln und im Schatten einer 30 m hohen, angestrahlten Wassersäule, Operetten, Walzern und Märschen zu lauschen, die von der städtischen Kapelle dargeboten wurden.

Den zweifellos größten Erfolg konnten die Veranstalter am 22. August, mit der Nachgestaltung des historischen Fürstenschießens von 1573, verbuchen. Allein an diesem Tag strömten 80.000 Besucher auf das Gelände am Schwanenteich.

Während der viermonatigen Dauer der Ausstellung wurden ca. 150 verschiedene Ansichtskarten gedruckt und täglich eine Ausstellungszeitung mit neuesten Berichten, Programmen und Reklamen herausgegeben, die für 10 Pfennige erworben werden konnte. Diese Gewerbeschau war ein voller Erfolg in jeder Hinsicht.

Der Bekanntheitsgrad Zwickaus vergrößerte sich bis weit über die Landesgrenzen hinaus. Ortsansässige Händler und Gastwirte verzeichneten angesichts nicht abschwellender Besucherströme Rekordumsätze.

In den strukturschwachen Regionen des Erzgebirges und Vogtlandes entwickelten sich verstärkt kleine und mittelständische Betriebe, die zum Teil bis heute ihrer Tradition treu geblieben sind. Denken wir dabei nur an Echt Erzgebirgische Schnitzkunst oder die Plauener Spitze, welche von Sachsen ihren Siegeszug um die Welt angetreten haben.

Leider wurde der wirtschaftliche Aufschwung in späteren Jahren, besonders durch die Auswirkungen des 1. Weltkrieges gebremst. Eine Erholung von den Kriegsfolgen setzte erst in den zwanziger Jahren ein, worauf es auch wieder kleinere, von Berufsverbänden organisierte, Fachausstellungen gab.

Erst im Mai 1938, 15 Monate vor Kriegsbeginn, fand auf dem damaligen Hindenburgplatz die nächste große „Westsachsenschau, Ausstellung für Kultur und Wirtschaft" statt. Ihre Durchführung lag in den Händen des Institutes für Deutsche Wirtschaftspropaganda. Diese perfekt inszenierte Schau ermöglichte einen Einblick in alle Bereiche der westsächsischen Wirtschaft.

Auch auf verschiedene Landschaften, wie das Erzgebirge mit seiner Schnitzkunst, den Musikwinkel und die Orte Bad Elster und Bad Brambach wurde verwiesen.

Das kulturelle Rahmenprogramm erstreckte sich nicht nur auf das Ausstellungsgelände, sondern wurde durch das gleichzeitig stattfindende Robert-Schumann-Fest sowie ein Kreissängerfest im gesamten Stadtgebiet von Zwickau durchgeführt. Natürlich nutzten die Nationalsozialisten diese Ausstellung auch geschickt für die Verbreitung ihrer Ideologie und zur Kriegsvorbereitung. Sonderschauen von Wehrmacht, Kolonial- und Arbeitsdienst sowie dem Luftschutzbund sollten vor allem auch Kinder und Jugendliche begeistern, von denen bereits in den ersten Tagen 3000 die Westsachsenschau besuchten. Trotz des großen Aufwandes und der guten Resonanz in der Bevölkerung konnte diese Ausstellung die Gewerbeschau des Jahres 1906 nicht toppen.

1946 plante man die Schau „Westsachsen-Industrie-Handel-Gewerbe", welche allerdings nicht über eine kleine Vorschau im „Volkshaus" hinaus kam.

In dieser entbehrungsreichen Nachkriegszeit sollte gezeigt werden, dass man sich seinem Schicksal nicht einfach ergeben, sondern mit den wenigen verbliebenen Möglichkeiten und Materialien zur Verbesserung des täglichen Lebens beitragen wollte.

Kuriose Produkte, wie Haushaltsgegenstände aus Wehrmachtsschrott, Wandkacheln aus Holzpresspappe oder Einkaufstaschen aus Autoverdeckstoff wurden vorgestellt. Die Bevölkerung besuchte diese Ausstellung auch deshalb, weil sie in ihren Räumen eine kleine Mahlzeit ohne Vorlage von Lebensmittelkarten erhielt.

In der DDR-Zeit blieb Zwickau leider ohne Gewerbeschau. Was aber nicht bedeutete, dass westsächsische Betriebe von der Bildfläche verschwunden wären. Nur konnte die Bevölkerung nicht in ausreichendem Maße mit diesen zum Teil Weltklasseprodukten versorgt werden.

Im Jahr 1991 fand die 1. Westsachsen Gewerbe- und Industrieschau nach der Wiedervereinigung Deutschlands, auf dem Platz der Völkerfreundschaft statt. 482 Aussteller aus allen Wirtschafts- und Lebensbereichen präsentierten ihre Produkte und Dienstleistungen. Nicht nur hiesige Unternehmen, sondern vor allem auch Firmen aus den alten Bundesländern warben um die Gunst der Verbraucher. Viele Besucher nutzten die Gelegenheit, sich an den Ständen verschiedener Behörden und Ämter wichtige Informationen über neue Gesetzmäßigkeiten zu holen.

Mit dem Blumenpavillon, in dem eine Sonderschau der Floristen untergebracht war, wurde ein echtes Highlight für die Sinne geschaffen. Auch das kulturelle Rahmenprogramm konnte sich sehen lassen.

Bis zum Jahr 1998 wurde die Westsachsenschau auf dem Platz der Völkerfreundschaft durchgeführt. Nach der Jahrtausendwende ist sie ein fester Bestandteil im Veranstaltungsprogramm der Stadthalle geworden und immer noch ein Anziehungspunkt für Firmen und Besucher des westsächsischen Raumes.

An dieser Stelle möchte ich auch einige Unternehmen würdigen, die schon vor 100 Jahren ihre Produkte präsentierten und noch heute am Markt sind.

Der von Robert Adler 1891 entwickelte und nach ihm benannte Magenbitter Adler-Tropfen wurde 1906 vom Sächsischen König mit der Goldmedaille prämiert. Nach Einstellung der Produktion im Jahr 1952 und kurzzeitiger Herstellung im Westen Deutschlands, freuen wir uns, dass diese Köstlichkeit aus erlesenen vogtländischen Kräutern, seit 1997 wieder in Oelsnitz produziert wird.

Die von Adolf Lange, dem Miterbauer der berühmten Fünf-Minuten-Uhr der Semperoper, im Jahre 1845 gegründeten Firma Lange & Söhne, wird heute wieder erfolgreich von seinem Urenkel Walter Lange in Glashütte geführt.

Wohl jedem Zwickauer sind die Firmen Mäntel Meyer und Alippi bekannt, die sich seit über 100 Jahren stets an den ganz individuellen Wünschen und Bedürfnissen ihrer Kunden orientierten.

Am Beispiel des Sanitätshauses Alippi sieht man deutlich, dass nur wer sich dem technischen Fortschritt nicht verschließt erfolgreich am Markt agieren kann. Wurde vor 100 Jahren für das perfekt sitzende Korsett geworben, was es natürlich immer noch gibt, so kann man sich heute, mit Hilfe modernster 3-D-Vermessungstechnik, die Beine berührungslos vermessen lassen, um eine millimetergenaue Passgenauigkeit bei Kompressionsstrümpfen zu erzielen.

Natürlich liegt den Zwickauern auch ihr Bier am Herzen. Die ehemalige Vereinsbrauerei konnte sich nach der Enteignung 1946, als Volkseigener Betrieb weiterhin behaupten. Nach der Wende wurde sie, nun als Mauritius Brauerei, von der Stuttgarter Dinkelacker übernommen. Durch ständige Investitionen und die Kreation neuer Biersorten konnte sie ihren Umsatz stetig steigern und seit Januar diesen Jahres wieder als konzernunabhängige Privatbrauerei agieren.

Die Zwickauer Zeitungen und der Vogtland Anzeiger trugen in den letzten 100 Jahren mit ihren Berichterstattungen zum Bekanntwerden der Gewerbeschauen bei.

Und was wäre die Stadt ohne ihr Theater? Damals wie heute beleben die Akteure mit ihren zauberhaften Darbietungen die kulturelle Szene Zwickaus.

Weiterhin möchte ich die Hersteller des ersten Buches im Dreifarbendruck, Förster & Borries sowie die Ofenbau-Firma Gebrüder Thiermann erwähnen.

Meinen Vortrag möchte ich mit einem Zitat des Zwickauer Wochenblattes vom 22.8.1854 beenden, welches auch nach 150 Jahren seine Gültigkeit hat.

„Gewerbeausstellungen sind ein Hebel für immer größere Entwicklung und Vervollkommung des Gewerbewesens, durch sie wird das Publikum von den trefflichen Leistungen der einheimischen Industrie überzeugt und von der krankhaften Vorliebe für fremde, ausländische Produkte geheilt."

Vortrag zur Eröffnungsveranstaltung „100 Jahre Westsachsenschau" in Zwickau, am 12.10.2006, von Ina Quissek.

Zwischen Monarchie und Demokratie

200 Jahre Königreich Sachsen, 190 Jahre Landkreis Delitzsch, 175 Jahre Sächsische Verfassung

Festvortrag am 23. November 2006 im Bürgerhaus Delitzsch

Gehalten von Dr. phil. habil. Manfred Wilde, Mitglied der Historischen Kommission bei der Sächsischen Akademie der Wissenschaften zu Leipzig

Anlässe wie die oben genannten haben es an sich, dass man den oder die historischen Sachverhalte würdigt. Deren Zusammenhang ist historisch unzweifelhaft gegeben, wenn auch mit unterschiedlichen Wechselbeziehungen zu unserem engeren Heimatraum. Um es vereinfacht zu sagen, die Einwohner des Kreises Delitzsch gehörten in den letzten 200 Jahren zu verschiedenen Herrschaftsbereichen und Gesellschaftssystemen: der Königreiche Sachsen und Preußen, zweier Diktaturen und zweier demokratischer Systeme, nämlich der Weimarer Republik und unserer seit der friedlichen Revolution 1989/90 andauernden Epoche. Trotzdem möchte ich Ihnen so etwas wie einen roten Faden durch die Wechselfälle der Geschichte unseres nordsächsischen Raumes in die Hand geben und einen für Sie hoffentlich spannenden Exkurs von der Monarchie zur Demokratie bieten: dem Wandel des Kurfürstentums Sachsen zum Königreich vor 200 Jahren; der Gründung des Landkreises Delitzsch vor 190 Jahren und des Inkrafttretens der ersten sächsischen Verfassung vor 175 Jahren, bis zu deren Bedeutung in der heutigen Zeit.

Zu Beginn des 19. Jahrhunderts befand sich das Heilige Römische Reich – Deutscher Nation in einem Transformationsprozess. Durch den Reichsdeputationshauptschluss 1803 wurden 112 der kleineren und größeren Herrschaftsbereiche als Reichsstände aufgelöst, was einer Neuordnung des deutschen Reichsgebietes gleichkam. Als am 16. Juli 1806 die unter französischer Vorherrschaft im Rheinbund zusammengeschlossenen Herrschaften ihren Austritt aus dem Reich erklärten, legte Kaiser Franz II. am 6. August 1806 nach einem Ultimatum Napoleons die römisch-deutsche Kaiserkrone nieder. Das Heilige Römische Reich Deutscher Nation hatte aufgehört zu bestehen.

Die Situation war für das im europäischen Maßstab nicht sehr bedeutende Kursachsen schwierig. Bis 1806 verfolgte Kurfürst Friedrich August III. deshalb peinlich genau ein politisches Konzept, welches weitgehend auf eine aktive Außenpolitik verzichtete und auf den Grundsätzen von Neutralität, Treue zur Reichsverfassung und Friedenssicherung basierte. Dazu gehörte auch die exakte Einhaltung einmal getroffener Bündnisverpflichtungen. Um nicht in Konflikt mit den Teilungsmächten Polens, Russland und Österreich zu geraten, hatte Friedrich August 1792 auf die polnische Königskrone verzichtet.

Auch als Europa nach 1804 machtpolitisch in zwei Lager auseinanderdriftete, mit einem um Österreich erweiterten englisch-russischen Offensivbündnis einerseits und die um das Kaiserreich Frankreich gescharrten Rheinbundstaaten andererseits, glaubte Kursachsen eine Zeit lang, sich aus den weltpolitischen Dimensionen annehmenden Auseinandersetzungen heraushalten zu können. Das Festhalten an einer konsequenten Neutralitätspolitik war aus sächsischer Sicht verständlich, schließlich hatte sie eine 40-jährige Friedenszeit garantiert.

Nach dem Zerfall des Reiches stand die Landesherrschaft aber allein ohne Bündnispartner da. Auf Initiative Preußens traten Sachsen und Hessen-Kassel in Vertragsverhandlungen zur Bildung eines Norddeutschen Bundes (Defensivbündnis) als Gegengewicht zum Rheinbund ein. Diese Anlehnung an Preußen zog Kursachsen in den grundsätzlichen Konflikt mit dem Napoleonischen Frankreich hinein und führte, obwohl die geplante Militärkonvention nicht mehr ratifiziert wurde, in die Niederlage bei der Doppelschlacht von Jena und Auerstedt am 14. Oktober 1806. Anschließend besetzten französische Verbände und Rheinbundtruppen Sachsen. Nach dem Waffenstillstandsvertrag wurden die sächsischen Soldaten demobilisiert. Dem Land wurden enorme finanzielle Belastungen auferlegt und per Dekret Napoleons die französischen Verwaltungsstrukturen übergestülpt. Sachsen wurde in vier Arrondissements eingeteilt. Die Verwaltungsmittelpunkte nach dieser Gebietsreform waren Naumburg, Leipzig, Wittenberg und Dresden. Das öffentliche Leben wurde nun von der französischen Verwaltung dominiert, welche sich vor allem um die Eintreibung der Kontributionen, der Beschlagnahme aller Steuergelder sowie des kurfürstlichen Eigentums, die Konfiszierung aller englischen Waren und den Unterhalt von Militärlazaretten kümmerte. In Naumburg, Leipzig, Wittenberg, Dresden, Weißenfels und Merseburg wurden französische Garnisonen eingerichtet. Die sächsischen Verwaltungsorgane blieben zwar bestehen, waren aber an die Vorgaben Napoleons und seiner Beamten gebunden. Unter diesen Voraussetzungen kam es am 11. Dezember 1806 zum Abschluss des Friedensvertrages zwischen Kursachsen und Frankreich. Kurfürst Friedrich August III. musste dem Rheinbund beitreten. Dafür wurde das Kurfürstentum Sachsen vom französischen Kaiser zum Königtum erhoben und dies am 20. Dezember 1806 feierlich proklamiert. Sachsen sollte nun im Kriegsfalle ein Kontingent aller Waffengattungen in Höhe von 20.000 Mann stellen und sich am bevorstehenden Feldzug gegen Preußen beteiligen. Außerdem wurde die Gleichstellung der Katholiken und Protestanten in der Ausübung ihrer Gottesdienste festgelegt. Alle Kriegskontributionen hörten mit der Vertragsunterzeichnung auf. Sachsen bestand weiter, seine Souveränität war aber unter französischer Besatzung noch begrenzt. Mit dieser Entwicklung hatte die sächsische Bündnispolitik einen völligen Wandel erfahren, und es begann eine Phase überaus enger Beziehungen zu Frankreich.

Dies sollte sich aber bald als verhängnisvoll erweisen, denn mit dem Sieg der mit den preußischen Truppen verbündeten Armeen über Frankreich und damit auch über Sachsen in der Völkerschlacht bei Leipzig 1813, änderte sich das Kräfteverhältnis entscheidend. Die staatlichen, verfassungsrechtlichen und administrativen Strukturen begannen sich auch für unser mitteldeutsches Heimatgebiet entscheidend zu verändern.

Mit den Beschlüssen des Wiener Kongresses von 1815 musste das Königreich Sachsen über die Hälfte seines Territoriums, einschließlich der Ämter Delitzsch, Bitterfeld, Schkeuditz und Eilenburg, und 42 % seiner Einwohner an das Königreich Preußen abtreten. Bereits am 30. April 1815 erfolgte eine königliche Verordnung „wegen verbesserter Einrichtung der Provinzialbehörden, die Einteilung jedes Regierungsbezirks in Kreise unter Vereinigung aller Ortschaften und Güter zu einem Kreisverbande". Jeder Kreis sollte einen Landrat haben, der als Organ der Regierung deren Verfügungen zu vollziehen hat. Damit wurden die vormals sächsischen Gebiete den preußischen Rahmenkriterien angepasst.

Nachdem die königlich preußische Regierung für die abgetretenen Gebiete am 15. März 1816 ihre Tätigkeit in Merseburg aufgenommen hatte, entstand daraus am 1. April 1816 die preußische Provinz Sachsen. Gleichzeitig wurden die bisher zum Leipziger Kreis gehörigen Ämter

Delitzsch und Eilenburg aufgehoben und zu einem Kreis Delitzsch mit der Kreisstadt Delitzsch vereinigt. Der bisherige Vorsteher des sächsischen Amtes Delitzsch, Justizamtmann Wendler, trat in den Ruhestand und der neue Landrat Friedrich Anton von Pfannenberg verlegte seinen Sitz von Lauchstedt nach Delitzsch. Dieser erste Landrat des preußischen Kreises Delitzsch erwarb dann 1820 das Rittergut Storkwitz, von wo aus er den größten Teil seiner Amtsgeschäfte erledigte. Zu diesem Zeitpunkt umfasste das Landratsamt einen Mitarbeiterstab von nur etwa fünf Personen. Welcher heutige Finanzminister oder Kämmerer kommt da nicht ins Schwärmen?

In der zweiten Hälfte des 19. Jahrhunderts verlagerten sich mehr und mehr Aufgabenbereiche in die Landratsämter. Eng damit im Zusammenhang standen die Bismarck'schen Sozialreformen und eine veränderte Baugesetzgebung. Zur Bewältigung dieser administrativen Aufgaben benötigte die Kreisverwaltung eigene Verwaltungsräume und -gebäude. Die Kreiscorporation in Delitzsch, gemeint war damit das Landratsamt, erwarb im Zeitraum von 1873 bis 1914 insgesamt acht Häuser im städtebaulichen Quartier zwischen dem Marktplatz und der Schlossstraße. Unter zum Teil wechselnden Bezeichnungen gehörten zum damaligen Zeitpunkt zum Landratsamt die für die Verwaltung notwendigen Fachämter des Kreisausschusses und des Kreiswohlfahrtsamtes. Der Kreis Delitzsch erlebte in der zweiten Hälfte des 19. und zu Beginn des 20. Jahrhunderts eine überaus fruchtbare Zeit. Nachdem man bereits 1847 die erste Braunkohle bei Poritzsch im Kreisgebiet gefördert hatte, folgten 1855 Abbauversuche auf Delitzscher und 1893 auf Paupitzscher Gemarkung. Die Zeit der Kohleförderung im Rahmen von Großtagebauen sollte dann aber erst ab 1976 für das Kreisgebiet Auswirkungen zeigen. 1857 erfolgte die Inbetriebnahme der von Leipzig über Delitzsch nach Berlin führenden Nord-Süd-Eisenbahnverbindung, 1872 machte die Fertigstellung der von Halle über Delitzsch und Eilenburg nach Sorau in Schlesien führenden Eisenbahnstrecke Delitzsch zum Knotenpunkt.

Eilenburg bildete schon traditionell durch die Wasserkraft der Mulde ein frühindustrielles Zentrum. Bekannt für seine großen Wassermühlen und bedeutsamen Tuchfabriken, denen 1887 mit der Celluloidfabrik die Chemie folgte.

Die Landwirtschaft war während dieses Zeitraumes sehr leistungsfähig, verfügte doch der Westteil des Kreises über Ackerböden höchster Qualität. Nicht die Rittergüter, sondern freie Bauern bestimmten dort traditionell das Bild. Nicht unerwähnt möchte ich lassen, dass es hier bei uns im mitteldeutschen Raum nie Leibeigenschaft gegeben hat, die Menschen somit weitgehend selbstbestimmt agieren konnten. Vieles ließ sich für die folgende Zeit noch wichtiges an wirtschaftlichen Fortschritten aufzeigen: 1888 die Gründung der Chemischen Fabrik „Delitia", der Bau mehrerer Zuckerfabriken in der Umgebung, 1894 die der Delitzscher Schokoladenfabrik, 1908 der Bau des Reichsbahn-Ausbesserungswerkes, 1926 der Bau des Flughafens bei Schkeuditz. Bemerkt werden muss aber, dass Schkeuditz damals noch zum Kreis Merseburg gehörte.

Die Struktur und Zuständigkeit des Delitzscher Landratsamtes blieb trotz wechselnder staatlicher Rahmenbedingungen bis 1952 weitgehend unverändert. Allein einige Gemeinden des westlichen Teiles des Kreises Delitzsch und die Stadt Landsberg hat man bereits 1950 in den Saalkreis eingegliedert.

Im Zusammenhang mit der Zerschlagung der Länderstruktur in der DDR schuf man 1952 mit der Einführung von Bezirken kleinteiligere neue administrative Verwaltungseinheiten und verkleinerte die Kreise zum Teil erheblich. Damit schuf man einen überbordenden Verwaltungsapparat mit einseitiger ideologischer Überfrachtung. Einen Landrat gab es dann bis 1990 nicht mehr, dessen Aufgaben wurden von einem Vorsitzenden des Rates des Kreises übernommen, der SED-Mitglied zu sein hatte.

Nach der friedlichen Revolution von 1989 blieben die Kreisgrenzen zunächst erhalten. Erst 1994 legte man mit der ersten Verwaltungs- und Strukturreform im Freistaat Sachsen die Kreise Eilenburg und Delitzsch zusammen, wobei Delitzsch Kreissitz blieb. Schließlich befand sich dort bereits im Zeitraum von 1816 bis 1952 der Sitz des Landkreises. Bad Düben gehörte bis 1952 zum Kreis Bitterfeld, dann bis 1990 zum Kreis Eilenburg. In Eilenburg blieben nach 1994 verschiedene Außenstellen angesiedelt, so dass die Nähe zum Bürger gewährleistet war.

Der in sich geschlossene städtebauliche Komplex des Delitzscher Landratsamtes am Marktplatz blieb bis 1994/96 Sitz der Verwaltung des Landkreises, der dann durch einen neuen Komplex in der Richard-Wagner-Straße abgelöst wurde. 1999 hat man die Städte Schkeuditz und Taucha mit den dazugehörigen Ortsteilen aus dem Kreis Leipziger Land dem Kreis Delitzsch zugeordnet.

Der Kreis Delitzsch hatte mit dem Ende der planwirtschaftlich geführten DDR wie alle Gebiete in den neuen Bundesländern mit großen Umwälzungen fertig zu werden. Viele Bürger des Kreises hatten ihren Arbeitsplatz im nahe gelegenen Industrierevier Bitterfeld-Wolfen und im Braunkohlebergbau, die mit dem Wegbrechen ihrer Branchen

auch vielfach ihren Arbeitsplatz verloren. Der Strukturwandel der Werke in der Region wie auch in der Landwirtschaft kamen erschwerend hinzu, so dass fast jeder der hier anwesenden und von hier stammenden Gäste einen Bruch in seiner beruflichen Biografie hat.

Aber auch in diesen Fällen zeigte sich eine Wesensart vieler Einwohner des hiesigen mitteldeutschen Raumes: sich einstellen auf die neuen Anforderungen und Anpacken der Aufgaben. Diese zeichneten sich vielfach nicht nur durch die gute fachliche Qualifikation aus, sondern auch durch den Willen zur ständigen Weiterbildung. Ich will hier nicht die nach wie vor vorhandenen Probleme ausblenden, aber dort wo in den Familien ein Bedürfnis zur Bildung besteht, Kultur als Pflichtaufgabe betrachtet wird, dort wo Leistungsdenken positive Anerkennung findet, nur dort wird auch Innovation und Fortschritt stattfinden.

Die jüngst veröffentlichten Ergebnisse des bundesweiten Regionalranking zeigen es auf. Der Kreis Delitzsch schloss als Zweitbester des Regierungsbezirkes und in der vorderen Hälfte im sächsischen Vergleich ab. Als Stärken des Delitzscher Kreises wurden die schlanke Verwaltung und die hohe Anzahl von Hochqualifizierten genannt. Das sollte man hinsichtlich der Entscheidungen im Rahmen der geplanten Verwaltungs- und Funktionalreform im Freistaat Sachsen nicht unberücksichtigt lassen. Es gilt die Cluster zu verfestigen, die neben den schon genannten Stärken eine prosperierende Wirtschaft in ihrer Umgebung haben und über die entsprechende Infrastruktur verfügen. Wir haben hier im mitteldeutschen Raum eine solche Region.

Gestatten Sie mir noch einen kleinen Exkurs, der das Inkrafttreten der ersten sächsischen Verfassung vor 175 Jahren würdigt. Die Geschichte unseres Heimatgebietes hat aufgezeigt, dass dieses auf dem Weg von der Monarchie zur Demokratie vielfältigen Einflüssen und Veränderungen ausgesetzt war. Begleitet wurden sie im gesamten 19. Jahrhundert von wichtigen Reformprozessen in der Landwirtschaft, im technischen Fortschritt und in der beginnenden Demokratisierung. In diesem Zusammenhang möchte ich den Namen von Dr. Hermann Schulze-Delitzsch nicht unerwähnt lassen, dem vielleicht größten Sohn unseres Landkreises und der Stadt Delitzsch. Er hat um 1850 als Reformer mit weltweiter Wirkung Lösungsansätze zur Bewältigung sozialer und wirtschaftlicher Probleme entwickelt und politisch im Reichstag durchgesetzt. Wer weiß heute schon noch, dass alle Produktions- und Handelsgenossenschaften, alle Volksbanken und Unterstützungskassen hier in Delitzsch ihren Anfang genommen haben. Nicht im

Hoffen auf staatliche Unterstützung, nein, sondern nach dem Prinzip der Selbsthilfe, Stärkung der eigenen Kräfte und Bündelung von Aktivitäten des handwerklichen und Handel treibenden Mittelstandes.

Diese von wirtschaftlichen und sozialen Umwälzungen gekennzeichnete Periode rief förmlich nach veränderten staats- und verfassungsrechtlichen Veränderungen. Allerdings sollte der Weg zu wirklich demokratischen Rahmenbedingungen noch sehr lang und steinig werden.

Die Verfassung eines Staates legt die rechtlichen Grundlagen fest. Sie ist im formalen Sinn eine zivilisatorische Errungenschaft, die grundlegende Rechte und Pflichten im Gemeinwesen mit Rechtssicherheit regelt und im materiellen Sinn beschreibt sie die Rechtsnormen, die Aufbau und Tätigkeit des Gemeinwesens regeln. Nachdem Polen und Frankreich sich 1791 als erste europäische Staaten Verfassungen gegeben haben, folgten nach 1809 die ersten deutschen Landesherrschaften. Die Königreiche Sachsen und Preußen unternahmen zunächst keine Schritte in dieser Hinsicht. Erst in der Folge der bürgerlichen Unruhen von 1830 in Dresden und Leipzig, die Reformprozesse anmahnten, begann in Sachsen der Geheime Rat im Oktober dieses Jahres ohne Einbeziehung der Öffentlichkeit und der Opposition mit der Ausarbeitung einer Verfassung. Die bereits bestehenden von Württemberg, Baden, Hannover, Hessen, Kurhessen und einiger thüringischer Kleinstaaten wurden als Vorbild genutzt und vom Kabinettminister Bernhard August von Lindenau als Entwurf eingebracht. Von März bis August beriet der Landtag und billigte ihn nach einigen Änderungen. Daraufhin wurde nach Genehmigung durch den König am 4. September 1831 die Verfassungsurkunde feierlich vom König und dem Mitregenten Prinz Friedrich August unterzeichnet und öffentlich gemacht. Damit trat das Königreich Sachsen in den Kreis jener deutschen Staaten ein, die als konstitutionelle Monarchie mit einer schriftlichen Verfassung einen wichtigen Schritt auf dem Weg zum bürgerlichen Verfassungsstaat getan hatten. Die neue Verfassung sicherte allerdings grundsätzlich die Machtvollkommenheit des Sächsischen Königs und räumte dem Landtag nur geringe Rechte ein. Sie enthielt in acht Abschnitten und 154 Paragraphen Bestimmungen über die Stellung des Königreiches als unteilbaren Staat des Deutschen Bundes und dessen Agierung im Allgemeinen, den Besitz des Staates und des königlichen Hauses, die Rechte und Pflichten der Untertanen, die Regierung des Landes und den Staatsdienst, die Rechtspflege, die Stände, die Kirchen und Unterrichtsanstalten sowie die Stiftungen.

Erstmalig wurden eingeschränkt bürgerliche Freiheiten garantiert: Freiheit des Eigentums, der Person, die freie Berufs- und Gewerbewahl sowie die Freiheit der Ausbildung im In- und Ausland. Für das Heimat- und Staatsbürgerrecht war ein gesondertes Gesetz vorgesehen. Der Erlass von Gesetzen stand allein dem Souverän zu, das Parlament (Ständevertretung) durfte lediglich den Antrag stellen. Die Exekutive lag nur beim König und der von ihm berufenen Regierung. Die Gerichtsbarkeit wurde von ihnen unabhängig.

Die sächsische Verfassung von 1831 war gegenüber der alten Ständeverfassung von 1660/61 ein großer Fortschritt, blieb aber im Vergleich zur Verfassung der Vereinigten Staaten von Amerika von 1787 noch weit hinter Vorstellungen des Bürgertums zurück.

Für die von Sachsen 1815 an Preußen abgetretenen ehemaligen sächsischen Gebiete einschließlich des Kreises Delitzsch hatte die neue Verfassung aber keine Geltung. Im Gegenteil, denn trotz der im Königreich Preußen relativ früh durchgesetzten Reformen im Agrarbereich, im Handel und im Gewerbe, hinken die verfassungsrechtlichen Reformen gegenüber denen im Königreich Sachsen hinterher. Erst 1850 erfüllte Preußen die Forderung nach einer Verfassung, wie sie im Artikel 13 der Bundesakte des Deutschen Bundes von 1815 festgeschrieben war.

Beide Landesherrschaften, Sachsen und Preußen, hatten in ihren Verfassungen allerdings noch keine mit heutigen Verhältnissen vergleichbaren demokratischen Eckpunkte. Sie fanden erst in der Weimarer Republik ihre Umsetzung, so beispielsweise mit der Verfassung des Freistaates Sachsen vom 1. November 1920 und mit der Verfassung des Freistaates Preußen vom 30. November 1920. Letztere hatte wiederum ihre Zuständigkeit auch für den immer noch preußischen Landkreis Delitzsch. Nach nur wenigen Jahren folgte die nationalsozialistische Diktatur, nach deren Niederlage 1945 die Besatzungszeit und innerhalb der sowjetischen Besatzungszone bis zur friedlichen Revolution 1989 die nächste Diktatur. Für den noch nicht wieder bestehenden Freistaat Sachsen sollte dann mit dem Verfassungsgesetz zur Bildung von Ländern in der Deutschen Demokratischen Republik – Ländereinführungsgesetz – vom 22. Juli 1990 ein wichtiger Eckstein gesetzt werden. Zum gleichen Zeitpunkt wurde in den mitteldeutschen Kreisen Delitzsch, Eilenburg und Torgau eine Volksabstimmung mit einer Kernfrage durchgeführt: Stimmen Sie für die künftige Zugehörigkeit zum Land Sachsen oder für die Zugehörigkeit zum Land Sachsen-Anhalt. Die historischen Ursachen dafür lagen in der bis 1952 andauernden Zugehörigkeit der drei Kreise zum Land Sachsen-Anhalt.

Bemerkenswert wat 1990, dass sich im Kreis Delitzsch 89 % der Wahlberechtigten für die künftige Zugehörigkeit zum Freistaat Sachsen ausgesprochen haben und das mit immerhin 78 % Wahlbeteiligung. Und ich glaube mit Recht sagen zu dürfen, dass mit gleicher Fragestellung heute eine ähnliche Zustimmung pro Sachsen erreicht werden würde.

Recht zügig wurden dann nach Wiederherstellung der deutschen Einheit auch die verfassungsrechtlichen Fragestellungen einer Klärung zugeführt. Immerhin war der Freistaat Sachsen der erste, der sich von den neuen Bundesländern am 27. Mai 1992 eine Verfassung gab. Sie bildet neben dem Grundgesetz der Bundesrepublik die Basis unseres demokratischen Rechtsstaates innerhalb des föderalen Staatsaufbaus. Es gilt, dies auch in der breiten Öffentlichkeit immer wieder zu thematisieren. Für das funktionieren, will sagen das Leben von Demokratie, wie auch für die Lösung der aktuellen Probleme brauchen wir neben den staatlichen Rahmenbedingungen und Regularien vor allem die Menschen. Damit meine ich auf breiter Basis bürgerschaftliches Engagement in Wirtschaft, Politik, Kultur und Gesellschaft. Es bringt die Gesellschaft nicht wirklich weiter, wenn man nur Schwierigkeiten statt Lösungsansätze thematisiert. Da zeitigen die zwei Diktaturen des 20. Jahrhunderts immer noch ihre Auswirkungen auf manchen Menschen hier in den neuen Bundesländern, die manchmal in mangelndem Demokratieverständnis und fehlender Streitkultur zum Ausdruck kommt.

Was wir brauchen sind positive Denker, Menschen, die andere im übertragenen Sinne mitreißen können. Das alles aber auf solider Basis ohne Populismus. Wir sind hier im Freistaat Sachsen auf einem guten Weg, einem Bundesland mit gesundem weil berechtigtem Selbstbewusstsein, das den Vergleich mit den anderen Bundesländern nicht zu scheuen braucht. Dafür ist das Ziehen der richtigen Lehren aus der Geschichte genau so wichtig wie innovative Denkansätze und eine moderne Wirtschaft. Wir befinden uns hier im Kreis Delitzsch inmitten einer wirtschaftlichen Kernzone des mitteldeutschen Raumes, zu der neben den Großen vor allem zahlreiche kleine mittelständische Unternehmen gehören. Wir sollten aber auch nicht die Wirtschaftsräume im unmittelbaren Sachsen-Anhalt im Raum Bitterfeld und Halle-Leuna außer Acht lassen, mit denen wir gemeinsam über eine hervorragende Infrastruktur verfügen.

Was will ich damit zum Ausdruck bringen? Eine Verfassung kann nur einen Rahmen bieten, gelebt werden müssen die demokratischen Prinzipien und alles was sich darauf aufbaut von uns Bürgern. Nicht nur plakativ und dann wenn man sie gerade benötigt, nein, täglich im Umgang miteinander.

Literatur- und Quellenverzeichnis

– Abel, Wilhelm: Geschichte der deutschen Landwirtschaft vom frühen Mittelalter bis zum 19. Jh., Stuttgart 1962

– Arbeitskreis Sächsische Militärgeschichte e.V. (Hrsg.): Sibyllenort und König Albert von Sachsen, Heft 12, Dresden 2003

– Ausstellung über Prinz Ernst Heinrich von Sachsen, dem letzten Wettiner auf Schloss Moritzburg, in: Sächsische Zeitung, Dresdner Meißner Land vom 21.9.2004, Dresden 2004, S. 15

– Ausstellung: Vom Schloss auf die Insel – Wettiner-Schau öffnet, in: Sächsische Zeitung, Regionalausgabe Dresdner Meißner Land vom 22.9.2004, Dresden 2004, S. 9

– Bäsig, M. Frank Michael: Friedrich Christian – Markgraf von Meißen, Dresden 1995

– Bäsig, M. Frank Michael: Maria Emanuel Markgraf von Meißen Herzog zu Sachsen, Festgabe zum 75. Geburtstag, Limburg/an der Lahn 2001

– Baganz, Dorothee: Das historische Dresden, Petersberg 2006

– Baier, Stephan – Demmerle Eva, Otto von Habsburg, Wien 2004

– Baruch, Bernard M.: Gute 88 Jahre, München 1958

– Baumer, Iso: Prinz Max von Sachsen – Einheit der Kirche, Lebensform, Frieden, Freiburg/Schweiz-Hamburg 1985

– Baumer, Iso: Max von Sachsen, Priester und Professor – Seine Tätigkeit in Freiburg/Schweiz, Lemberg und Köln, Freiburg/Schweiz 1990

– Baumstark, Reinhold: Der König, der die „Nordlichter" holte – Bildung und Forschung waren Max II. wichtig und besseres Staatsbewusstsein. Er selbst entsagte jeglicher Pracht, in: SZ Nr. 296 vom 23.12.2005, München 2005, S. 39

– Baumstark, Reinhold: Dirndl, Janker und Lederhose – Wiederbelebung der Tracht, Förderung des Brauchtums – Das wohl schönste Vermächtnis von Max II., in: SZ Nr. 296 vom 23.12.2005, München 2005, S. 39

– Bayerische Akademie der Wissenschaften – Kommission für bayerische Landesgeschichte (Hrsg.): 1806 Bayern wird Königreich – Symposion vom 22.–24. Februar 2006, Prospekt, München 2006

– Bayerische Schlösserverwaltung (Hrsg.): Bayerns Krone 1806 – 200 Jahre Königreich Bayern, Ausstellung in der Residenz München 30.3.–30.7.2006, Prospekt, München 2006

– Bayerisches Staatsministerium der Finanzen (Hrsg.): Bayerns Krone 1806 – 200 Jahre Königreich Bayern – Kalender zur Ausstellung der Residenz München 30. März–30. Juli 2006, München 2006

– Bayern, Adalbert, Prinz von: Max I. von Bayern, München 1957

– Bayern, Adalbert, Prinz von: Die Herzen der Leuchtenberg – Chronik einer Napoleonisch-Bayerisch-Europäischen Familie, München 1963

– Bechtel, Heinrich: Wirtschaftsgeschichte Deutschlands im 19. und 20. Jh., München 1956

– Beck, Walter: Ein Sachse baute das Hofbräuhaus – Die Zusammenarbeit von Bayern und Sachsen hat Tradition, in: Bayernkurier Nr. 35 vom 2.9.2006, München 2006, S. 15

– Benndorf, Paul: Hundert Bilder zur Geschichte Leipzigs, Leipzig 1910

– Bernum van, Theodor – Naumann, Jürgen: Vom barocken Landschloss zum Industriestandort, Dresden 2006

– Bestenreiner, Erika: Louise von Toscana: Skandal am Königshof, München 1999

– Bien, Peter: Kriege sorgten immer wieder für Zwangspausen – Seit 1806 wurde eine Vielzahl von Kartenwerken geschaffen, in: DNN vom 17.7.2006, Dresden 2006, S. 16

– Bien, Peter: Ein Meister der feinen Linien – Vor 150 Jahren starb der Kartograph Jakob Andreas Oberreit, in: DNN vom 2.10.2006, Dresden 2006, S. 8

– Blaschke, Karlheinz: Politische Geschichte Sachsens und Thüringens, München 1991

– Blaschke, Karlheinz: Der Fürstenzug zu Dresden, Leipzig-Jena-Berlin 1991

– Blaschke, Karlheinz – John, Uwe: Geschichte der Stadt Dresden, Bd. 1: Von den Anfängen bis zum Ende des Dreißigjährigen Krieges, Stuttgart 2005

– Blaschke, Karlheinz: Kursachsen am Ende des Alten Reiches (1791), in: Sächsische Heimatblätter, 52. Jg., Heft 1/2006, Chemnitz 2006, S. 16–17

– Blaschke, Karlheinz: Das Städtewesen vom 12.–19. Jh., in: Sächsische Heimatblätter, 52. Jg., Heft 1/2006, Chemnitz 2006, S. 34–35

– Blaschke, Karlheinz: Dritter Gedankenkreis: Die Wettiner kommen – Die Feudalordnung bindet Herrschaft und Genossenschaft zusammen, in: DNN vom 3.4.2006, Dresden 2006, S. 6

– Blaschke, Karlheinz: Sechster Gedankenkreis: Vorahnung der Bürgerlichkeit – Unter neuen Herausforderungen bleibt die Residenzstadt erhalten, in: DNN vom 8.5.2006, Dresden 2006, S. 9

– Blaschke, Karlheinz: Achter Gedankenkreis: Industriestadt entsteht – Vielgestaltigkeit wird zum vorherrschenden Erscheinungsbild, in: DNN vom 22.5.2006, Dresden 2006, S. 9

– Blaschke, Karlheinz: Neunter Gedankenkreis – Ein Menschalter lang lag Dresden im Würgekrieg totalitärer Systeme, in: DNN vom 29.5.2006, Dresden 2006, S. 15

– Blaschke, Karlheinz: Zehnter Gedankenkreis: Dresdens Aufbruch ins Offene – Aus sächsischer Tradition geht eine deutsche Revolution auf, in: DNN vom 12.6.2006, Dresden 2006, S. 10

– Blecher, Jens – Wiemers, Gerald: Die Universität Leipzig 1409 – 1943, Leipzig 2006

– Bloh von, Jutta Charlotte: „Philalethes“ – als Feldherr – Das Militärparaderetizeug des Königs Johann von Sachsen vom Jahre 1866, in: Dresdner Kunstblätter 02/2006, Dresden 2006, S. 112 – 113

– Blume, Georg: Der Königliche Weinberg zu Dresden-Wachwitz – Beiträge zur Heimatkunde, Dresden 1993

– Blume, Georg: Der Wachwitzer Weinberg zwischen Loschwitz und Wachwitz bei Dresden, Baudenkmäler 504, München-Berlin 1996

– Boch, Rudolf – Listewnik, Petra – Pietsch, Eva – Schäfer, Michael (Hrsg.): Unternehmungsgeschichte heute, Beiträge des 4. unternehmungsgeschichtlichen Kolloquiums, Leipzig 2005

– Böhme, Helmut (Hrsg.): Probleme der Reichsgründungszeit 1848 – 1879 – Neue wissenschaftliche Bibliothek 26, Geschichte, Köln-Berlin 1961

– Böhme, Helmut: Deutschlands Weg zur Großmacht – Studien zum Verhältnis von Wirtschaft und Staat während der Reichsgründungszeit 1848 – 1881, Köln-Berlin 1966

– Boll, Werner: Reichstagsmuseum, Sammlungen der Stadt Regensburg, Nr. 9, Regensburg 1973

– Bornheck, Conrad: Deutsche Geschichte unter Kaiser Wilhelm, Leipzig-Erlangen 1921

– Bosl, Karl: Bayerische Geschichte, Wien-München 1990

– Breitfeld, Klaus: Sachsen administrativ – Gemarkungen und Verwaltungsgliederung um 1900, in: Sächsische Heimatblätter, 52 Jg. Heft 1/2006, Chemnitz 2006, S. 11 – 13

– Bruske, Klaus: Lange Kerls ins Sächsische geflüchtet – Königreich reichte einst bis kurz vor Preußens Residenzen Berlin und Potsdam – Volksmund kennt noch immer die „drei sächsischen Dörfer“, in: Freie Presse vom 4.3.2005, Chemnitz 2005

– Buchheim, Karl: Das Deutsche Kaiserreich 1871 – 1918 – Vorgeschichte, Aufstieg und Niedergang, München 1969

– Buchheim, Karl: Über die Geburtsfehler der Acht-und-vierziger Volkspartei, in: Blätter für Sächsische Heimatkunde, Nr. 27, München 1976, S. 603 – 611

– Buder, M.: Vortrag über Schloss „Sibyllenort“, in: DNN vom 7.12.2006, Dresden 2006, S. 7

– Büchi, Walter A.: Karl August Lingner – Das große Leben des Odolkönigs, Edition Sächsische Zeitung, Dresden 2006

– Bürger, Thomas: Der Mann mit den sechs Gesichtern – Der europäische Staatsmann Charles Maurice de Talleyrand (1754 – 1838), in: SLUB-Kurier 29. Jg. 2006, Heft 2, Dresden 2006, S. 1 – 3

– Burg, Peter: Der Wiener Kongress – Der Deutsche Bund im Europäischen Staatensystem, München 1984

– Cafe-Restaurant Luisenhof GmbH. (Hrsg.): 110 Jahre Restaurant-Geschichte – Luisenhof auf dem Balkon Europas, Dresden 2005

– Carus, Otto: Carl Gustav Carus in seinem Antlitz, Gotha 1930

– Chun, Carl – Gruner, Erich: Der historische Festzug anlässlich der Jubelfeier des 500-jährigen Bestehens der Universität Leipzig, Leipzig 1909

– Conte-Corti: Egon Cäsar: Ludwig I. von Bayern, München 1968

– Conze, Eckart: Adel in Deutschland im 20. Jh., in: Nachrichtenblatt des Verbandes „Der Sächsische Adel“ 33. Jg. Nr. 66 vom 15.9.2005, Schwalbach 2005, S. 3 – 8

– Conze, Werner (Hrsg.): Staat und Gesellschaft im deutschen Vormärz 1815 – 1848, Industrielle Welt 1, Stuttgart 1962

– Conze, Werner – Grob, Dieter: Die Arbeiterbewegung in der nationalen Bewegung, Industrielle Welt 6, Stuttgart 1966

– Conze, Werner – Hentschel, Volker (Hrsg.): Plötz – Deutsche Geschichte, Freiburg-Würzburg 1996

– Craig, Gordon A.: Deutsche Geschichte 1866 – 1945 – Vom Norddeutschen Bund bis zum Ende des Dritten Reiches, München 1985

– Czok, Karl: Das alte Leipzig, Leipzig 1978

– Czok, Karl: Geschichte Sachsens, Weimar 1989

– Dattenberger, Simone: Revolution ohne Blut – „Bayerns Krone 1806“ in der Residenz: Ausstellung am historischen Ort, in Münchner Merkur Nr. 75 vom 30.3.2006, München 2006, S.M.M. 3

– Delau, Reinhard: Sachsens schönste Schlösser, Burgen und Gärten, Leipzig 1998

– Delau, Reinhard: Der Fürstenzug in Dresden, Edition Sächsische Zeitung, Dresden 2005

– Deutsche Akademie der Wissenschaften zu Berlin (Hrsg.): Beiträge zur Wirtschafts- und Sozialgeschichte des 18. und 19. Jahrhunderts, Berlin 1962

– Deutsches Historisches Museum – Sonderausgabe „Die Welt“, Berlin Sommer 2006

– Die Karröster Königskapelle wurde vor genau 150 Jahren eingeweiht – Wo der Sachsenkönig starb, in: Tiroler Tageszeitung Nr. 184, Innsbruck 2005, S. 20

– Die Polnische Konstitution vom 3.ten May 1791, Faksimile, Warschau 1991

– Dietrich, Andrea (Hrsg.): Sachsens schönste Schlösser, Burgen und Gärten, Dresden 1996

– Dietrich, Andrea: Zwischen Tradition und Modernität – König Johann von Sachsen (1801–1873), in: Jahrbuch der Staatl. Schlösser, Burgen und Gärten, Bd. 9, Dresden 2002, S.98–101

– Donath, Matthias: Schlösser im Elbland, Dresden 2004

– Donath, Matthias: Schlösser in Dresden und Umgebung, Dresden 2005

– Dotterweich, Helmut: Das Erbe der Wittelsbacher – Vermächtnis einer europäischen Dynastie, München 1991

– Duchhardt, Heinz: Deutsche und ostmitteleuropäische Europa-Pläne des 19. und frühen 20. Jahrhunderts – Ein vierjähriges Forschungsprojekt der Historischen Kommission bei der Bayerischen Akademie der Wissenschaften untersuchte das Europa-Schrifttum vom Wiener Kongress bis zum Ende des Zweiten Weltkrieges, in: Akademie Aktuell, Ausgabe 02/2005, München 2005, S. 8–11

– Ebeling, Friedrich W.: Friedrich Ferdinand Graf von Beust – Sein Leben und vornehmlich staatsmännisches Wirken, Bd. I/II, Leipzig 1870

– Eggebrecht, Harald: Im Zeichen des Würfels – In der Münchner Residenz ist der Beginn von „Bayerns Krone 1806" zu besichtigen, in: SZ Nr. 75 vom 30.3.2006, München 2006, S. 15

– Eigenwill, Reinhardt: Dresden in den ersten Jahren des 19. Jahrhunderts, in: SLUB-Kurier 29. Jg. 2006, Heft 2, Dresden 2006, S. 4–5

– Erhard, Ludwig: Deutsche Wirtschaftspolitik, Düsseldorf-Wien-Frankfurt/Main 1962

– Falkenstein von, Johann Paul: König Johann von Sachsen, Dresden 1879

– Feldkamp, Jörg (Hrsg.): Industriemuseum Chemnitz – Augenblicke zwischen Gestern und Morgen, Chemnitz 2003

– Fellmann, Walter: Sachsens letzter König Friedrich August III., Berlin-Leipzig 1992

– Fellmann, Walter: Sachsens Könige 1806–1918, München-Berlin 2000

– Fellmann, Walter: Sachsen-Lexikon, München-Berlin 2000

– Fiedler, Wolfgang: Die Hungersnot im Sächsischen Erzgebirge, in: Glückauf 117. Jg., Februar 2006, Nr. 2, Schneeberg-Marienberg 2006, S. 38–40

– Fischer Ernst, Kratzer Hans (Hrsg.): Unter der Krone, Das Königreich Bayern und sein Erbe, München 2006

– Flathe, Theodor: Geschichte des Kurstaates und Königreiches Sachsen, Bd. III., Gotha 1873

– Flöter, Johnas: Beust und die Reform des Deutschen Bundes 1850–1866 – Sächsisch-Mittelstaatliche Koalitionspolitik im Kontext der Deutschen Frage, Weimar-Köln-Wien 2001

– Flöter, Johnas – Wartenberg, Günther: Die Dresdner Konferenz 1850/51, Leipzig 2002, Schriften zur Sächsischen Landesgeschichte, Bd. 4

– Förderverein für Heimat und Kultur in der Lommatzscher Pflege e.V. (Hrsg.): Die Lommatzscher Pflege von A bis Z, Lommatzsch o.J.

– Friesen, Freiherr von, Richard: Erinnerungen aus meinem Leben, Bd. I/II, Dresden 1880–1910

– Fritz, Friedrich: Politik Kursachsens 1801–1803, Leipzig 1898

– Fürnrohr, Walter: Der Immerwährende Reichstag zu Regensburg, Kallmünz 1963

– Fürnrohr, Walter: Gesandtenverzeichnisse, in: Verhandlungen des Historischen Vereins für Oberpfalz und Regensburg, Regensburg 1963, S. 238–255

– Gebauer, Heinrich: Die Volkswirtschaft im Königreich Sachsen, Bd. 1–3, Dresden 1893

– Geck, Adolph: Soziale Betriebsführung, Essen 1953

– Geiss, Peter: Der demokratische Despot (Napoleon III.), in: Damals 38. Jg. 3/2006, Stuttgart 2006, S. 56–61

– Gehrken, Eva: Wahre Geschichten um Sachsens berühmte Klöster, Taucha 2005

– Gentzsch, Alfred: Die sächsische Tambourgardinenstickerei, Dissertation Leipzig 1920

– Glaser, Hubert: Am 1. Januar 1806 wurde das Königreich Bayern proklamiert: Der Franzosenkaiser als Geburtshelfer – Die Treue zu Napoleon hielt nicht lang. Sechs Herrscher in 112 Jahren. Ein Jahrhundert des Wandels und der Unterordnung, in: SZ. Nr. 297, München 2005, S. 57

– Glaser, Hubert: Ungesalbt und ungekrönt – Einen König mit der Krone auf dem Haupt hat es in Bayern nie gegeben, in: SZ. Nr. 291 vom 17./18.12.2005, München 2005, S. 57

– Glaser, Hubert: Der gescheiterte König – In der revolutionären Stimmung von 1848 musste Ludwig I. abtreten. Statt Sklave zu werden, wurde ich Freiherr, in: SZ. Nr. 294 vom 21.12.2005, München 2005, S. 34

– Glaser, Hubert: Die verhängnisvolle Liebe zu Lola – Er erkannte die Zeichen der Zeit nicht und ließ sich auf einen Kampf um die Mätresse ein: König Ludwig musste wegen seiner Affäre mit der schönen Montez abtreten, in: Nr. 15 vom 19.1.2006, München 2006, S. 34

– Götz, Roland: Clemens Wenzeslaus von Sachsen (1739–1812), in: Jahrbuch 39. Jg. 2005 – Lebensbilder aus dem Bistum Augsburg vom Mittelalter bis in die neueste Zeit, Augsburg 2005, S. 189–203

– Graf, Gerhard – Hain, Markus: Kleine Kirchengeschichte Sachsens, Leipzig 2005

– Grau, Bernhard: Und plötzlich war Revolution – Militär und Polizei unterschätzen die Gefahr. Die Ursachen des Umsturzes reichen bis in die Vorkriegszeit zurück, in: SZ. Nr. 3 vom 4.1.2006, München 2006, S. 35

– Grau, Bernhard: Der „Thronverzicht" Ludwigs III. – Eine Kompromiss-Erklärung erhielt die Ansprüche auf die Krone formal aufrecht, in: SZ. Nr. 3 vom 4.1.2006, München 2006, S. 35

– Grimm, Birgit: Was der Preuße in Sachsen entdeckte – Kupferstich-Kabinett: Die Ausstellung „Menzel in Dresden" versammelt erstmals Arbeiten des bedeutendsten Künstlers an ihrem Entstehungsort, in: Sächsische Zeitung vom 18.11.2005, Dresden 2005, S. 9

– Grimm, Birgit: Was die werten Wettiner wünschen, in: Sächsische Zeitung vom 27.3.2006, Dresden 2006

– Groß, Reiner: Die Bürgerliche Agrarreform in Sachsen in der ersten Hälfte des 19. Jh., Weimar 1968

– Groß, Reiner (Hrsg.): Sachsen und die Wettiner, Chancen und Realitäten, Dresden 1990

– Groß, Reiner: Geschichte Sachsens, Edition Leipzig, Leipzig 2001

– Groß, Reiner: Burgen und Herrschaftliche Güter – Entwicklung vom Hohen Mittelalter bis zur Neuzeit, in: Sächsische Heimatblätter, 52. Jg. Heft 1/2006, Chemnitz 2006, S. 30–33

– Groß, Reiner – John, Uwe (Hrsg.): Geschichte der Stadt Dresden – Vom Ende des Dreißigjährigen Krieges bis zur Reichsgründung, Bd. 2, Stuttgart 2006

– Gsteu, Hermann: Geschichte Österreichs, Innsbruck 1955

– Günzel, Klaus: Der König und die Kaiserin – Friedrich II. und Maria Theresia, Düsseldorf 2005

– Guratzsch, Dankwart: Ein Schloss für die Kunst – Äußerlich ist der Aufbau der Dresdner Residenz fast abgeschlossen. Aber im Innern wartet noch viel Arbeit, in: Die Welt – Sonderausgabe „Historisches Grünes Gewölbe Dresden", in: Die Welt – Sonderausgabe Herbst 2006, Berlin 2006, S. 2

– Gurlitt, Cornelius: Das neue Königliche Hoftheater zu Dresden, Dresdner Miniaturen, Bd. I., Dresden 1990

– Habsburg von, Otto: Soziale Ordnung von Morgen, Wien 1957

– Habsburg von, Otto: Die Beziehungen zwischen Österreich und Sachsen im Laufe der Jahrhunderte, in: Blätter für Sächsische Heimatkunde, Nr. 5/6, München 1970, S. 102 ff.

– Habsburg von, Otto: Die Reichsidee – Geschichte und Zukunft einer übernationalen Ordnung, Wien-München 1986

– Habsburg von, Otto: Unsere Welt ist klein geworden – Die Globalisierung der Politik, Wien 2006

– Haferland, Hans: Für Einheit in Freiheit – Die Bundeslandsmannschaft Sachsen 1954–1993, Dokumentation, Dresden 2005

– Handelshochschule Leipzig (Hrsg.): Zur Entwicklung der Betriebswirtschaftslehre in Deutschland – Hundert Jahre Handelshochschule Leipzig (1898–1998), Leipzig 1998

– Hartmann, Peter Claus: Ein weises Modell für Europa – Einheit in der Vielfalt – Das Heilige Römische Reich, in: Bayernkurier Nr. 31 vom 5.8.2006, München 2006, S. 22

– Hartmann, Peter Claus: Das Heilige Römische Reich – Ein föderalistisches Staatsgebilde mit politischer, kultureller und religiöser Vielfalt, in: Zur Debatte – Themen der Katholischen Akademie in Bayern, 36. Jg. 5/2006, München 2006, S. 12–13

– Hartmann, Peter Claus: Das Heilige Römische Reich – Auch heute noch aktuell, in: Zur Debatte, 36. Jg. 5/2006, Themen der katholischen Akademie in Bayern, München 2006, S. 34

– Hartmann, Peter Claus – Schuller, Florian (Hrsg.): Das Heilige Römische Reich und sein Ende 1806, Regensburg 2006

– Haussherr, Hans: Wirtschafts-Geschichte der Neuzeit, Köln-Graz 1960

– Haus Wettin (Hrsg.): Der Schatz der Wettiner – Die Moritzburger Funde – Dokumente, Fundbericht, Katalog, Leipzig 1997

– Heckmann, Hermann (Hrsg.): Sachsen – Historische Landeskunde Mitteldeutschlands, Würzburg 1985

– Heckmann, Hermann (Hrsg.): Thüringen – Historische Landeskunde, Würzburg 1986

– Heidenreich, Bernd – Kroll, Frank-Lothar (Hrsg.): Wahl und Krönung, Frankfurt/Main 2006

– Heimatkreis Kesselsdorf (Hrsg.): Kompositionen aus dem Hause Wettin, CD, Dresden 2005

– Helbig, Herbert (Hrsg.): Führungskräfte der Wirtschaft, Teil 1: 1350–1850, Limburg/Lahn 1973

– Helfricht, Jürgen: Aus dem Leben S.K.H. Maria Emanuel von Meißen Herzog zu Sachsen (1926 bis heute), Altenburg 1999

– Helfricht, Jürgen: Die Wettiner – Sachsens Könige, Herzöge, Kurfürsten und Markgrafen, Taschenlexikon, Leipzig 2002

– Helfricht, Jürgen: Dresdner Kreuzchor und Kreuzkirche – Eine Chronik von 1206 bis heute, Husum 2004

– Helfricht, Jürgen: Kleines Dresden-ABC, Husum 2005

– Helfricht, Jürgen: Dresden und seine Kirchen, Leipzig 2005

– Hempel, Irene und Gunter: Musikstadt Leipzig, Leipzig 1979

– Historische Kommission der Sächsischen Akademie der Wissenschaften zu Leipzig (Hrsg.): Geschichtsforschung in Sachsen, Stuttgart 1996

– Hofmann, Johannes: Das Herz der sozialen Bewegung im 19. Jh., Leipzig 1923

– Hofmann, Werner: Ideengeschichte des 19. und 20. Jh., Berlin 1962

– Hohenzollern, Prinz von, Johann Georg: Margarethe, Fürstin von Hohenzollern, Herzogin zu Sachsen, Privatdruck, München 2000

– Holstein, Wilhelm: Kurfürst Friedrich August der Gerechte – Kurfürst und König von Sachsen, in: Dresdener Kunstblätter Nr. 03/2006, Dresden 2006, S. 170–173

– Hugentobler, Jakob – Knöpfle, Albert – Meyer, Bruno: Napoleon III., Arenenberg/Thurgau 1949

– Hugentobler, Jakob: Die Familie Bonaparte auf Arenenberg, Arenenberg/Thurgau, 2004

– Hundertfünfzig Jahre Königskapelle – Hoher Besuch bei Jahrestags-Feier in Karrösten, in: Blickpunkt-Bezirksblatt Imst Nr. 33 vom 17.8.2005, Imst 2005, S. 2

– Illgen, Rudolf: Geschichte und Entwicklung der Stickereiindustrie des Vogtlandes und der Ostschweiz, Annaberg 1913

– Industrielle Tradition lebt in Ingolstadt fort – Chemnitz – Betrachtung einer Stadt/Vortrag von Albert Herzog zu Sachsen, in: Donaukurier Nr. 126 vom 5./6. 1989, Ingolstadt 1989

– Innerhofer, Josef: Taufers, Ahrn, Prettau – Geschichte eines Tales, Bozen 1982

– Isenburg, Prinz von, Wilhelm Karl – Freytag von Loringhoven, Baron von, Frank: Europäische Stammtafeln, Neue Folge, Bd. I: Die deutschen Staaten, Marburg an der Lahn 1980

– Issig, Peter: Umbau unter voller Fahrt – 200 Jahre Königreich Bayern – Eine Ausstellung in der Residenz würdigt die politischen Reformen des Königs Max I. Joseph und seines Ministers Graf Montgelas, in: Welt am Sonntag Nr. 12 vom 19.3.2006, Berlin 2006, S. M 4

– Jeenel, Johannes: Die Produktionsbedingungen und Absatzverhältnisse der Maschinenstickerei seit 1892, München 1914

– Jestaedt, Christoph: „Meine Dräsdner dun mir nischt" – Die Wettiner nach 1918 Teil I, in: Sächsische Zeitung vom 23.2. 2006, Dresden 2006, Stadtrundschau-Geschichte, S. 21

– Jestaedt, Christoph: Auf dem Weg ins neue Leben – Die Wettiner nach 1918 Teil 2, in: Sächsische Zeitung vom 9.3.2006, Stadtrundschau-Geschichte, Dresden 2006, S. 23

– Jestaedt, Christoph: Unterricht an der privaten Fürstenschule – Die Wettiner nach 1918 Teil 3, in: Sächsische Zeitung vom 23.3.2006, Stadtrundschau-Geschichte, Dresden 2006, S. 21

– Jestaedt, Christoph: Die Wettiner nach 1918, Teil 4: Die Flucht ins Ungewisse, in: Sächsische Zeitung vom 6.4.2006, Stadtrundschau-Geschichte, Dresden 2006, S. 21

– Jestaedt, Christoph: Die Wettiner nach 1918, Teil 7/Schluss – Auf der Suche nach Zukunft, in: Sächsische Zeitung vom 1.6.2006, Stadtrundschau-Geschichte, Dresden 2006, S. 21

– Jüttner, Alfred: Die deutsche Frage, Köln-Berlin-Bonn-München 1971

– Kaemmel, Otto – Donadini, E.A.: Festschrift zur 800 Jahrfeier des Hauses Wettin, Dresden-München 1889, Reprint 1992

– Kaemmel, Otto: Sächsische Geschichte, Leipzig 1905

– Karge, Wolf – Schmied, Hartmut – Münch, Ernst: Die Geschichte Mecklenburgs, Rostock 1993

– Keller Kathrin: Kleinstädte in Kursachsen, Wandlungen einer Städtelandschaft zwischen Dreißigjährigem Krieg und Industrialisierung, Köln 2001

– Kempke, Norbert: In 220 Minuten von Leipzig bis Dresden – Geschichte und Geschichten um die erste deutsche Ferneisenbahn, Dresden 1989

– Klemm, Mathilde: Sachsen und das deutsche Problem, Dissertation Meißen 1914

– Koehler, Hans: Der Alpenverein und die Sachsen, in: Blätter für Sächsische Heimatkunde, Nr. 19/20, München 1974, S. 391–401

– Köhnen, Gerhard: Kleine Wirtschaftsgeschichte, Darmstadt 1955

– König Friedrich August III. – Eine Zusammenstellung der in den Dresdner Nachrichten erschienenen Berichte über den Heimgang des Königs und seine Beisetzung in Dresden, Dresden 1932

– Königlich-Sächsisches Geheimes Finanzcollegium (Hrsg.): Bekanntmachung, die Einrichtung der Königlich-Sächsischen Forstakademie zu Tharandt betreffend, Dresden 1816

– Körner, Hans-Michael: König Ludwig II.: Flucht in die Traumwelt – Der Herrscher scheitert in seinem andauernden Kampf mit dem Ministerium und zieht sich resigniert zurück, in: SZ. Nr. 298 vom 27.12.2005, München 2005, S. 42

– Körner, Hans-Michael: Schwärmerische Zuneigung – Warum Ludwig zum Kultobjekt wurde, in: SZ. Nr. 298 vom 27.12.2005, München 2005, S. 42

– Körner, Hans-Michael: Staat und Konfessionen im Königreich Bayern: Konkordat, Kulturkampf, Kooperationen – Die Kirchenpolitik in Bayern und die Beziehungen zwischen Regierung und König waren in der Zeit von 1818 bis 1918 von einem andauernden Spannungsverhältnis geprägt, in: SZ Nr. 14 vom 18.1.2006, München 2006, S. 34

– Körner, Hans-Michael: Geschichte des Königreiches Bayern, München 2006

– Körner, Hans-Michael: „Das Glück von der Liebe seines Volkes empfangen", Die bayerische Verfassung wurde ein Markstein der Rechtsgeschichte – 200 Jahre Königreich, in: Bayernkurier Report Nr. 12 vom 25.3.2006, München 2006, S. 17

– Kohlrausch, Martin (Hrsg.): Zerrissene Natur – Einblicke in die Seele des letzten deutschen Kaisers. Zeitzeugen erzählen in einem neuen Buch wie sie den Monarchen erlebt haben, in: Die Welt vom 19.6.2006, Berlin 2006, S. 8

– Kracke, Friedrich: König Friedrich August III. – Sachsens volkstümlichster König, München 1964

– Kracke, Friedrich: Das Königliche Dresden – Erinnerung an Sachsens Landesväter und ihre Residenzstadt, Boppard 1972

– Kramer, Ferdinand: Der Bürgerkönig – Seine Beliebtheit half Max I. Joseph bei der „Revolution von Oben", die er zusammen mit seinem Minister Montgelas organisierte, in: SZ. Nr. 292 vom 19.12.2005, München 2005, S. 40

– Kretschmann, Georg: Das Silber der Wettiner – Eine Schatzsuche zwischen Moskau und New York, Berlin 1995

– Kretschmann, Georg – Syndram, Dirk: Der Schatz der Wettiner – Der Sensationsfund in Sachsen, Leipzig 1997

– Kretzschmar, Hellmut – Schlechte, Horst (Hrsg.): Französische und Sächsische Gesandtschaftsberichte aus Dresden und Paris, Berlin 1956

– Kretzschmar, Hellmut (Hrsg.): Johann König von Sachsen – Lebenserinnerungen, Göttingen 1958

– Krins, Hubert: Könige und Königinnen von Württemberg, Lindenberg 2006

– Kroll, Frank-Lothar (Hrsg.): Die Herrscher Sachsens – Markgrafen, Kurfürsten, Könige 1089–1918, München 2004

– Kronprinzessin Cecilie: Erinnerungen an den Deutschen Kronprinzen, Biberach 1952

– Kubatzki, Rainer: Staatsbesuch und Hofjagd im Königreich Sachsen, Dresden 2007

– Künnemann, Otto (Hrsg.): Streifzüge durch das Sächsische Fürstenhaus, Leipzig-Köthen 1997

– Künnemann, Otto: Scheuendes Pferd trifft König am Kopf. Bei einem Unfall vor 150 Jahren stirbt Sachsens Monarch Friedrich August II., in: DNN vom 16.7.2004, Dresden 2004

– Künzel, Werner – Rellecke, Werner: Geschichte der Deutschen Länder – Entwicklungen und Traditionen vom Mittelalter bis zur Gegenwart, Münster 2005

– Kulischer, Josef: Allgemeine Wirtschaftsgeschichte des Mittelalters und der Neuzeit, Bd. I: Das Mittelalter, München 1958

– Kulischer, Josef: Allgemeine Wirtschaftsgeschichte des Mittelalters und der Neuzeit, Bd. II: Die Neuzeit, München 1958

– Lähne, Bernd: Sächsische Geschichte (n)/Heute mit Friedrich August III. endet die Monarchie in Sachsen „Macht doch Euern Dreck alleene!" in: DNN. vom 26.10.2000, Dresden 2000, S. 5

– Lähne, Bernd: Er holte Sachsen aus dem Dornröschenschlaf und gab ihm die Würde zurück – Gespräch mit Albert Prinz von Sachsen über König Johann zu dessen 200. Geburtstag, in: Leipziger Volkszeitung 108. Jg. Nr. 290 vom 14.12.2001, Leipzig 2001, S. 2 (Historie heute)

– Lähne, Bernd: Vor 85 Jahren dankte Friedrich August III. ab – Letzte Stunde der Monarchie schlug auf Schloss Guteborn, in: DNN vom 10.11.2003, Dresden 2003

– Lähne, Bernd: Schlachtgetümmel ohne Blutvergießen – Vor 200 Jahren tobte bei Jena und Auerstedt eine Doppelschlacht, bei der Preußen und Sachsen blutig gegen Napoleon unterlagen – Morgen wird daran erinnert, in: DNN vom 13.10.2006, Dresden 2006, S. 2

– Landesmuseum Württemberg (Hrsg.): Das Königreich Württemberg 1806–1918 – Monarchie und Moderne, Ostfildern 2006

– Lasius, Angelica: Die Albrechtsburg Elbtal Sachsen – Der historische Ort 50, Berlin 1997

– Laudage, Johannes: Die Salier – Das erste deutsche Königshaus, München 2006

– Leidigkeit, Karl Heinz: Wilhelm Liebknecht und August Bebel in der deutschen Arbeiterbewegung 1862–1869, Berlin 1958

– Leidigkeit, Karl Heinz: Der Leipziger Hochverratsprozess vom Jahre 1872, Berlin 1960

– Lemke, Udo: Eine Ahnengalerie taucht wieder auf – Nossen. Das Schloss soll Museum des Adels werden. Erstes Projekt ist eine Gemälde-Ausstellung, in: Sächsische Zeitung vom 17.1.2006, Dresden 2006

– Lencke, Paul: 100 Anekdoten um den letzten Sachsenkönig Friedrich August III., Dresden o.J.

– Leuchtmann, Horst: Carl Maria von Weber, in: Musik in Bayern, Heft 13, 1976, München 1976, S. 12–23/Sonderdruck

– Liechtensteiner Vaterland Nr. 85 vom 16.8.2006: Berichte vom Staatsfeiertag 15.8.2006, Vaduz 2006

– Lindau, M. B.: Geschichte der königlichen Haupt- und Residenzstadt Dresden, Dresden 1885

– Lindner, Michael: Karl IV. und die Goldene Bulle von 1356 – Kaisertum und Gesetzgebung, in: Damals 38. Jg. 6/2006, Stuttgart 2006, S. 22–27

– Lipinsky, Richard: Die Sozialdemokratie von ihren Anfängen bis zur Gegenwart, Berlin 1927

– Lipinsky, Richard: Die Geschichte der sozialistischen Arbeiterbewegung in Leipzig, Leipzig 1931

– Löbbers, Heinrich: Wettiner Wünsche – Albert Prinz von Sachsen feiert heute seinen 70. Geburtstag – Und plant die Heimkehr nach Sachsen, in: Sächsische Zeitung Nr. 289 vom 30.11.2004, Dresden 2004, S. 1

– Löden, Sönke: Montanlandschaft Erzgebirge – Kultur-Symbolik-Identität – Schriften zur Sächsischen Geschichte und Volkskunde, Bd. 7, Leipzig 2003

– Lütge, Friedrich: Geschichte der deutschen Agrarverfassung, Bd. III, Stuttgart 1963

– Maegerlein, Heinz: Leipzig, so wie es war. Düsseldorf 1980

– Mallek, Ulf: Der letzte Wettiner auf Schloss Moritzburg – Ausstellung über Prinz Ernst Heinrich von Sachsen eröffnet Familientreffen der Nachkommen, in: Sächsische Zeitung vom 24.9.2004, Dresden 2004, S. 16

– Marx, Harald: „Werke unsterblicher Meister aller Zeiten und Schulen" – Die Dresdener Gemäldegalerie im Semperbau 1855 bis 2005, in: Dresdener Kunstblätter 04/2005, Dresden 2005, S. 207–212

– Marx, Harald (Hrsg.): Gemäldegalerie Alte Meister – Illustriertes Gesamtverzeichnis, Bd. II, Köln 2005

– Marx, Harald: Ein Jahrestag zum Feiern, 50 Jahre Wiedereröffnung der Dresdener Gemäldegalerie, in: Dresdener Kunstblätter 03/2006, Dresden 2006, S. 147–156

– Matzerath, Josef: Aspekte sächsischer Landtagsgeschichte, Dresden 1998

– Matzerath, Josef (Hrsg.): Der sächsische König und der Dresdner Maiaufstand – Tagebücher und Aufzeichnungen aus der Revolutionszeit 1848/49, Köln-Weimar-Wien 1999

– Matzerath, Josef: Was kostet ein König? – Der Sächsische Landtag genehmigte 1831 eine Zivilliste für König Anton, in: Landtagskurier Nr. 3, Dresden 1999, S. 16 ff.

– Matzerath, Josef: Aspekte sächsischer Landtagsgeschichte – Umbrüche und Kontinuitäten, Dresden 2000

– Matzerath, Josef: Aspekte sächsischer Landtagsgeschichte – Präsidenten und Abgeordnete von 1833 bis 1952, Dresden 2001

– Matzerath, Josef: „...Von den Ständen nicht als Repräsentanten" – Der Sächsische Landtag bezuschusst den Schlossbau in Pillnitz, in: Jahresspiegel 2004, Dresden 2005, S. 33–36

– Matzerath, Josef: „Letzte landständische Pflicht" – Die sächsische Verfassungsfeier des Jahres 1831, in: Landtags-Kurier des Freistaates Sachsen 3/05, Dresden 2005, S. 16–18

– Matzerath, Josef: „Der Staat als Gewerbsunternehmer gegen die Privaten", in: Landtags-Kurier Freistaat Sachsen 4/05, Dresden 2005, S. 16–19

– Matzerath, Josef: „Der Landtag spielt Kämmerchen" – Adelsopposition gegen die Ständeversammlung, Teil 1, in: Landtags-Kurier Freistaat Sachsen 6/05, Dresden 2005, S. 19–20

– Matzerath, Josef: „Der Landtag spielt Kämmerchen" Teil 2 – Adelsopposition gegen die Ständeversammlung, in: Landtags-Kurier Freistaat Sachsen 1/2006, Dresden 2006, S. 18–19

– Matzerath, Josef: Eine Discussion über die Discussion – Der letzte vormärzliche Angriff der liberalen Parlamentarier auf die sächsische Regierung, in: Landtags-Kurier Freistaat Sachsen 3/2006, Dresden 2006, S. 14–16

– Mauersberg, Hans: Wirtschafts- und Sozialgeschichte zentraleuropäischer Städte in neuerer Zeit, Hamburg-Frankfurt/Main-Basel-Hannover-München, Göttingen 1960

– May, Rolf: Die verwaiste Krone – Eine große Ausstellung feiert Bayerns Erhebung zum Königreich, in: TZ vom 30.3.2006, München 2006, S. 20

– Mayer, Gustav: Johann Baptist Schweizer und die Sozialdemokratie, Jena 1909

– Mayer, Gustav: Bismarck und Lassalle, ihr Briefwechsel und ihre Gespräche, Berlin 1928

– Mayer, Otto: Das Staatsrecht des Königreichs Sachsen, Leipzig 1909

– Mellmann, Siegfried: Der Fürstenzug zu Dresden – Seine Entstehung und die Geschichte der Wettiner, Lübeck 1996

– Melzer, Stefanie: Zum 17. Elbhangfest begrüßt auch ein Königlicher Botaniker die Gäste, Friedrich August der Gerechte und die Botanik, in: Elbhangkurier Juni/6/2007, Dresden 2007, S. 6–7

– Mennel, Arthur (Hrsg.): Goldene Chronik der Wettiner, Fürsten-Ausgabe, Leipzig 1889

– Menzhausen, Joachim: Kulturlandschaft Sachsen – Ein Jahrtausend Geschichte und Kunst, Amsterdam-Dresden 1999

– Messner, Johannes: Die Soziale Frage im Blickfeld der Irrwege von gestern, der Sozialkämpfe von heute, der Weltentscheidungen von morgen, Innsbruck-Wien-München 1956

– Metzsch von, W.: Friedrich August III. König von Sachsen, Berlin 1906

– Meyer, Gertrud: Die Spielwarenindustrie im sächsischen Erzgebirge, Dissertation, Leipzig 1911

– Mitteldeutscher Kulturrat (Hrsg.): Mitteldeutsche Köpfe, Frankfurt/Main 1959

– Mottek, Hans (Hrsg.): Studien zur Geschichte der Industriellen Revolution in Deutschland, Berlin 1960

– Mottek, Hans: Wirtschaftsgeschichte Deutschlands – Ein Grundriss, Bd. II: Von der Zeit der Französischen Revolution bis zur Zeit der Bismarckschen Reichsgründung, Berlin 1964

– Mraz, Gottfried: Das Ende des Heiligen Römischen Reichs: Ursachen und Folgen für die deutsche Geschichte, in: Zur Debatte – Themen der katholischen Akademie in Bayern 36. Jg. 5/2006, München 2006, S. 25 – 26

– Müller, Janek: Das Residenzschloss zu Dresden, Kursächsische Wanderungen, Heft 4, Dresden 2000

– Müller, Martina: Reichstags- und Landtagswahlen – Zur Geschichte des Sächsischen Parlamentarismus im Deutschen Reich, in: Sächsische Heimatblätter, 52. Jg. Heft 1/2006, Chemnitz 2006, S. 48 – 53

– Müller, Winfried: Frankreich und Sachsen 1806 – 1815, in: SLUB-Kurier 29. Jg. 2006, Heft 2, Dresden 2006, S. 5 – 7

– Nadolski, Dieter: Wahre Geschichten um Sachsens letzten König, Taucha 1993

– Nadolski, Dieter: Sachsens letzter König, Leipzig 1995

– Naumann, Günter: Sächsische Geschichte in Daten, Wiesbaden 2003

– Neumann – Strehe, Karl: Das Haus Hohenzollern und das Deutsche Reich, Bd. 2: Die Könige und Kaiser, Berlin 1891

– Nitzschke, Katrin: Die großen Dresdner – Sechsundzwanzig Porträts, Insel-Taschenbuch 3148, Frankfurt/Main-Leipzig 2005

– Noack, Dietrich: Sächsische Geschichte, Heft 2, Possendorf 2002

– Noack, Dietrich: Sächsische Geschichte, Vortragsreihe Heft 4: Ein Gang durch die Sächsische Eisenbahngeschichte von den Anfängen bis zur Gründung der Deutschen Reichsbahn, Rabenau-Possendorf 2003

– Noack, Dietrich: Sächsische Geschichte, Vortragsreihe Heft 3: Ein Gang durch die Sächsische Militärgeschichte seit der Einführung des stehenden Heeres bis zum Ende des Ersten Weltkrieges, Rabenau 2004

– Noack, Dietrich: Wir tun was für Sachsen – Festschrift 15 Jahre Rabenauer Sachsenstube 1991 – 2006, Rabenau 2006

– Osterroth, Franz – Schuster, Dieter: Chronik der deutschen Sozialdemokratie, Hannover 1963

– Ottomeyer, Hans – Götzmann, Jutta – Reiss, Ansgar (Hrsg.): Heiliges Römisches Reich Deutscher Nation – Altes Reich und Neue Staaten 1495 bis 1806, Katalog Dresden-Berlin 2006

– Paffrath, Constanze: Macht und Eigentum – Die Enteignungen 1945 – 1949 im Prozess der deutschen Wiedervereinigung, Köln-Weimar-Wien 2004

– Pankoke, Eckart: Soziale Bewegung – Soziale Frage – Soziale Politik, Grundfragen der deutschen „Sozialwissenschaft" im 19. Jh., Stuttgart 1970

– Pfitzner, Josef: Bakuninstudien, Prag 1932

– Philalethes (König Johann von Sachsen): Dante – Göttliche Komödie, Leipzig 1929

– Philippi, Hans: Die Wettiner in Sachsen und Thüringen, Limburg an der Lahn 1989

– Pölitz, Karl Heinrich Ludwig: Die Staaten Deutschlands in historischen Gemälden für die gebildeten Stände des Vaterlandes – Das Königreich Sachsen, Leipzig 1817

– Pölitz, Karl Heinrich Ludwig: Die Regierung Friedrich Augusts König von Sachsen, Bd. 1/2, Leipzig 1830

– Pönicke, Herbert: Sachsens Entwicklung zum Industriestaat, Dresden 1934

– Pönicke, Herbert: Sächsische Wirtschaftsköpfe – Ein Beitrag zur Geschichte und Technik Sachsens, in: Mitteldeutsches Jahrbuch, Hamburg 1955, S. 87 ff.

– Pönicke, Herbert: Johann Andreas Schubert – Der schöpferische Geist der Sächsischen Industriellen Revolution, Meisenheim/Glan 1956

– Posse, Otto – Kobuch, Manfred: Die Wettiner – Genealogie des Gesamthauses Wettin Ernestinischer und Albertinischer Linie mit Einschluss der regierenden Häuser von Großbritannien, Belgien, Portugal und Bulgarien, Reprint der Auflage von 1897, Leipzig 1994

– Praschl-Bichler, Gabriele: Dresden und Wien, Allianz der Dynastien – Habsburger und Wettiner, München 2001

– Prinz von Sachsen liest im Cafe Vetter, in: Marburger Neue Zeitung vom 29.7.2005, Marburg/Lahn 2005

– Puhle, Matthias – Hasse, Claus-Peter: Heiliges Römisches Reich Deutscher Nation 962 – 1806 – Von Otto dem Großen bis zum Ausgang des Mittelalters, Essays, Dresden-Magdeburg 2006

– Puhle, Matthias – Hasse, Claus-Peter: Heiliges Römisches Reich Deutscher Nation 962 – 1806 – Von Otto dem Großen bis zum Ausgang des Mittelalters, Katalog, Dresden-Magdeburg 2006

– Quarck, Max: Die erste deutsche Arbeiterbewegung, Geschichte der Arbeiterverbrüderung, Leipzig 1924

– Quinger, Heinz: Dresden und Umgebung – Geschichte und Kunst der sächsischen Hauptstadt, Köln 1993

– Rader, Olaf B.: Kleine Geschichte Dresdens, München 2005

– Rall, Hans und Rall, Marga: Die Wittelsbacher in Lebensbildern, Graz-Wien-Köln 1986

– Rall, Hans: Wilhelm II. – Eine Biographie, Graz-Wien-Köln 1995

– Reger, Karl Heinz: Bayerns verkaufte Prinzessinnen, München 1988

– Reger, Karl Heinz: Bayern und Sachsen – Ein Herz und eine Seele, in: TZ vom 9. März 1996, München 1996

– Reger, Karl Heinz: Prinz Albert zu Sachsen wird 70 – Er lebt mit seiner Frau in Harlaching, in: TZ vom 30.11.2004, München 2004, S. 4

– Reifenscheid, Richard: Die Habsburger in Lebensbildern, Graz-Wien-Köln 1984

– Reimann, Hans: Sächsische Miniaturen, Frankfurt am Main 1957

– Reimann, Hans: Der Geenij – In Memoriam Friedrich August von Sachsen, Anekdoten, Plauen 1990

– Renn, Ludwig: Meine Kindheit und Jugend, Berlin-Weimar 1978

– Rösch, Hugo – Schmidt, Auguste: Louise Otto Peters, Leipzig o.J.

– Roth, Günter D.: Kleine Wirtschaftsgeschichte Mitteleuropas, München 1961

– Rothkirch, Gräfin von, Malve: Der Romantiker auf dem Preußenthron – Porträt König Friedrich Wilhelm IV., Düsseldorf 1990

– Rumschöttel, Hermann: König Ludwig III.: Untergang Flucht und Thronverlust – Der letzte bayerische Regent scheiterte, weil die konstitutionelle Monarchie überall am Ende war, in: SZ Nr. 2 vom 3. 1. 2006, München 2006, S. 35

– Rumschöttel, Hermann: Der Glaube an den gerechten Krieg – Warum Ludwig III. die Friedensinitiative des Kronprinzen Rupprecht strikt ablehnte, in: SZ Nr. 2 vom 3.1.2006, München 2006, S. 35

– Sachsen Herzog zu, Albert: Eine vergessene sächsische Gedenkstätte in Tirol, in: Sächsische Heimat, Heft 8, Bonn 1964, S. 42 ff.

– Sachsen Herzog zu, Albert: Die Königskapelle in Imst-Brennbichl, in: Mitteilungsblatt der „Studiengruppe für Sächsische Geschichte und Kultur e.V." Nr. 11, München 1968, S. 22 ff.

– Sachsen Herzog zu, Albert: Die Reform der Sächsischen Gewerbegesetzgebung (1840–1861), Dissertation München 1970

– Sachsen Herzog zu, Albert: Das Schicksal des Kurfürsten Clemens Wenzeslaus während der Französischen Revolution und ihrer Folgen, in: Festschrift zum 13. Sachsentag, Koblenz 1971, S. 25 ff.

– Sachsen Herzog zu, Albert: Dresden als Kunst- und Kulturstadt, Frankfurt/Main 1974

– Sachsen Herzog zu, Albert: König Johann von Sachsen als Sozial- und Wirtschaftspolitiker, in: Blätter für Sächsische Heimatkunde Nr. 19/20, München 1974, S. 391–401

– Sachsen Herzog zu. Albert: Sachsen und die Anfänge der Frauenbewegung im 19. Jh., in: Blätter für Sächsische Heimatkunde, Nr. 21/22, München 1974, S. 436–448

– Sachsen Herzog zu, Albert: Soziale und wirtschaftliche Reformbestrebungen im sächsischen Liberalismus, in: Blätter für Sächsische Heimatkunde, Nr. 27, München 1976, S. 612–615

– Sachsen Herzog zu, Albert: Leipzig und das Leipziger Land, Frankfurt/Main 1976

– Sachsen Herzog zu, Albert: Die Beziehungen zwischen Bayern und Sachsen in den vergangenen Jahrhunderten, in: Z.B.L.G., Bd. 40/1, München 1977, S. 261 ff.

– Sachsen Herzog zu, Albert: Die Politik Kursachsens in der Reichsdeputation zu Regensburg, in: Sächsische Heimat, Bd. 1977, S. 179 ff., S. 224 ff. und 267 ff.

– Sachsen Herzog zu, Albert: Die genealogischen Beziehungen der Häuser Wettin Albertinische Linie und Wittelsbach, in: Blätter des Bayerischen Landesvereins für Familienkunde, Jg. 42, Bd. 13, Heft 9/10, München 1979, S. 345 ff.

– Sachsen Herzog zu, Albert: Die Verfassung des Königreiches Sachsen vor 150 Jahren – Eine Betrachtung, in: Jahrbuch der Coburger Landesstiftung, Coburg 1981, S. 181 ff.

– Sachsen Herzog zu, Albert: Das Haus Wettin und das Erzgebirge, in: Glückauf, Zeitschrift des Erzgebirgsvereins e.V. Jg. 96, Kirchberg/Jagst 1985

– Sachsen Herzog zu, Albert: Die Beziehungen zwischen Sachsen und Schlesien im Laufe der Jahrhunderte, in: Schlesien – Land zwischen West und Ost, herausgegeben von der Historischen Gesellschaft Liegnitz, Crailsheim 1985, S. 57–82

– Sachsen Herzog zu, Albert: Das sächsische Königshaus Wettin und Regensburg, in: Mittelbayerische Zeitung – Sonderdruck zur Festwoche in Regensburg 26.4.–1.5.1989 „900 Jahre Haus Wettin in Sachsen", Regensburg 1989

– Sachsen Herzog zu, Albert: Weihnacht in Sachsen, Bamberg 1992

– Sachsen Herzog zu, Albert: Die Albertinischen Wettiner – Geschichte des Sächsischen Königshauses 1763–1932, Gräfelfing 1995 (3. Auflage)

– Sachsen Herzog zu, Albert: Die Wettiner in Lebensbildern, Graz-Wien-Köln 1995

– Sachsen Herzog zu, Albert (Hrsg.): Die Wettiner in Sachsen und Thüringen, Dresden 1996

– Sachsen Herzog zu, Albert: Die Wettiner, ein 900-jähriges Fürstengeschlecht, Groitzscher Heimatblätter Nr. 20, Groitzsch 2001

– Sachsen Herzog zu, Albert – Sachsen Herzogin zu, Elmira: Das Haus Wettin und die Beziehungen zum Haus Nassau-Luxemburg, Bad Emser-Hefte, Nr. 233, Verein zur Geschichte und Denkmal- und Landschaftspflege e.V., Bad Ems 2003

– Sachsen Herzog zu, Albert – Beck, Walter: Bayern & Sachsen – Gemeinsame Geschichte, Kunst, Kultur und Wirtschaft, München 2004

– Sachsen Herzog zu, Albert: König Albert als Politiker unter besonderer Berücksichtigung der Sozial- und Wirtschaftspolitik, in: Wettiner Jubiläumsnummer vom 8.6.1889, Reprint, München-Dresden 2004

– Sachsen Herzog zu, Albert: Im Dienst der Tradition des Hauses Wettin und der angestammten Heimat Sachsen, München 2004

– Sachsen Herzog zu, Albert: Das Haus Wettin und Moritzburg, in: Nachrichtenblatt „Verband Der Sächsische Adel" 33. Jg. Nr. 67 vom 15.3.2006, Schwalbach 2006, S. 1–5

– Sachsen Herzog zu, Ernst Heinrich: Mein Jagdbuch, München 1970

– Sachsen Herzog zu, Ernst Heinrich: Mein Lebensweg – Vom Königsschloss zum Bauernhof, Dresden/Basel 1995, Neuauflage Dresden 2004

– Sachsen Herzog zu, Georg: Erinnerungen an meinen lieben Vater, Dresden 1933

– Sachsen Herzog zu, Johann Georg (Hrsg.): Briefwechsel zwischen König Johann von Sachsen und den Königen Friedrich Wilhelm IV. und Wilhelm I. von Preußen, Leipzig 1911

– Sachsen Herzog zu, Johann Georg (Hrsg.): Briefwechsel König Johanns von Sachsen mit George Ticknor, Leipzig – Berlin 1920

– Sachsen Herzog zu, Johann Georg: Der Übertritt der Kronprinzessin Elisabeth von Preußen zum Protestantismus, Köln 1920

– Sachsen Herzog zu, Johann Georg: König Albert von Sachsen, Leipzig 1922

– Sachsen Herzog zu, Maria Emanuel: Mäzenatentum in Sachsen, Frankfurt/Main 1968

– Sächsische Schlösserverwaltung – Staatlicher Schloßbetrieb Schloss Weesenstein (Hrsg.): König Johann von Sachsen – Zwischen Zwei Welten , Katalog, Halle an der Saale 2001

– Schad, Martha: Bayerns Königinnen, Regensburg 1992

– Schad, Martha: Bayerns Königshaus – Die Familiengeschichte der Wittelsbacher in Bildern, Augsburg 1999

– Schad, Martha: Sie galten ihren Zeitgenossen als schön, klug und gütig: Bayerns Königinnen – Die bildschöne Caroline bot sogar Napoleon Paroli/Therese bewahrte Haltung trotz der Eskapaden ihres Mannes/Marie duldete das Drama von ihrem Sohn Ludwig/Marie Therese schenkte ihrem König 13 Kinder, in: SZ Nr. 9 vom 12.1.2006, München 2006, S. 38

– Schäfer, Dagmar: Tatsachen – Der gefangene Sachsenkönig, Taucha 1996

– Schäfer, Martin: Bayerns Krone 1806–200 Jahre Königreich Bayern, Sonderbeilage der AZ vom 30.3.2006, München 2006, S. I–XVI.

– Schattkowsky, Martina – John, Uwe (Hrsg.): Dresdner Maiaufstand und Reichsverfassung 1849 – Revolutionäres Nachleben oder demokratische Politische Kultur? Leipzig 2000

– Scheer, Rudolf: Die Entwicklung der Annaberger Posamentenindustrie, Leipzig 1909

– Scheerer, Thomas Eugen (Hrsg.): Albert von Sachsen – Kronprinz, Soldat, König, Militärhistorisches Museum der Bundeswehr Dresden, Heft 4, Dresden 2002

– Schellenberg, F.: 200 Jahre Königreich Sachsen: König Johann – Sachsens großer König, in: Der Monarchiefreund 11. Jg., Nr. 1, Frühjahr 2006, Siegen 2006, S. 4

– Schimpff von, Otto: König Albert – Fünfzig Jahre Soldat, Dresden 1893

– Schimpff von, Otto: König Albert und das edle Waidwerk, Dresden 1895

– Schimpff von, Otto: Aus dem Leben der Königin Carola von Sachsen, Leipzig-Berlin 1898

– Schladebach, Julius: Friedrich August II., König von Sachsen, Dresden 1854

– Schlechte, Gudrun: Die Gruft des Hauses Wettin in der Kathedrale St. Trinitatis-Hofkirche zu Dresden, Dößel 2004

– Schlechte, Horst: Die Staatsreform in Kursachsen 1762–1763, Berlin 1958

– Schlesinger, Walter (Hrsg.): Handbuch der Historischen Stätten, Bd. 8: Sachsen, Stuttgart 1965

– Schlesinger, Walter: Geschichte, in: Sachsen – Historische Landeskunde, Würzburg 1985, S. 9 ff.

– Schlim, Jean-Louis: Schloss Hohenburg – Die Nassau-Luxemburger Residenz in Bayern, Oberhaching 1998

– Schlim, Jean-Louis: Antonie von Luxemburg – Bayerns letzte Kronprinzessin, München 2006

– Schmid, Alois: Tiefe unauslöschliche Spuren – Wittelsbach und Bayern, in: Der Umbruch von 1799, München 1999 S. 10–17

– Schmidt, Franz: Sachsens Politik von Jena bis Tilsit, Dissertation, Leipzig-Halle/Saale 1913

– Schmidt, Gerhard: Die Staatsreform in Sachsen in der ersten Hälfte des 19. Jahrhunderts, Weimar 1966

– Schmidt-Kaspar, Herbert: „Kaiser, König, Edelmann" – Das Heilige Römische Reich-Deutscher Nation – Ein Streifzug durch 1000 Jahre, München 2006

– Schneidmüller, Bernd: Die Kaiser des Mittelalters – Von Karl dem Großen bis Maximilian I., München 2006

– Schnoor, Hans: Vierhundert Jahre deutsche Musikkultur, Dresden 1948

– Schnoor, Hans: Weber auf dem Welttheater – Ein Freischützbuch, Hamburg 1963

– Schnoor, Hans: Die Stunde des Rosenkavalier – Dreihundert Jahre Dresdner Oper, München 1968

– Schönau von, Elisabeth: Vom Thron zum Altar – Georg Kronprinz von Sachsen, Paderborn 1955

– Schuch von, Friedrich: Ernst von Schuch und Dresdens Oper, Dresden o.J.

– Schwerdfeger, Otto: König Johann von Sachsen als Vorkämpfer für Wahrheit und Recht – Reden und Sprüche aus 20 Jahren seines parlamentarischen Wirkens, Dresden 1884

– Schwerin von Krosigk Graf, Lutz: Die große Zeit des Feuers – Der Weg der deutschen Industrie, Bd. I–III, Tübingen 1957–1959

– Schwerin von Krosigk Graf, Lutz: Alles auf Wagnis – Der Kaufmann gestern, heute und morgen, Tübingen 1963

– Seewald, Berthold: Bayern ist anders – Vor 200 Jahren wurde es Königreich und feiert das mit einer großen Ausstellung in der Münchner Residenz, in: Die Welt vom 29.3.2006, Berlin 2006, S. 27

– Seewald, Berthold: Wie Deutschland den Krim-Krieg verlor – Vor 150 Jahren wurde im Orient ein entlegener Krieg beigelegt. Den Kontrahenten sollte die Zukunft gehören, in: Die Welt vom 31.3.2006, Berlin 2006, S. 28

– Seewald, Berthold: Preußens erster Untergang – Vor 200 Jahren verschwand der Staat Friedrich des Großen bei Jena und Auerstedt aus der Geschichte, in: Die Welt vom 13.10.2006, Berlin 2006, S. 28

– Sembdner, Johannes: Georg von Sachsen, Heiligenstadt 2006

– Seraphim, Peter-Heinz: Deutsche Wirtschafts- und Sozialgeschichte – Von der Frühzeit bis zum Ausbruch des Zweiten Weltkrieges, Wiesbaden 1962

– Sexau, Richard: Fürst und Arzt – Dr. med. Carl Theodor in Bayern, Graz-Wien-Köln 1963

– Sieber, Siegfried: Studien zur Industriegeschichte des Erzgebirges, Köln 1967

– Sing, Achim: Eine Krone für Bayern. 200 Jahre Königreich: Herzog Franz über das Verhältnis des Freistaats zum Königreich – Die Republik kokettiert mit dem monarchischen Erbe, in: Bayerische Staatszeitung vom 23.9.2005, München 2005

– Sombart, Werner: Die Juden und das Wirtschaftsleben, Leipzig 1911

– Sombart, Werner: Sozialismus und soziale Bewegung, Jena 1919

– Sombart, Werner: Die deutsche Volkswirtschaft im 19. Jahrhundert und im Anfang des 20. Jahrhunderts, Darmstadt 1954

– Sombart, Werner: Sozialismus und soziale Bewegung im 19. Jahrhundert, Wien-Frankfurt/Main/Zürich 1966

– Sotheby's (Hrsg.): The Moritzburg Treasure – Silver and Works of Art from the Royal House of Saxony, London 1999

– Spamer, Adolph: Deutsche Volkskunst – Sachsen, Weimar 1954

– Staatliche Kunstsammlungen Dresden (Hrsg.): Dresdner Schloss – Monument Sächsischer Geschichte und Kultur, Dresden 1991

– Stadtarchiv Kamenz (Hrsg.): Kamenz – Beiträge zur Geschichte und Kultur der Lessing-Stadt, Kamenz 2000

– Stoermer, Monika (Hrsg.): Geist und Gestalt – Verzeichnisse der Mitglieder der Bayerischen Akademie der Wissenschaften 1739–1984, München 1984

– Stollberg-Rilinger, Barbara: Das Heilige Römische Reich Deutscher Nation – Vom Ende des Mittelalters bis 1806, München 2006

– Studiengruppe für Sächsische Geschichte und Kultur e.V. (Hrsg.): Feierliche Einweihung des Denkmals für König Friedrich August III. von Sachsen in Matrei/Osttirol am 15. November 1987, in: Blätter für Sächsische Heimatkunde München 1987/88, S. 49–50

– Studiengruppe für Sächsische Geschichte und Kultur e.V. (Hrsg.): Wettiner – Jubiläumsnummer der Illustrierten Zeitung Leipzig und Berlin vom 8.6.1889, Reprint, Schriftenreihe des König-Friedrich-August-Instituts zur Sächsischen Geschichts- und Kulturforschung e.V., Bd. 3, München-Dresden 2004

– Stucke, Horst: Philosophie der Tat – Studien zur Verwirklichung bei den Junghegelianern und den wahren Sozialisten, Industrielle Welt, Bd. 3, Stuttgart 1963

– Stürmer, Michael: Das ruhelose Reich – Deutschland 1866–1918, in: Siedler Deutsche Geschichte, Berlin 1982

– Stürmer, Michael: Die Reichsgründung – Deutscher Nationalstaat und europäisches Gleichgewicht im Zeitalter Bismarcks, München 1984

– Stürmer, Michael: „Ich Sohn des Glücks" – Napoleon war der jüngste General der Französischen Revolution. Den von ihm gestürzten König ersetzte der Korse durch sein Kaisertum. Doch erst damit vollendete er den Umbruch von 1789, in: Die Welt vom 29.10. 2005, Berlin 2005, S. 10

– Sturmhoefel, Konrad: Illustrierte Geschichte der sächsischen Lande und ihrer Herrscher, Bd. I/II, Leipzig 1908

– Syndram, Dirk: Das Schloss zu Dresden – Von der Residenz zum Museum, München-Berlin 2001

– Syndram, Dirk – Ufer, Peter: Die Rückkehr des Dresdner Schlosses, Dresden 2006

– Taube, Angelika: Festung Königstein, Edition Leipzig, Leipzig 2000

– Treue, Wilhelm – Pönicke, Herbert – Manegold, Karl-Heinz: Quellen zur Geschichte der Industriellen Revolution, Göttingen-Berlin-Frankfurt/Main 1966

– Unterstöger, Hermann: Am meisten wurde und wird derjenige verehrt, der kein Mann des Volkes war – Königstreue – ein vages Gefühl – Die Zuneigung zu den Herrschern lässt sich in Bayern als freudige Empfindung und als ein Nationalsport erspüren, in: SZ Nr. 293 vom 20.12.2005, München 2005, S. 36

– Vacher, Brigitte (Hrsg.): Die Habsburger – Eine europäische Familiengeschichte, Graz-Wien-Köln 1995

– Vötter, H.: Der Bergsteigerkönig Friedrich August, in: Dolomiten Nr. 42 vom 20./21. Februar 1982, Bozen 1982, S. 15

– Vogel, Dagmar: Wahre Geschichten um Sachsens letzte Königin (Carola): Taucha, 1995

– Vogel, Dagmar: Dramatische Kronprinzenschicksale, Taucha 1996

– Voigt, Lene: Säk'sche Balladen, München o.J.

– Vor 200 Jahren wurde Sachsen zum Königreich, in: Sächsische Zeitung vom 31.3.2006, Dresden 2006, S. 8

– Wächtler, Rainer (Hrsg.): Chursachsen und die Anerkennung der Republik Frankreich – Eine Erinnerung an den 200. Jahrestag der Aufnahme diplomatischer Beziehungen, Chemnitz o.J.

– Wagenbreth, Otfried – Wächtler, Eberhard: Der Freiberger Bergbau – Technische Denkmale und Geschichte, Leipzig 1988

– Wagenbreth, Otfried – Wächtler, Eberhard: Bergbau im Erzgebirge – Technische Denkmale und Geschichte, Leipzig 1990

– Wandruzka, Adam: Das Haus Habsburg – Geschichte einer europäischen Dynastie, Wien-Freiburg-Basel 1978

– Wanger, Harald: Die regierenden Fürsten von Liechtenstein, Triesen 1995

– Weber, Adolf: Allgemeine Volkswirtschaftslehre, Berlin 1953

– Weber, Adolf: Der Kampf zwischen Kapital und Arbeit, Gewerkschaften und Arbeitgeberverbände in Deutschland, Tübingen 1954

– Weber, Harald: Kurze Geschichte Sachsens 1089 – 1871, Dresden 1995

– Weber, Max: Wirtschaftsgeschichte, Berlin 1958

– Wehler, Hans-Ulrich (Hrsg.): Imperialismus – Neue Wissenschaftliche Bibliothek 37: Geschichte, Köln-Berlin 1970

– Weis, Eberhard: Der Umbruch von 1799 – Die Regierung Max Joseph's und ihre Bedeutung für die Geschichte Bayerns, in: Der Umbruch von 1799, München 1999, S. 18 – 34

– Westphalen Gräfin von, Gerlinde: Anna Luise von Schwarzburg – Die letzte Fürstin, Jena 2005

– Wieck, Friedrich: Die Manufaktur und Fabrikindustrie des Königreiches Sachsen, Leipzig 1865

– Wilhelm, Gustav: Stammtafel des Fürstlichen Hauses von und zu Liechtenstein, Vaduz, o.J.

– Wünsche, A.: Zur Geographie des Königreiches Sachsen, Leipzig 1906

– Wuttke, Robert (Hrsg.): Sächsische Volkskunde, Dresden 1900, Neuausgabe Augsburg 1997

– Zeeb, Bruno: Die Betriebsverhältnisse in der sächsischen Maschinenstickerei, Dissertation, Leipzig 1909

– Zeitschrift des Statistischen Büros des Königlich-Sächsischen Ministeriums des Innern, Dresden 1854 ff.

– Zentner Wilhelm (Hrsg.): Reclams Opernführer, Stuttgart 1960

– Zimmermann, Ingo: Sachsens Markgrafen, Kurfürsten und Könige, München-Berlin 1997

– Zimmermann, Ingo: Johann von Sachsen Philalethes – Die Zeit vor der Thronbesteigung, München-Berlin 2001

– Zöllner, C. W.: Geschichte der Handelsstadt Chemnitz von den ältesten Zeiten bis zur Gegenwart, Chemnitz 1888

– Zöllner, Erich: Geschichte Österreichs – Von den Anfängen bis zur Gegenwart, 8. Auflage, Wien 1990

Photografischer Nachweis

Mit Ausnahme der folgenden Bilder entstammen alle wiedergegebenen Aufnahmen dem Privatarchiv des Verfassers und seiner Gemahlin, Prinzessin Elmira von Sachsen. Bei diesen genannten Ausnahmen handelt es sich um:

1. Die Abbildungen der Sächsischen Verfassung vom 4. Sept, 1831 Quelle: Hauptstaatsarchiv Dresden

2. Bild zum 100-jährigen Gedenken an die Westsachsenschau 1906 in Zwickau. Quelle: Stadtarchiv Zwickau, IA 96, Blatt 3

3. Lustschloss Pillnitz vom anderen Elbufer mit Bomätschern (Ausschnitt), kol. Stich um 1800, Dresden: Kupferstich-Kabinett, Aufnahme: Hans Loos. Quelle: Sächsische Landes – Staats – und Universitätsbibliothek Dresden (SLUB) Deutsche Fotothek, 01054 Dresden

3. Historische Aufnahme Jagdschloss Moritzburg. Quelle: Barockschlossmuseum Moritzburg bei Dresden

An dieser Stelle dankt der Autor allen genannten Einrichtungen, die bei der Bildbeschaffung behilflich waren.

Impressum:

Verlag und Gesamtherstellung:
Druck- und Verlagsgesellschaft Marienberg mbH
Industriestraße 7, 09496 Marienberg
www.buecher-aus-dem-erzgebirge.de

Alle Rechte vorbehalten. Vervielfältigung, Übersetzung, Mikroverfilmung, Einspeicherung und Verarbeitung in elektronischen Systemen bedürfen der Zustimmung des Verlages.

Printed in Germany 2007

ISBN: 978-3-931770-67-9